高等职业教育电子商务类专业系列教材

U0590645

直播电商

ZHIBO DIANSHANG

主　编　何兴旺

副主编　薛瑞昌　陈文婕　郭　瑜

新形态
教材

本书另配：教学资源

中国教育出版传媒集团

高等教育出版社·北京

内容提要

本书根据高等职业院校培养高技能人才的目标,按照工作过程,以项目导向、任务驱动来设计体例,安排教学内容。全书共分十个项目,以直播电商业务操作为主线,包括直播认知、直播策划、直播团队构建、直播选品、引流互动、直播开播、数据分析、综合运营管理、电商平台直播实战、短视频平台直播实战,涵盖商品选品、直播策划、脚本策划、商品讲解与展示、直播控场、粉丝互动转化、直播数据分析、直播引流、直播二次传播、推广效果分析等多个直播电商典型工作任务所需的知识、技能、方法和工具,贯彻教学做一体化、理实合一的教学理念,能够帮助读者深度理解和掌握直播电商新业态下直播所需要的技能要求。为利教便学,部分学习资源以二维码形式提供在相关内容旁,可扫描获取。此外,本书另配有教学课件、授课计划、单元设计、课程标准、习题参考答案等教学资源,供教师教学使用。

本书结构清晰,立足职业岗位,有很强的实用性,可作为职业本科院校、高等职业院校相关专业的教材,也可供对直播电商感兴趣的读者学习和参考。

图书在版编目(CIP)数据

直播电商 / 何兴旺主编. —北京:高等教育出版社,2024.7(2025.8 重印)

ISBN 978-7-04-061774-0

Ⅰ. ①直… Ⅱ. ①何… Ⅲ. ①网络营销-高等职业教育-教材 Ⅳ. ①F713.365.2

中国国家版本馆 CIP 数据核字(2024)第 062298 号

| 策划编辑 | 蒋 芬 | 责任编辑 | 蒋 芬 | 封面设计 | 张文豪 | 责任印制 | 高忠富 |

出版发行	高等教育出版社	网　　址	http://www.hep.edu.cn
社　　址	北京市西城区德外大街 4 号		http://www.hep.com.cn
邮政编码	100120	网上订购	http://www.hepmall.com.cn
印　　刷	上海新艺印刷有限公司		http://www.hepmall.com
开　　本	787mm×1092mm　1/16		http://www.hepmall.cn
印　　张	17.25		
字　　数	419 千字	版　　次	2024 年 7 月第 1 版
购书热线	010-58581118	印　　次	2025 年 8 月第 2 次印刷
咨询电话	400-810-0598	定　　价	40.00 元

前言

　　近年来,观看短视频和直播成为人们生活中不可或缺的一部分,直播购物也逐渐成为人们常见的购物方式。庞大的网络用户群体推动直播行业不断向前发展,相关专业的教师和学生需要了解直播,学习直播的知识和技能,以适应时代的发展和需要。

　　党的二十大报告指出:"加快发展数字经济,促进数字经济和实体经济深度融合,打造具有国际竞争力的数字产业集群。"电商新模式展现出了强大的消费资源的聚集力,以及数字经济与实体经济深度融合的推动力,形成了数字经济时代实现供需动态平衡的新途径,为激发消费创新注入了新活力。

　　本书立足于职业岗位,力求先进性、科学性与适应性相结合,着重实践技能的培养,既可作为高等职业院校相关专业的教材,也可作为互联网营销师证书的培训教材,还可作为直播电商从业人员的自学用书。

　　本书内容设计如下:

　　(1) 项目一,介绍直播的优势、常见形式及合作模式、产业链与收益分配模式、直播平台的选择等知识。

　　(2) 项目二到项目八,讲解直播策划、直播团队构建、直播选品、引流互动、直播开播、数据分析、综合运营管理的知识与技能。

　　(3) 项目九和项目十,以电商平台、短视频平台为例,培养直播实战技能。

　　本书具有以下特色:

1. 校企双元开发

　　本书是校企双元开发的新形态教材,是高等职业教育商科类专业群电子商务类专业新目录、新专标配套教材,适应学校和企业两种学习场所,适应"做中学"的技能学习特点和"产教融合"的教学模式,应用信息技术,提供全方位的学习支持。

2. "岗课赛证"融通

　　本书根据全国职业院校技能大赛(电子商务技能)和直播电商行业竞赛的具体要求,以及互联网营销师职业技能等级标准编写而成,实现岗课赛证融通。本书内容涵盖商品选品、直播策划、脚本策划、商品讲解与展示、直播控场、粉丝互动转化、直播数据分析、直播引流、直播二次传播、推广效果分析等多个直播电商典型工作任务所需的知识、技能、方法和工具。书中融入课程思政元素,通过学习,能够帮助读者深度理解和掌握直播电商新模式下直播所需要的技能和素养。

3. "理论＋实战"模式

为了方便读者掌握所学知识,本书不仅在每个项目后设置了"知识与技能训练"模块,以便读者进行训练提高,还单独设置了电商平台直播实战和短视频平台直播实战两个项目,以便读者进行实战训练。

4. 配套资源丰富

为了利教便学,部分学习资源以二维码形式提供在相关内容旁,可扫描获取。此外,本书另配有课程标准、授课计划、教学课件、参考答案、单元设计等教学资源,供教师教学使用。教师可按本书末页"教学资源服务指南"与高等教育出版社联系获取。

本书编写团队来源于学校和企业,老中青搭配,既有来自一线的双师型教师,也有来自"三只松鼠""安徽直播联盟"等企业的实践行家。本书编写分工为:项目一由湖南财经工业职业技术学院汤飞飞编写,项目三由成都工业职业技术学院蒲宏编写,项目五由安徽国际商务职业学院陈文婕编写,项目六由成都工贸职业技术学院郭瑜编写,项目二、项目四、项目七、项目十分别由安徽商贸职业技术学院薛瑞昌、蒋立恒、薛晨杰、郑歆编写,项目八由安徽商贸职业技术学院何兴旺、三只松鼠股份有限公司卫莹莹合作编写,项目九由安徽商贸职业技术学院钱亮、安徽直播联盟秘书长李志鹏合作编写。何兴旺负责本书大纲的拟定和配套资源的统筹建设,并对全书进行统稿和定稿。

由于编者水平有限,书中难免存在疏漏与不足之处,恳请广大读者不吝赐教。

编 者

2024 年 6 月

目录

项目一 | 直播认知

素养目标

1. 具备自觉遵守行业规范和职业道德准则的基本职业道德。
2. 具备正确认识问题、分析问题和解决问题的能力。
3. 具备虚心学习、勤奋工作的职业精神。

知识目标

1. 理解直播的定义、直播的参与者、直播的优势。
2. 掌握直播营销的优势、常见形式及合作模式、直播营销的产业链与收益分配模式。
3. 了解直播平台的主要类型和特点。

技能目标

1. 能够根据商品属性和目标用户,确定直播平台的选择。
2. 能够在主要的直播平台开启直播。
3. 能够分析直播电商产业链的利益分配。

📺 项目思维导图

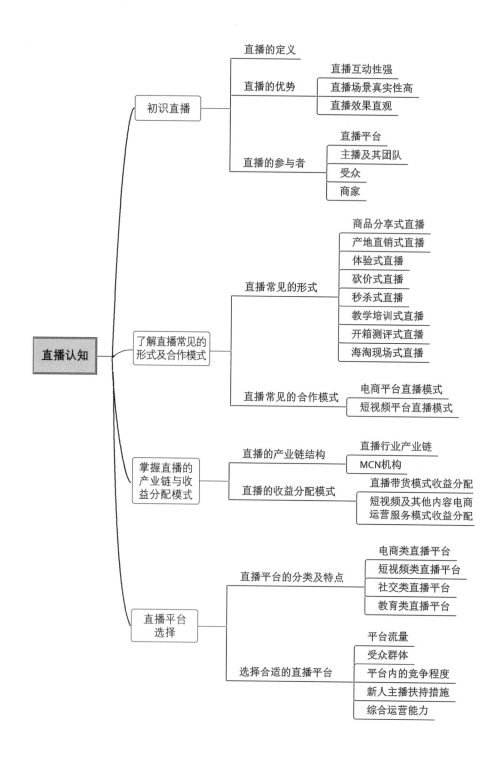

初识直播
- 直播的定义
- 直播的优势
  - 直播互动性强
  - 直播场景真实性高
  - 直播效果直观
- 直播的参与者
  - 直播平台
  - 主播及其团队
  - 受众
  - 商家

直播认知

了解直播常见的形式及合作模式
- 直播常见的形式
  - 商品分享式直播
  - 产地直销式直播
  - 体验式直播
  - 砍价式直播
  - 秒杀式直播
  - 教学培训式直播
  - 开箱测评式直播
  - 海淘现场式直播
- 直播常见的合作模式
  - 电商平台直播模式
  - 短视频平台直播模式

掌握直播的产业链与收益分配模式
- 直播的产业链结构
  - 直播行业产业链
  - MCN机构
- 直播的收益分配模式
  - 直播带货模式收益分配
  - 短视频及其他内容电商运营服务模式收益分配

直播平台选择
- 直播平台的分类及特点
  - 电商类直播平台
  - 短视频类直播平台
  - 社交类直播平台
  - 教育类直播平台
- 选择合适的直播平台
  - 平台流量
  - 受众群体
  - 平台内的竞争程度
  - 新人主播扶持措施
  - 综合运营能力

任务一　初识直播

　　随着网购的快速发展,直播发展迅猛。直播已经成为企业开展营销活动的重要手段,用户通过直播逐渐养成了新的购物习惯,直播产业链正在逐步形成。早在 2016 年,小米科技有限责任公司便举办了一场在线直播的新品发布会,公司总经理雷军直接在办公室,通过十几家视频网站和小米直播 APP 发布了其生态链产品小米无人机。该场新品发布会不用租借会议酒店,不用进行户外宣传,不用进行大型会场布置,成本较低。长达三个小时的线上发布会,直播观看总人次达到了 1 092 万。整个直播过程,雷军在讲解新品之余,与粉丝互动,不仅现场解答了粉丝们关心的各种问题,还时不时地跟粉丝互相调侃。直播中,雷军分享了自己对直播的看法:"直播是一种全新的方式,这里面存在巨大的机会,建议创业者关注直播,好好利用直播向受众介绍自己的产品。"

一、直播的定义

　　在传统意义上直播是一种广播的方法,可以细分成广播节目和电视节目,比如体育赛事直播、文化活动直播、新闻广播等。随着互联网技术的发展,特别是移动互联网速度的提升和智能手机的普及,基于互联网的电子商务新形式——直播应运而生。

　　电子商务意义上的直播是以直播平台为载体,以达到企业品牌提升或者商品销量增长的目的,跟随现场事件的发生和发展即时进行制作和播出的电子商务方式。直播基于互联网技术,是电子商务形式的一种创新,体现了互联网的特色,打破了传统线下活动策划中时间和空间的限制,具有强大的实时性、交互性和可靠性。直播时,直播活动的组织者可以为用户提供更优质的商品选择服务,给用户更直接的使用体验,最大限度地提高直播的价值。"品牌+直播+艺人""品牌+直播+发布""品牌+平台+直播""品牌+直播+活动"等新型的直播方式吸引了企业和商家;用户年轻化、平台新鲜化、互动性高、直播活动现场氛围活跃等特点,促使商家和用户更快、更好地达成交易。直播的影响力越来越大,直播市场前景广阔。

二、直播的优势

　　直播的兴起给众多企业带来了新的机会,直播的优势如下。

(一) 直播互动性强

　　在传统的营销方法中,企业通常会发布销售信息,用户被动地接收这些信息。在此过程中,企业无法立即了解用户对商品信息的接收情况,并且用户对商品销售信息的态度也无法很好地被反馈。

直播互动性强,在直播过程中允许企业向用户展示商品信息,用户也可以与企业进行对话和交互,并参与直播活动中。这不仅增强了用户的参与度,还有助于调动直播间的气氛。尤其对于特定主题,直播可以在意向用户、观众和企业之间产生强大的交互作用,从而真正实现企业与用户之间和用户与用户之间的即时交互,可以最大限度地提高电子商务的成交效率。

(二)直播场景真实性高

在电子商务活动中,高质量的商品是公司赢得用户信任的基础。在传统电子商务中,无论是图片还是视频,虽然制作精良且非常有吸引力,但是一些用户质疑其信誉,因为这些都是预制的成品,在制作过程中,可能进行了许多人为编辑和美化。

直播场景真实性高,直播可以让用户直观地了解商品及商品使用的效果。也可以通过直播来展示商品的生产环境和生产过程,让用户加深对商品的了解,以取得用户的信任,激发用户的购买意愿。

(三)直播效果直观

消费者线下购买商品时,更容易受到外部环境的影响。在现场直播活动中,组织者的现场展览、商品介绍及现场直播间众人争相购买的气氛,会直接影响用户,是用户下单订购商品的催化剂。在直播中,直播管理团队可以查询直播间的实时数据,掌握直播间商品的销售状况,直播效果直观。

三、直播的参与者

(一)直播平台

随着直播热潮的兴起,各大网站和 APP 都推出了自己平台的直播,主流直播平台有淘宝直播、抖音直播、快手直播。

(二)主播及其团队

作为电商直播的一部分,在商家直播等直播形式发展之前,个人直播就进入了市场,可以说个人直播是电商直播发展的源头。但一场好的直播并不是单靠主播一个人就能完成的,不管是前期的直播策划、脚本撰写,还是直播中的商品介绍,都需要团队成员的通力合作才能达到完美的效果,故直播需要团队。常见的主播及其团队组织架构如图 1-1 所示。

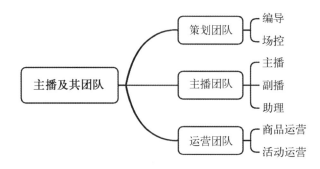

图 1-1　主播及其团队组织架构

1. 策划团队

策划团队的主要工作包括确定直播主题、组织直播活动、规划脚本及预设直播中的福利。团队成员需要根据主题确定商品、开播时间、直播持续时长，并为不同用户制订不同的福利计划。

策划团队包括编导和场控，其主要职责如下。

(1) 编导：负责策划直播活动，撰写直播脚本等。

(2) 场控：负责直播间的中控台，协调商品的上架、下架，发送优惠信息、红包公告，抽奖送礼，根据直播间要求更改商品价格，以及控制直播间节奏等。

2. 主播团队

主播团队是直播的执行方，其工作内容是展示商品，与用户互动。除直播以外，主播团队还需要提供重播和信息反馈以优化和增强直播效果。主播团队一般包括主播、副播和助理，其主要职责如下。

(1) 主播：负责正常直播，熟悉商品信息，介绍并展示商品，与用户互动，介绍活动，复盘直播内容等。

(2) 副播：协助主播直播，与主播配合，说明直播间规则，介绍促销活动，补充商品卖点，引导用户关注等。

(3) 助理：配合直播间的所有现场工作，包括灯光设备的调试、商品的摆放等，有时也承担副播的角色。

3. 运营团队

运营团队一般包括商品运营和活动运营，其主要职责如下。

(1) 商品运营：负责选择商品，挖掘商品卖点，培训商品知识，优化商品等。

(2) 活动运营：负责搜集活动信息，策划活动文案，执行活动计划等。

(三) 受众

衡量一场直播的效果，不应只看最后的成交额，因为不同用户基数、不同人流量的直播之间难以对成交额进行精确对比。衡量一场直播的效果比较科学的方法是看转化率，即下单人数与直播间人数的比例，转化率越高说明该场直播的效果越好。提高直播转化率的关键在于吸引用户，即直播间吸引到的精准用户。

以母婴类产品的直播间为例，如果来直播间的用户多是新手妈妈，直播间的转化率自然不会太低，但如果进直播间的是"泛流量"，即各种用户群体都有，那么转化率可能不高，人群不精准，即使进直播间的人很多对转化率也不会有太大影响。所以，直播的关键因素是吸引精准用户。精准用户的获取可以从以下三个方面考虑。

1. 明确内容方向，依靠内容积累精准用户

对于电商平台的店铺来说，明确品牌和店铺的定位、做好店铺的日常导流、提升转化率为基本的运营方向。店铺要保证商品质量，依靠一定的店铺活动和优惠手段逐步吸引用户订阅店铺，再将这些用户吸引到直播间就能带来较高的转化率。对于短视频平台的账号，其在最初进行账号定位和内容策划时就应该考虑到后期的直播变现，结合"带货"商品设计账号内容，即账号应该吸引怎样的用户，做什么样的内容才能吸引到对应用户，将用户画像向目标用户慢慢靠拢，然后逐渐积累精准用户，实现高效转化。

2. 投放定向推广

直播团队在为直播间进行付费推广和购买流量时，可以定向选择直播间的目标用户实

现精准投放,吸引对应的用户进入直播间,从而提高转化率。

3. 积累私域流量,做好直播人群的精准触达

在直播过程中,主播会反复强调和引导直播间用户加入粉丝团,或者关注、订阅直播间,主要目的就是使直播间的公域流量有效地转化为账号精准的私域流量,以达到积累用户和实现后期宣传触达的作用,从而逐渐提高直播间用户的精准度,提升转化率。

(四)商家

直播的浪潮来势汹汹,有经验的商家都开始组建自己的直播团队,商家直播团队组织架构如图1-2所示。

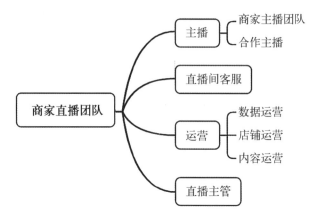

图 1-2　商家直播团队组织架构

1. 主播

商家既可以自己建立主播团队,也可以根据需要自行选择合作主播。

(1)商家主播团队:包括主播、副播、助理、执行策划和场控。在选择主播时,商家需要寻找与企业特点相匹配的主播进行合作,选择的主播形象、气质应与品牌形象相匹配,并熟悉企业的文化和商品信息,塑造的直播人设也要与商品的目标用户群体相匹配。

(2)合作主播:包括个人主播和机构主播。① 个人主播负责活动直播和品牌塑造直播等。② 机构主播与个人主播的作用差不多,但是商家可以通过机构推荐,选择比较成熟和匹配的主播资源。

2. 直播间客服

直播间客服主要负责直播间的互动答疑,在直播间配合主播直播,以及商品发货、售后服务等内容。

3. 运营

运营包括数据运营、店铺运营和内容运营,具体职责如下。

(1)数据运营:负责直播数据检测,分析优化方案等。

(2)店铺运营:负责配合与直播相关店铺的运营工作等。

(3)内容运营:负责直播前后的内容宣传、造势与运营等。

4. 直播主管

直播主管主要负责主播的日常管理、招聘、培训、心理辅导等。

思政园地

2021年4月23日,国家互联网信息办公室、公安部、商务部、文化和旅游部、国家税务总局、国家市场监督管理总局、国家广播电视总局七部门联合发布《网络直播营销管理办法(试行)》(以下简称《办法》),自2021年5月25日起施行。

《办法》旨在规范网络市场秩序,维护人民群众合法权益,促进新业态健康有序发展,营造清朗网络空间。

《办法》要求,直播营销平台应当建立健全账号及直播营销功能注册注销、信息安全管理、营销行为规范、未成年人保护、消费者权益保护、个人信息保护、网络和数据安全管理等机制、措施。同时,《办法》还对直播营销平台相关安全评估、备案许可、技术保障、平台规则、身份认证和动态核验、高风险和违法违规行为识别处置、新技术和跳转服务风险防范、构成商业广告的付费导流服务等作出详细规定。

《办法》将从事直播营销活动的直播发布者细分为直播间运营者和直播营销人员,明确年龄限制和行为红线,对直播间运营者和直播营销人员相关广告活动、线上线下直播场所、商品服务信息核验、虚拟形象使用、与直播营销人员服务机构开展商业合作等方面提出具体要求。

《办法》强调,直播营销平台应当积极协助消费者维护合法权益,提供必要的证据等支持。直播间运营者、直播营销人员应当依法依规履行消费者权益保护责任和义务,不得故意拖延或者无正当理由拒绝消费者提出的合法合理要求。

思考: 如果没有实施《网络直播营销管理办法(试行)》,直播电商会出现哪些不良行为?

任务二　了解直播常见的形式及合作模式

导入案例

2022年9月淘宝直播发布了一份特殊的"成绩单",在直播助农计划"村播计划"上线三年后,淘宝直播平台累计已有11万农民主播,开播超过230万场,通过直播带动农产品销售额超50亿元。主播们用一场场直播,将家乡的地产风物卖到了全国,提高了收入水平。电商直播的风潮开始兴起,那么直播到底有哪些常见形式和合作模式呢?

知识准备

一、直播常见的形式

直播具有场景真实的特征,为了吸引观看直播的用户,直播团队需要根据实际情况选择更有趣的直播形式。直播的常见形式有以下几种。

(一)商品分享式直播

商品分享式直播是指主播与用户分享商品,并向用户推荐商品的一种销售形式。通过用户在直播间的留言评论,主播知道用户需要什么商品,并按照用户需求来推荐商品,向用户讲解商品的特性和用户想了解的重点信息及细节。

(二) 产地直销式直播

产地直销式直播是指主播在商品的原产地或商品的生产车间进行直播,向用户直接展示实际的生产环境和生产过程并吸引用户进行购买。

(三) 体验式直播

体验式直播是指在现场对直播的商品进行处理、制作和加工,这个过程可以显示加工后商品的实际状态。食品、小型家用电器、电子商品(如计算机、平板电脑、移动电话和数字音频播放器)等都可以采用这种直播形式。对于某些可加工的食品,主播可以在直播中加入烹饪食物的过程并试吃,这样既可以向用户展示食物加工方法,增强用户对食物的信任,又可以增加直播的内容,提高直播的吸引力。在食品促销的直播中,现场品尝食品这种形式对用户更具有吸引力,但也会存在一定的局限性。直播通常会持续很长时间,这对需要从头到尾进餐的主播来说,是一个很大的挑战。

(四) 砍价式直播

砍价式直播是指在直播中,主播为用户分析商品的优缺点,并告知用户商品的大致价格,在用户提出购买意向后,主播与商家协商,以便用户获得更优惠的价格,经过价格谈判,让用户和商家在价格达成一致后完成交易。

(五) 秒杀式直播

秒杀式直播是指主播与企业进行合作,在有限的时间内向用户推荐限定数量的商品,并吸引用户购买的一种直播方法。秒杀式直播的现场气氛紧张刺激,商品优惠程度高或商品具有稀缺性,可以让用户积极参与其中。

(六) 教学培训式直播

教学培训式直播是指主播在直播现场进行指导和培训,同时分享一些知识和技能,如提高口语能力、化妆技能、制作甜点技能、运动健身技能。主播在分享过程中会推广一些商品,这不仅可以让用户通过观看直播节目来学习特定的知识和技能,还可以使用户感受到主播的专业性,进而更加信任主播推荐的商品。

(七) 开箱测评式直播

开箱测评式直播是指主播边拆箱边介绍箱子里面的商品。在这类直播中,主播需要在开箱后真实、客观地描述商品的特点和使用体验,让用户可以更加全面地了解商品,从而达到推广商品的目的。

(八) 海淘现场式直播

海淘现场式直播是指主播在海外购物商场或免税店进行直播,用户可以观看直播并清晰地了解商品,通过直播,用户就如同在海外购物商场购物一样,商品的价格也一目了然,可以提高用户对商品的信任度。

二、直播常见的合作模式

(一) 电商平台直播模式

电商平台直播模式是指直接使用电子商务平台嵌入的直播功能,如淘宝直播和京东直播。该模式的主要特点是利用电子商务平台的流量带动直播流量。当直播平台有足够的固定流量后,直播流量可以反馈平台流量。

（二）短视频平台直播模式

短视频平台直播模式是指在短视频平台上直播,利用产品链接与电商平台建立联系,如抖音直播和快手直播。用户在观看短视频时,可以直接点击视频中的产品链接进行购买。

什 么 是 KOL?

KOL 是 Key Opinion Leader 的简称,意思是关键意见领袖。它通常是指拥有更多、更准确的产品信息,且为相关群体所接受或信任,并对该群体的购买行为有较大影响力的人。KOL 被视为一种比较新的营销手段,它发挥了社交媒体在覆盖面和影响力方面的优势。KOL 的粉丝黏性很强,所以 KOL 的推荐,粉丝们会认真听取。

"新农人"直播带货,打造田野新"丰"景

随着数字技术不断嵌入,火热的直播电商成为当前农户展销农产品的重要渠道,为农产品从田间地头走到千家万户铺设了一条"快车道"。农民化身"新农人",实现了电商直播与传统农业的高效结合,也为国家乡村振兴注入了新动能。

同频共振,打通数字乡村建设"最先一公里"。主播们走进田间地头,村民们走进直播间,有效拉近了农村集体经济组织、农产品与消费者的距离。曾经需要使劲吆喝的农产品,借此打破壁垒,广开销路,搭上互联网和物流业发展的快车,为农村经济发展带来了新活力。与此同时,"新农人"带货直播也推动着上游做优产品、做大规模,推动农村经济朝全产业链模式迈进,让更多人能够看到数字经济带来的无限可能,激发出更多网络创新创业的热潮。

统筹资源,走好供需精准对接"中间一百米"。相对于要经过专业化的采收和物流集散渠道的传统农产品,直播带货以一种风风火火的方式压缩了时间和经济成本,提升了效率和市场竞争力,实现从"人找货"到"货找人"的转变。

"筑巢引凤",跑完建立长效机制"最后一米"。农产品直播带货离不开一支有内生动力的带货队伍。打造这支队伍,一方面可以继续支持电商平台和人才到农村创业,持续深入开展"电子商务进农村"和"电商扶贫";另一方面积极鼓励引导电商企业、机构开展业务培训,注重培养线上营销的思维和本领,让农民与"网红"结对子,在实践中学,手把手地教,促使更多懂业务、会经营、能致富的复合型人才苗壮成长。抓住直播带货的风口,壮大新媒体平台上的乡村本土力量,也必然能让各地乡村振兴的步伐迈得更稳健。

"暧暧远人村,依依墟里烟。"直播带货让远隔千里之外的人了解和品尝到优秀农产品,助力巩固脱贫攻坚成果。

思考:直播如何助力乡村振兴?

任务三　掌握直播的产业链与收益分配模式

2022 年,LGH 成为了抖音直播间的"现象级主播",全国各地都刮起了去 LGH 直播间一起跳《本草纲目》健身操的热潮,而他本人的抖音粉丝也在短短 7 天内增长了将近 3 000 万人。早在爆火之前,LGH 便已经在抖音直播间尝试带货,带货的销售数据仅为 723.6 万元,远远低于其他明星。直至 LGH 开始转战直播健身,全民健身热潮兴起,他再次进行直播带货,直播收入 10 天暴涨 10 倍。直播的利益产业链究竟如何划分?他们的收益分配模式究竟是怎样的?

一、直播的产业链结构

(一)直播行业产业链

直播行业产业链上游主要为 MCN(Multi-Channel Network)机构;中游直播平台主要包括电商直播、娱乐直播、游戏直播和体育直播平台;合作和支持公司主要有电子商务平台、云平台服务商和 5G 服务商;行业下游为收看直播的用户。直播行业产业链如图 1-3 所示。

图 1-3　直播行业产业链

(二)MCN 机构

MCN 机构是服务于新的直播经济运作模式的各类机构总称,为主播和自媒体提供内容策划制作、宣传推广、粉丝管理、签约代理等各类服务。MCN 机构有着以下的功能。

(1)寻找内容优质的博主进行包装,提高视频质量。

(2)寻找平台进行推广,获取更多的流量。

(3)培养主播,通过商业变现来获取盈利。

2015 年以来,我国 MCN 机构数量爆发式增长,2021 年增速有所放缓,国内 MCN 机构数量超过 3 万家,2022 年超过 4 万家,2015—2023 年中国 MCN 机构数量及增速如图 1-4 所示。

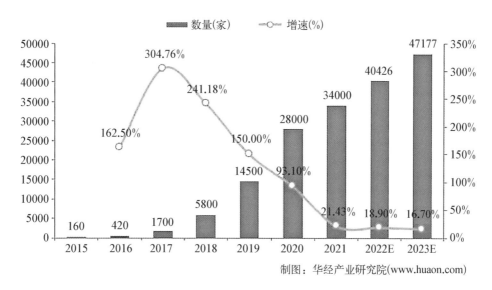

制图：华经产业研究院(www.huaon.com)

图 1-4　2015—2023 年中国 MCN 机构数量及增速

二、直播的收益分配模式

在直播电商产业链中，受益机会顺序为：平台方最多，MCN 机构次之，供应链最少。MCN 机构作为流量端与供应链的中介方，受益于平台流量红利，在直播电商产业链中获取重要的撮合价值。长期来看，直播电商产业的最大受益方仍为平台方，具体收益结算方式如下。

（一）直播带货模式收益分配

直播带货模式下，收益主要来源于直播服务费及销售分成。因为直播服务效果常以有效销售额、直播播放量、点击数等指标来表示，故常用这些可统计的指标作为商家付费的依据。商家通常需在直播任务发生前支付固定的直播服务费（开播费），并与 MCN 机构在电商平台设定一定比例的直播分成，待直播结束后以有效销售额为基数与 MCN 在直播平台进行佣金结算并完成支付；MCN 机构后续需根据与主播签署的合作协议按约定的分成比例支付相关款项给主播。

（二）短视频及其他内容电商运营服务模式收益分配

短视频及其他内容电商运营服务模式下，收取的合作费用以基础服务费为主。收益结算方式按照合同约定，除通过电商平台结算的情况外，商家通常结合预付与分期付款的方式与 MCN 机构进行款项结算；MCN 机构后续需根据与主播签署的合作协议按约定的分成比例支付相关款项给主播。

例如，在淘宝联盟的结算框架下，收益是在阿里妈妈、MCN 机构（后续 MCN 机构要和主播分成）和直播内容平台之间进行分配。以商品最终成交价格 100 元、佣金率 20% 为例，阿里会首先收取 6% 的专项服务费，实际上只有 14% 的佣金按三方分成比例分成。不同内容平台的三方分成比例不一样，直播平台收益分配如表 1-1 所示。

表 1－1　直播平台收益分配表

利 益 方	分 配 规 则	淘宝直播金额/元	抖音金额/元	快手金额/元
商家	商品售价假设	100.00	100.00	100.00
商家（1）	支付推广佣金比例,假设20%	20.00	20.00	20.00
阿里（淘宝网）（2）	收取内容场景专项服务费6%,阿里系内部不收	0	6.00	6.00
—	剩余可分配佣金	20.00	14.00	14.00
阿里妈妈	收取技术服务费,佣金10%	2.00	1.40	1.40
直播内容平台	收取服务费	4.00	0.14	6.30
MCN	后续要和主播分成	14.00	12.46	6.30

 思 政 园 地

教师"直播带人"为促就业开辟新思路

近日,某学院教师为每位受推荐的学生制作简历展板,现场连线企业 HR,毕业生可以在线投递简历,如同一场"空中双选会"。令广大网友直呼"羡慕别人家大学"的,还是学院教师面对镜头对学生的推介:"情商高""活动能力强""性格自律"……

大学教师化身热情洋溢的"主播",为学生求职"代言",背后的细腻用心值得点赞。教师更能关注到学生身上不自知的闪光点,如伯乐相马一般激发其潜力并进行积极引导,这不是初出茅庐的学生用一纸简历所能承载的。教师以"中介人"身份进行推荐,不仅能更综合地展现学生综合素质,还能让企业迅速地掌握学生特质,与所需岗位进行匹配。

教育数据显示,2023 届高校毕业生达约 1 158 万人,同比增长 82 万人。毕业生规模的扩大,给求职者带来更大的竞争压力、不确定性和迷茫感。通过院校的初步筛选,借直播"抢先"促成双方沟通意向,用人单位和被荐学生能有更好的信任基础,拓宽了人才资源输送的通道。不只高校,近年来,一些地方部门及用人单位都在积极拓展线上渠道,用情用力地推介、吸纳人才。

对于毕业生而言,第一份工作是人生的重要转折点,只有各方始终秉持"以人为本"的观念,持续对促进就业形式进行探索完善,才能让求职者与用人单位在新潮流、新形式助推下更快地相识相知。

思考: 直播对学生就业产生哪些积极影响?

文章来源:中国青年报

任务四　直播平台选择

导入案例

　　小李是竹编非遗传承人,为了更好地发展非遗文化,传承非遗手艺,小李在不断精进技艺的基础上,创办了非遗工作室,培养了一批手工竹编学习者。随着直播的兴起,小李想要通过直播带货的形式,将非遗手艺发扬光大,让非遗产品走进千家万户。针对小李这种个人工作室,有哪些直播平台可以供小李选择? 不同平台有不同的特征,那么他适合在哪个直播平台来进行直播呢?

知识准备

一、直播平台的分类及特点

(一)电商类直播平台

1. 淘宝直播平台

淘宝直播,是阿里巴巴基于自身的电商资源推出的直播平台,目前位居直播带货平台之首,定位于"消费类直播"。卖家通过实时直播展示的方式来引导消费者消费,通过粉丝打赏、关注及发红包等多种互动模式,让消费过程充满趣味性。用户可边看边买,淘宝直播的内容已覆盖服饰、美妆、运动、母婴、二次元、数码等各个领域,已形成了包含直播基地、机构产业带、供应链在内的完整直播产业链条,目前主要有达人直播、店铺直播、全球购直播和天猫直播四种形式。淘宝直播平台的直播呈现以下特点。

(1)覆盖范围广,商家多。淘宝是涵盖品类众多、商家及品牌众多的在线购物平台。跟其他线上平台相比,淘宝的产品种类"大而全",在淘宝平台,用户几乎可以搜索到任何想要的商品。同时淘宝平台创建时间早,用户积累多,入驻商家和品牌众多,这也是淘宝直播能够一直在直播市场中占据有利地位的原因。

(2)互动功能丰富。淘宝直播功能丰富,有多项游戏与互动功能可供用户选择,如可领取积分,参与直播间红包雨,点击领取活动专属优惠券,参加直播间抽奖等。这些互动功能丰富,可操作性强,使用户在观看直播时消费过程充满趣味性,提升用户与直播间的黏性。

(3)支持回放,商品和直播关联度高。淘宝直播支持回放,用户可以进入店铺或者主播的主页观看往期直播。直播回放不仅使商家在非直播时段能销售一定的商品,还使用户能够在任意时间段观看想看的直播,了解商品详情,不受时间的限制。

2. 京东直播平台

京东直播是京东推出的"消费类直播"平台,定位于"专业＋电商",以轻松有趣的风格用专业内容辅助用户做消费决策,它利用视频直播的形式,结合商品售卖、用户互动等元素,为用户带来更加便捷、轻松、真实的购物体验,让观众在专业主播的推荐下可以"边看边买",获取自己真正需要的正品好货。在京东直播平台上,用户可以观看商品展示、加入购物车、下单购买等,整个购物流程都可以在视频直播中实现。京东直播平台定位于帮助消费者更好地了解商品,得到质量更好、性价比更高的商品信息,并提供更便捷快捷的购物渠道。京东直播平台的直播呈现以下特点。

(1)真实的互动体验。在直播过程中,用户可以随时与主播进行互动,提问、询问商品相关信息,获得专业、真实的回答。同时,用户可以在直播时实时领取优惠券,参与秒杀等优惠活动,享受更多便利购物体验。此外,京东直播平台中的主播来自各个领域、品类,不仅拥有专业的商品知识,也拥有自己独特的个人魅力,主播与用户之间的互动氛围非常好,用户可以根据自己的兴趣选择相应的直播间,获得最好的购物体验。

(2)快捷的京东物流优势。京东有自己的物流板块,且京东物流速度快,许多地区第一天下单第二天就能到货,这是京东的一大优势,在京东直播间的品牌如果拥有京东物流配送,能够实现快捷的配送服务。与其他直播购物平台相比,这一优势帮助京东在各直播电商平台中占据一席之地。

3.拼多多直播平台

多多直播是拼多多开放给有带货能力或潜力的合作方的直播工具,以提升合作方用户黏性和流量转化效率。拼多多直播平台的直播呈现以下特点。

(1)"直播+拼团"的用户新模式。以社交电商起家的拼多多,将社交活动玩法也植入了网络平台直播中。主播可以用充现金红包+关注+分享好友帮助的形式锁定老客户,吸引新流量。拼多多直播扩散方式是依靠用户裂变形成的。拼多多对于直播的扶持与裂变息息相关。例如,直播首秀只要三位好友组团就能获得直播商品的五折优惠券,组团看直播可以获得拼团低价。

(2)向外借流量。相对其他平台直播流量来自内部用户,拼多多不一样,以向外借流量为主。

(二)短视频类直播平台

1.抖音直播平台

抖音作为短视频领域的领跑者,最早是一款音乐创意短视频社交软件,凭借自身互动性强、粉丝维系好、用户群体量大、投放精准等特点,开启了平台的直播之路,利用直播通道完成变现,互动性强、视觉冲击力强,是目前火爆的直播平台之一。抖音直播平台的直播呈现以下特点。

(1)直播流量大,直播类型丰富。无论是总使用次数占比,还是总有效使用时间占比,抖音在同类型软件中都具有领先地位。抖音以短视频起步,平台聚集了大量内容创作者和用户,很多内容创作者依靠短视频内容积累了大量用户,在此基础上开展直播带货,有一定的基础流量优势。

(2)利用用户画像分析,推送精准。抖音直播能够实现精准推送。抖音平台能够利用画像分析用户的兴趣爱好,进行有针对性的推送,减少对不相关用户的干扰,帮助直播账号找到精准用户。

(3)投入成本低。抖音平台上的计费方式灵活,主播及其团队在抖音平台上进行直播,只需开通橱窗功能,就可以在直播间添加购物车,不需要支付一般店铺前期运营所需的大额费用。

2. 快手直播平台

与抖音一起领跑中国短视频市场的快手,在直播方面也有着不菲成绩,平台商户以个体户为主,定位三四线城市或中产阶级人群,以土特产、手工艺品、农产品、手工产品等商品为主,迅速在下沉市场占据优势,直播带货运转得风生水起。其平台直播呈现以下特点。

(1)用户黏性较强。与抖音相似的是,快手也基于用户社交关注点和兴趣来调控流量分发,向用户推荐的内容主要是用户关注的某个账号的短视频和直播。因此,某位主播开始直播后,关注了该主播的用户看到直播并进入直播间的概率会很大。这种流量分发模式虽然在一定程度上限制了账号内容和直播间的辐射范围,但有利于加深主播与用户之间的联系,增强用户的黏性。另外,快手有很强的"网络直播"氛围,用户愿意主动点赞、评论、分享自己喜欢的主播,互动率高。

(2)走下沉市场,"草根"主播多。快手以三、四线城市的用户为主,也有很多"草根网红"。快手直播平台中,生活类短视频占比最高,扎根细分领域受到用户欢迎。快手的高级副总裁表示,提到快手,大家想到的是公平和普惠。快手给每位生产者公平的曝光机会,这会使整个平台内容的多样性增强。因此快手一直坚持"以普通用户为中心、用户平等"的运营观念,不对任何名人或团体进行流量倾斜。在这种机制下,快手成为普通用户分享自己生活的平台,而非追求潮流的时尚圈,因而在快手平台诞生了很多草根主播、乡村主播等,直播内容也比较贴近民众的日常生活。

(三)社交类直播平台

1. 小红书直播平台

小红书直播是颇具人气的电商直播平台,小红书美妆护肤品牌和时尚服饰品牌增长最快。小红书直播平台的直播呈现以下特点。

(1)直播用户和商品适配度高。小红书打造了高活跃度、高用户黏性的分享社区,通过搭建自有商城,实现了从种草到消费的商业生态闭环。小红书众所周知的是女性用户居多,年轻高净值,数据显示,一半以上的用户位于一二线城市,"90后"用户居多,聚集了大量消费力强的年轻用户。目前内容形式为图文笔记和短视频,美妆、护肤为核心优势品类。作为一线女性用户聚集地,用户人群和商品具有天然适配性,用户通过笔记进行种草,在直播进行转化,实现从种草到拔草转换。

(2)"直播+笔记"开启新玩法。小红书开启"直播+笔记"新玩法,用户可通过直播间进入笔记页,粉丝阅读笔记时可一键下单,通过打通笔记与直播,让用户看到更多深度内容,从而提升用户停留时间及黏性,提高转化率。

2. 腾讯直播平台

腾讯直播是腾讯系面向微信生态的唯一官方支持的电商直播平台,全称腾讯看点直播,也称看点直播、腾讯直播,也是人们口中的微信直播。基于微信公众号的企业可以通过手机、摄像头、摄像机等摄像终端实时通过微信公众平台进行直播,用户可以通过微信公众平台实时观看,在线互动,获得新的体验。腾讯直播平台的直播呈现以下特点。

(1)扎根微信生态,有多个流量入口。与其他短视频平台不同,视频号并没有单独的APP供用户下载,而是直接内嵌于微信,用户在微信里就可以"刷"视频,与"刷"朋友圈一样。视频号开通以后,入口直接显示在微信朋友圈入口的下方。朋友圈作为用户使用微信时打开频率最高的界面之一,其入口是一个"流量聚集地"。用户在点击进入朋友圈时,很容易被视频号吸引。将视频号入口放在朋友圈入口下方,为视频号吸引流量奠定了基础。除此之外,视频号的视频在微信生态内可以畅通无阻地被用户分享。无论是在微信聊天中,还是朋友圈、公众号、微信社群等,用户分享视频号都没有门槛,这是其他短视频平台无法企及的。

(2)天然社交优势,更利于普通人。在生活中常常出现这样的场景:用户原本对某篇文章不感兴趣,但如果发现这篇文章被3个或3个以上好友转发,此时即使这篇文章的标题或封面没有引起用户关注,用户通常也会产生阅读该文章的欲望。这就是由社交引发的"信息瀑布"效应,即人们受到他人信息的影响,从而改变自己的喜好、追随前人的选择的一种现象。视频号所开创的新型内容分发机制,就是将"社交"作为推荐内容的首要考虑因素,优先向用户推荐其微信好友喜欢的内容。

(四)教育类直播平台

1. 腾讯课堂

腾讯课堂是腾讯推出的专业在线教育平台,该平台集合了众多在线课程,涵盖内容多,用户群体广泛。平台上目前涌现出越来越多的直播课程,即由主播(讲师)实时在线讲解课程,用户实时在线进行互动和学习。腾讯课堂直播平台的直播呈现以下特点。

(1)根据用户喜好推荐直播课程。用户在注册腾讯课堂的账号并登录以后,腾讯课堂系统会弹出"喜好选择",用户可以根据课程分类选出多个自己感兴趣的课程方向,选择以后,系统会推荐符合用户喜好的课程。这些课程包括正在进行的直播课程,用户点击即可进入直播间观看直播。

相比其他平台的随机性直播推荐,在腾讯课堂,用户大多在自主选择后主动进入直播间,所以用户在直播间的停留时间相对较长。对于免费类直播,如果主播(讲师)的讲课质量好、够精彩,就能吸引用户订阅该课程。而订阅课程需要用户扫码加入微信群,这就将用户沉淀到了直播团队的私域流量池中,从而有利于直播团队做进一步的用户转化,产生用户付费购买的可能性。

(2)部分直播课程免费,可回看。腾讯课堂上的课程品类较为丰富全面,有大量的免费课程。免费课程一般分为两种,一种是课程从开始到结束全部免费,另一种是部分免费,即从某一课时开始用户需要付费才能观看。目前腾讯课堂上的免费直播课程较为丰富,支持回看,用户在线观看直播课程能与主播(讲师)进行实时互动,有内容方面的疑问方便直接提出,能及时得到主播(讲师)的讲解。

2. 小鹅通

小鹅通是集知识店铺、直播、企业培训等功能于一体的知识服务平台,比较适合在线教育机构和知识类"大咖"使用。在小鹅通平台注册店铺后,便可以向用户群体销售课程或提供免费的学习产品,小鹅通包含图文、视频、直播等形式。用户则可以通过小鹅通来进行课程学习、观看直播、打卡等操作。小鹅通直播平台的直播呈现以下特点。

(1)无须下载软件,使用方便。用户观看小鹅通平台的直播无须下载软件,可直接在微信中观看。具体方式为,生成小鹅通直播链接并发送到微信用户群,用户打开链接输入密码即可进入直播界面。

(2)支持多种直播教学场景。小鹅通直播能满足多样化的教学场景。小鹅通平台支持语音直播,主播(讲师)不想露脸时可以进行语音直播,同时可以操作直播课件,并不影响用户的观看体验。

二、选择合适的直播平台

(一)平台流量

在挑选平台的时候,首先应该关注直播平台的流量,看看平台在目前的市场中的表现和地位。例如,目前流量最多的是淘宝直播平台,其次是抖音直播平台和快手直播平台,京东直播平台和拼多多直播平台在奋力追赶。

(二)受众群体

由于每一个直播平台都有自己的受众群体,这些受众群体都有着独特的标签和特征,表明对某一类文化或行为感兴趣。所以在入驻直播平台之前,主播、商家必须了解各平台受众群体的特点,选择目标受众聚集的直播平台。例如,有些平台男性受众居多,有些平台女性受众居多。如果主播、商家的主推产品是美妆用品,可以选择小红书等以女性受众为主的社交类直播平台作为直播的首发地,因为在小红书等受众聚集、黏性高的社交类直播平台上私域流量极高,直播成功的概率大。

(三)平台内的竞争程度

选择直播平台还要看平台内部的竞争是否激烈。大平台通常拥有很多大主播,他们对流量的争夺十分激烈,并且占有优势,这也可能导致新人主播很难发展。

(四)新人主播扶持措施

有的直播平台有新人主播扶持措施,选对了直播平台,就能得到更好的扶持和更多的资源。例如,淘宝直播平台有针对新人主播的 7 天扶持期,在这 7 天内,淘宝直播平台会给予新人主播浮现权,新人主播只要精心准备,就能让直播效果显著提升。有的直播平台对申请直播的账号是否自带粉丝非常关注,设置了粉丝数量的硬性条件,这对刚起步的新人主播不太友好。

(五)综合运营能力

在挑选平台时,要重点考察平台的运营能力。一个好的平台、一个优秀的直播平台运营团队,会吸引更多的受众,该平台就有机会获得很多的流量与较高的市场占有率,主播、品牌的曝光率和直播活动效率都会有保障。当然,主播、品牌商也可以同时选择在几个直播平台上直播,在不同的直播渠道上分别进行直播,取得叠加效果。

知识链接

抖音流量池分配规则

第 1 级:冷启动流量池

抖音一开始的时候会自动分配给主播 200～1 000 人,随机测试一个视频的受欢迎程度。主播的视频点击量到达 60% 以上,说明视频还是很受欢迎的,这时候系统就会把主播分配到二级流量池。

第 2 级:中级流量池

进入中级流量池,流量分配自然会提高,会分配 1 万～10 万人的推荐。在这个阶段,频道会根据播放率、好评率、讨论率、转发率进行下一轮评选。

第3级：精品推荐池

经过多轮验证,选出好评率、播出完成率、讨论互动率等指标较高的短视频,使其有机会进入精品推荐池,获得100万人左右的推荐。

抖音作品进入下一个流量池的评价指标有以下几点。

1. 评论数

(1) 首先在视频描述上设置一些交互式问题,引导用户评论,增加评论数量。

(2) 回复用户的评论,对视频内容进行提炼,引导更多用户参与话题讨论,进一步增加评论量。

(3) 设置有争议的话题,让不同意见的人来评论。

2. 完播率

(1) 控制视频时长。目前短视频发展态势良好,这时候用户对视频的质量要求会提高,那些过于拖沓冗长的作品,用户不愿意花时间观看,更别说给出其他反馈了。如果内容质量高,重播率会大大提高。

(2) 激发用户的好奇心。视频里可以设置一些情节的对比,这样能强烈激起用户的好奇心,观众就越愿意为之付费。差距越大,转折点越明显,用户观看视频的吸引力越大,短视频流行的可能性就越大。

(3) 制造争议。视频内容可以制造一些争议,这样用户会进行评论,可以促使用户在此页面停留较长时间,进而提高视频播放率。

3. 转发数

转发对创作者来说是很重要的,转发人的目的是在心理上找到共鸣,转发给自己的朋友家人,这样可以增加流量。因此,丰富的正面视频内容非常受欢迎,具有恰当的幽默感和刚正不阿的抱怨,能赢得用户的青睐。

4. 点赞数

多关注别人,可以多多关注一些好的视频,两个账户相互关注,可以增加粉丝量,粉丝越多,之后的变现就越容易。发原创视频。原创视频是必须要有的,原创视频分配的流量也是最高的,内容可以是贴合实际,具有实用性或者很搞笑的段子,这样才能吸引他人关注,观看视频并点赞分享。

抖音音视频操作注意事项有如下几点。

(1) 千万不要种硬广、二维码、庸俗广告等。

(2) 不能有不良的操作,比如说出现武器等不该出现的镜头和画面。

(3) 不能让视频画面出现水印、画质以及模糊等问题。

(4) 不要刷阅读量、刷喜欢,这些问题不仅仅会导致视频无法获得推荐,还有可能让视频被禁言、被限流甚至是被封号。

思政园地

抖音发布新规：严禁公益类账号参与直播打赏电商带货

针对部分账号试图以"助农"为由,编造不实场景、实施虚假公益等行为,抖音官方发布了关于抖音公益内容治理的最新规范。新规要求,在平台发起慈善募捐的账号主体须持有相关资质并按照规定认证,无资质的账号不得以任何形式在平台发起慈善募捐。

资料显示,2023年4月至今,抖音已经下架相关视频1 131个,对3 518个账号进行了无限期封禁等处置,并抹除其不当获取的新增粉丝,取消其变现功能权限。

据介绍,2023年以来,针对互联网平台出现的摆拍、造谣传谣、假冒仿冒等不实信息现象,抖音一方面推出产品工具,提升治理能力;另一方面,陆续制定并发布了《"演绎"类作品内容创作新规》《人工智能生成内容的平台规范暨行业倡议》等平台规范,系统打击和治理不实信息。

中国乡村发展基金会副秘书长表示,"伪公益"内容和行为利用了公众的善良,也破坏了公益慈善的良好生态。对于平台上存在的伪公益行为,平台有责任、有权利进行监管。

抖音通过发布新规,进行主动治理的行动,有利于推动网络公益内容有序规范。

思考:为什么要严禁公益类账号参与直接打赏及电商带货?

文章来源:南方网讯

 项目小结

本项目围绕直播电商的常见形式和常见合作模式、直播的产业链结构和直播的收益分配模式、直播平台的分类以及如何选择合适的直播平台展开,重点阐述了直播营销的参与者、直播的常见形式、直播的收益分配模式、直播平台的分类和特点,能够让学生在步入工作岗位之前,了解并认识直播电商的基础知识,为今后从事相关工作奠定基础。

 知识与技能训练

项目一
拓展阅读

一、单选题

1. 直播行业产业链上游主要为(　　)。

A. MCN机构　　　　B. 电商直播　　　　C. 娱乐直播　　　　D. 游戏直播

2. 直播行业产业链下游为(　　)。

A. MCN机构　　　　B. 电商直播　　　　C. 主播　　　　　　D. 收看直播的用户

3. (　　)为流量端与供应链的中介方,在直播电商产业链中起重要的撮合作用。

A. MCN机构　　　　B. MCV机构　　　　C. 电商直播　　　　D. 电子商务平台

4. 在直播间中,配合主播直播以及商品发货售后问题的是(　　)。

A. 副播　　　　　　B. 运营　　　　　　C. 直播间客服　　　D. 策划

5. (　　)决定了一场直播的主要内容。

A. 直播主题　　　　B. 直播策划　　　　C. 直播选品　　　　D. 直播方案

二、多选题

1. 直播基于互联网技术,具有强大的(　　)。

A. 能动性　　　　　B. 交互性　　　　　C. 实时性　　　　　D. 可靠性

2. 主播及其团队的组织架构包括(　　)。

A. 主播团队　　　　B. 策划团队　　　　C. 运营团队　　　　D. 专业团队

3. 主播及其团队中的运营团队,一般包括(　　　　　)。

A. 销售运营　　　　B. 活动运营　　　　C. 宣传运营　　　　D. 商品运营

4. 合作和支持公司主要有(　　　　　)。

A. 电子商务平台　　B. 云平台服务商　　C. 5G 服务商　　　D. 客户端服务商

5. 直播带货模式下,收取的合作费用主要包括(　　　　　)。

A. 商品利润　　　　B. 推广费用　　　　C. 直播服务费　　　D. 销售分成

三、实践题

1. 直播结束后,通常都会进行直播复盘,直播团队会将复盘内容写成文档,把直播复盘过程中发现的问题和得出的经验,以文字的形式记录下来,进行不断的总结和改进。请你按照课上所学内容,完成直播复盘文档的表格制作和撰写工作。

2. 请简要分析直播电商的运作模式,以及直播电商有哪些优势。

3. 你认为哪个直播平台最有营销潜力,为什么?

4. 请选择两个直播平台并论述其特点。

项目二 | 直播策划

素养目标

1. 具备直播行业职业道德。
2. 具备团队协同合作意识。
3. 具备遵纪守法意识。

知识目标

1. 掌握直播营销活动的基本流程。
2. 掌握直播营销活动流程规划方法。
3. 熟悉直播活动脚本策划方法。

技能目标

1. 能够策划直播营销活动。
2. 能够进行直播脚本的设计与撰写。
3. 能够进行直播间定位与设计。

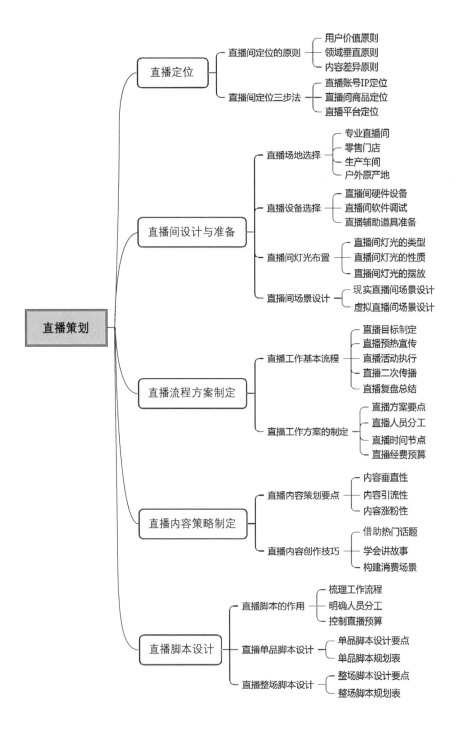

项目思维导图

直播策划

- 直播定位
  - 直播间定位的原则
    - 用户价值原则
    - 领域垂直原则
    - 内容差异原则
  - 直播间定位三步法
    - 直播账号IP定位
    - 直播间商品定位
    - 直播平台定位

- 直播间设计与准备
  - 直播场地选择
    - 专业直播间
    - 零售门店
    - 生产车间
    - 户外原产地
  - 直播设备选择
    - 直播间硬件设备
    - 直播间软件调试
    - 直播辅助道具准备
  - 直播间灯光布置
    - 直播间灯光的类型
    - 直播间灯光的性质
    - 直播间灯光的摆放
  - 直播间场景设计
    - 现实直播间场景设计
    - 虚拟直播间场景设计

- 直播流程方案制定
  - 直播工作基本流程
    - 直播目标制定
    - 直播预热宣传
    - 直播活动执行
    - 直播二次传播
    - 直播复盘总结
  - 直播工作方案的制定
    - 直播方案要点
    - 直播人员分工
    - 直播时间节点
    - 直播经费预算

- 直播内容策略制定
  - 直播内容策划要点
    - 内容垂直性
    - 内容引流性
    - 内容涨粉性
  - 直播内容创作技巧
    - 借助热门话题
    - 学会讲故事
    - 构建消费场景

- 直播脚本设计
  - 直播脚本的作用
    - 梳理工作流程
    - 明确人员分工
    - 控制直播预算
  - 直播单品脚本设计
    - 单品脚本设计要点
    - 单品脚本规划表
  - 直播整场脚本设计
    - 整场脚本设计要点
    - 整场脚本规划表

任务一 直播定位

导入案例

　　某零食制造企业一直致力于蚕豆、花生、瓜子等传统零食古法生产与制造。近年来零食市场竞争日益激烈,订单越来越少。该企业所在地区为乡镇,其麻辣花生、五香蚕豆等产品颇受当地人喜爱,但是出了该省几乎没人知道这个牌子,而现在省内的年轻一代也开始热衷吃薯片、螺蛳粉等当下流行的休闲零食,线下门店购买该品牌五香蚕豆的顾客少之又少,企业面临停产倒闭的现状,产品是好产品,就是"酒香也怕巷子深",企业市场部决定拓宽市场,尝试互联网、直播平台新型销售渠道,重新打开年轻人的味蕾,销往全国各地。

　　请你帮企业进行筹备策划,并准确找出直播的定位。

知识准备

　　在进行直播电商策划之前首先要了解的是直播电商和普通网络销售之间的联系与区别,网络销售初期的模式是通过电商平台直接看到商品并下单购买,网络购物确实让顾客足不出户就可以购买到心仪的商品,只是商品的展示不够直观,真实度难辨别,所以现在又有了直播带货方式,通过直播让消费者直观看到商品,免除实物不符的困扰。

一、直播间定位的原则

　　直播间可以看成是一个互联网产品,既然是产品就需要符合用户的需求,找准直播间定位可以为后续直播和销售打下坚实基础,直播间定位应遵循三个原则,分别为用户价值原则、领域垂直原则、内容差异原则。

　　(一)用户价值原则

　　观众能否进入直播间且停留更长的时间取决于直播间对消费者是否存在价值,也即需有用户价值。用户价值是用户感受到的综合价值,包括承诺价值、产品价值、专业价值、服务价值和独特价值。对直播间观众来说,有价值的内容才会去看,有价值的账号才会去关注,价值在直播间特定情境下可以分为多种,如视觉享受价值、娱乐享受价值、知识获取价值、产品渠道价格价值等。好看、好玩、有趣和实用、价低都是用户比较喜欢的价值方向。

　　例如,安徽省合肥市一个超大体量的抖音账号发展迅速,靠的就是给用户带来两大核心价值,一是搞笑和情绪价值,消费者在观看直播时能感受到快乐、轻松的氛围,在这个氛围下产生购买行为就更加顺畅;二是价格价值,因为体量大,所以该直播间和合作厂家往往能够签署比较低廉的渠道价格,这个价格无论是线上还是线下对于消费者来说都是非常划算的。

（二）领域垂直原则

垂直原则就是账号只专注一个细分领域，把用户群体进行拆分，要垂直和专注，而不要面对一个泛泛的群体去做内容，不垂直等于不专注。越想去迎合所有的用户，做各种各样的内容，后面就越会发现，所有的用户都不喜欢，甚至被用户抛弃。一个店铺做一个垂直类目就可以了，直播间店铺定位最好是垂直类目＋垂直人群。进一步说，就是不要什么类目都开，因为系统推荐流量会不精准，无法准确推荐免费流量。

（三）内容差异原则

各类直播间已经存在好几年了，大中小网红团体和直播电商团队在各自的赛道中竞争着，而头部直播团队拥有绝对的资源和网络话语权、关注度，新直播间需要"避其锋芒"，内容差异化才能让你的直播账号从众多的账号中脱颖而出，让用户记住你、关注你，差异可以从内容领域、IP或人设的特点、内容结构、表达方式、表现场景、拍摄方式、视觉效果等众多方面进行体现，区别大的差异很难做到，应先从小的差异做起，比如直播间背景、主播话语特征等。除此之外如果以上三个原则做得好，但不坚持持续和稳定地更新，根据平台的规则和算法机制，账号的权重就会下降，获得的平台推荐量就会变低，已经关注的用户容易流失。

二、直播间定位三步法

了解了直播间定位的原则后，根据自身企业或产品特点可以开始正式进行直播间定位，通过直播电商生态中的"人、货、场"来对应直播间定位步骤：从直播账号IP定位到直播间商品定位，最后选择合适的直播平台，完成人货场的匹配。直播间定位方法如图2-1所示。

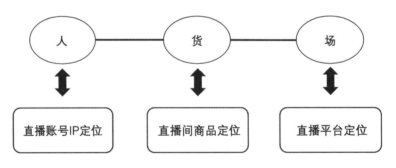

图 2-1 直播间定位方法

（一）直播账号IP定位

直播账号的前提是引流。吸引流量和粉丝积累不是在直播阶段进行的，需要靠前端来完成，这个重要的前端是短视频，不同的账号短视频的前端走的路线是不一样的，有的是VLOG生活记录视频，有的则走颜值路线，有的账号玩泛娱乐，而有的账号玩剧情，本任务导入案例中安徽的零食企业可以走剧情或测评路线，每日更新短视频"连续剧"，通过时间的积累来增长粉丝、吸引粉丝，从而达到后端开直播带货的条件，这个过程就是直播账号的IP定位。

抖音直播间账号如果定位不明确、直播间人设打造不精准，自然导致直播流量不精准，转化率不高。这里分享一张账号IP定位规划表，如表2-1所示。

表 2 - 1　账号 IP 定位规划表

擅 长 领 域	服 务 对 象	盈 利 模 式	人 物 形 象	产 品 供 应
1. 食品加工	1. "90 后"和"00 后"	1. 电商带货	1. 固定镜头	1. 本品牌零食
2. 食品添加剂	2. 大学生	2. 直播带货	2. 办公室工位	2. 衍生产品
3. 食品测评	3. 上班族	3. 视频推广	3. 搞笑憨厚	

　　以本任务导入案例中企业为参考,主要围绕擅长领域、服务对象、盈利模式、人物形象、产品供应几个维度展开。首先企业是食品制造企业,所以擅长领域为食品添加剂科普、食品制造工艺科普、食品加工等,服务对象主要是"90 后"和"00 后",这部分人平均年龄在 20 多岁,是未来零食产品的主要销售目标和消费人群,以大学生、社会青年、打工族、白领等较为广泛,等积累了一定目标群体粉丝后方可开播带货,盈利模式是直播间内对本产品的推广和营销,除直播带货期间外,其余可以进行短视频带货,只需要将本品牌抖音小店中产品零食链接挂至短视频下方即可形成推广合力。短视频拍摄和直播场景主要依靠剧情进行展现,一般取景一个办公室的工位或者某宿舍以固定镜头的形式进行拍摄,这样可以确定一个情境,例如展现上班族的日常,很多人喜欢在工位上摆一些零食供日常办公休闲时享用,而主播的人物形象应该符合普通上班族的感觉,基于生活且高于生活,所以这个形象还要有特点,借助憨厚、享受美食、搞笑等进行形象记忆,利于账号吸粉和涨粉。

　　(二) 直播间商品定位

　　每个直播间都有属于自己的生存空间,直播领域中的商品定位决定着生存空间的大小,一般商品结构由七个要素组成:分类、定位、风格、价格、陈列、搭配、库存。先行分析定位商品结构可以帮助及时理清销售思路、把控好直播时市场定位、优化商品品类,创造商品竞争优势,从而提升包括吸粉在内的各项业绩。

　　1. 市场调查同类目竞争对手

　　如果把直播大盘看成一个池塘,那每个人的直播间就是一块洼地,洼地里的水都是从这一个大的流量池里供给,例如本任务导入案例里的零食制造企业的直播间,其同类目竞争对手就是三只松鼠、洽洽瓜子、良品铺子、达利园、百草味、稻香村、徐福记、詹记核桃、赵一鸣零食等一线直播间,这些直播间非常成熟,流量也大,需要调查和定位的是这些直播间的优点和缺点等共性问题,把这些信息罗列出来,会对企业的直播间定位非常有帮助。先观察竞争对手直播间商品销售的海报背景图、直播间背景图等,看这些图是如何设计结构、如何放置销售等,其次定位自己的开播时间,一般这些大品牌零食店铺的开播时间都在每天的黄金时间,有的则是全天候直播,如果大部分零食直播间开播时间在每天晚上的 7 点 30 分到 9 点,那么自己的直播间就可以设置开播时间在 9 点 30 分到 11 点,等流量大咖们下线了,自己的直播间引流的可能性就大大增加。

　　2. 分析市场调查结果

　　分析价格带、商品数等市场调查结果。商品的定位需要分析整个市场,同一产品在不同的供销商和运营商的售价和渠道价是不一样的,价格虽然是透明的,但是消费者的选择是多样的,部分消费者选择价格较低的产品,不是很看重产品的品牌,一些用户比较在意产品质量和品牌效应,对价格不是很敏感。导入案例中的零食企业属于老品牌但网络知名度不高,所以在直播中应该定位在普通消费者,确定自己的市场直播定价。除此之外直播间的销售产品数目按同层级直播间来比较,同食品零食类直播间一般单场的直播时长为 1~2 小时,产品数为 10~20 个。

3. 定位库存数量与产品结构

直播间销售的产品一般会运用产品和销售策略,真实库存和虚拟库存在直播间内并存。真实库存一般销售团队提前掌握,按预估销售目标来准备产品。虚拟库存一般参考其他直播间,在人气不足或者销售不理想的时候采用,减少库存数量来引导消费者争相购买,造成一种库存紧张的感觉,这是销售策略,是需要写进直播定位里的策划部分的内容。

产品结构定位更加重要,一场直播如果想达到理想效果,除了主播的人气和自身的带货能力以外,对"货"的选择定位以及上架结构、排列组合都是有讲究的。① 首先需要引流款,顾名思义是用来引流的产品,通常是用在起号阶段,用以带来直播阶段的第一波流量。它需要具备一个很重要的特点——普适性强,是大众都想要的产品,没有年龄及地域的限制,能够吸引进直播间的每一个人。引流款一般选用用户觉得很贵的产品,给用户占便宜的心理,让用户心理上觉得抢到这个产品就是赚到。相对来说,大部分的引流款都是亏钱的,主要是为了拉流量,促进其他产品的销量。② 第二为福利款,是引流款的补充或者承接流量用的,目的是拉动互动指标、交易指标的商品。能够稍微提高单品价值但也不至于和引流款价格落差太大,避免出现转款的时候直播间瞬间少人或者没人的情况。整体上看,福利款大多为同行爆款或者自身性价比款,价格不低,但是不盈利。③ 第三是利润款,直播间主要用来赚取利润拉动交易指标的正价商品。相比较成本价上浮 10% 以上点位用作销售。直播间的主推款一般是高客单价商品,是网红款,是整个产品线卖得最好的商品,也是企业希望卖得最多的产品,其口碑在消费者群体中的地位是很高的,该产品可以协助实现用户精准化,拉高整体的用户价值。

(三)直播平台定位

现阶段直播平台有很多,但并不是所有的平台都适合自身的商品,不同的商品、不同的账号对应不同的受众人群,直播平台定位如图 2-2 所示。

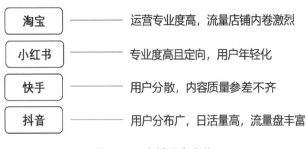

图 2-2　直播平台定位

1. 淘宝

全平台运营对于企业来说起步阶段有点冒进,对于一个从未接触过电商的零食制造企业来说,初次转型一般会想到传统电商平台淘宝,但现阶段淘宝处于饱和状态,不是不能开淘宝店,而是如果不是大资金注入,淘宝店铺成功的可能性不高。因为平台账号等级和流量购买基本被老店铺及头部企业所掌握,而淘宝直播生态是基于淘宝店铺注册用户系统和关键词运营来决定的,如果是新店铺,直播间粉丝少,订单少,成功的可能性不高,所以新店建议采用新型社交媒体平台作为直播销售渠道发展,目前比较火的新型社交媒体平台分别是小红书、快手和抖音。

2. 小红书

小红书作为年轻人的潮流图文分享地,名气和关注度自然不容小觑,可以作为本项目导入案例图文推广的平台媒介,这个平台的作用是引导年轻人"种草",其实就是一种营销手段,通过各种视频或者是图文为商家推荐商品,之后作者可以获取一定的收益,不仅是视频的收益,还能与商家进行合作。

对于种草是有一定的粉丝要求的。种草是激发用户购买欲望的行为,需要在整个社区让用户的注意力越来越集中,把注意点放到产品上来。如果产品质量好,但是不具备知名度,只能让产品驱动形成品牌影响力,在这种情况下,产品最好要具备性价比高、新奇、有创意等特点,最好是快消品,这样容易让粉丝熟知,并建立品牌记忆。这种思维的推广有个很大的特点,就是以产品功能、功效和使用场景为营销的核心点。商家可以自行建号种草,也可以采用矩阵式小红书博主付费帮忙种草,一般这种图文都是隐形的,不动声色地种草,粉丝黏度较好。

3. 快手

快手平台早期和抖音一同推出市场,但该平台里内容标签质量较低,所以粉丝群体的黏性也不高,消费能力不是太理想,不建议做推广。

4. 抖音平台

抖音平台目前还存在大量的机会,抖音拥有庞大的用户群体和日活量,不用担心曝光问题,尤其是近年来开始深耕抖音电商生态,这个生态是基于场景化的电商,所谓场景,指的是抖音商城、搜索、店铺等渠道。抖音电商是兴趣电商,依靠直播和短视频内容吸引用户购买。

"80后"和"90后"青年中曾经流行一种"丧文化","丧文化"是指带有颓废、绝望、悲观等情绪和色彩的语言、文字或图画,这种消极的情绪曾经造就了一些网红产品。"丧茶"就是其中的代表。某天,"负能量满格"的"丧茶"(茶饮店)突然爆红。开张仅仅4天的快闪店,只靠6款产品,便吸引了过百万人的流量。但"丧茶"短期爆红后迅速消失,因为情绪的宣泄只能是一时的,年轻人终究会掌握从认知到认清、再到辨别的能力。因此,基于丧文化的产品和直播营销,虽然常有机遇成为爆款,但往往不能形成真正的商业模式。"丧茶"只能停留于噱头,违背社会主义核心价值观的产品终究会被社会与市场抛弃。

思考: 为什么丧茶品牌会迅速消失?

任务二　直播间设计与准备

某文化有限公司原主营业务为影视剧制作与拍摄、商业产品摄影等,但近年来投资的几

部电影均以失败告终,投资方纷纷撤资,仅剩下商业产品摄影业务还支撑着整个公司,由于影视技术的专业意外获得了许多电商公司的肯定,公司的产品广告和产品摄影出片都非常出色,该公司决定转型,向电商服务商发展,致力做一家新型MCN机构,帮助电商公司或产品进行商业摄影、电商包装、直播带货等。由于本来就是一家影视公司,设备道具自然配置齐全,但隔行如隔山,直播间的设计与筹备工作仍是个核心难题,现需要一名专业设计人员帮忙重新规划与设计直播间,包括直播间的选址、设备选择、灯光布景方案、道具布置、场景设计等,以打造专属直播间。

知识准备

直播间不是简单的一间办公室加上一套设备,平台的线上直播间相当于品牌和企业"无形的店面",是用户和消费者第一眼看到的场景,直播间的视觉装修效果决定了直播间粉丝的第一印象。一套好看的线上直播间整体设计,不仅能拔高直播间的品位和颜值,更能有效提升直播间留存率和人气。直播间设计是网络直播运营互联网营销师的重要技能,对应互联网营销师内容是直播间氛围设计。

一、直播场地选择

直播场地可以由企业自行选择和装修设计。室内场所一般可以选择会议室、办公室、店铺、宿舍、咖啡厅、生产车间等,室外场地大多数选择公园、商场、景区、原产地等,如果觉得自行建立麻烦也可以寻求第三方传媒MCN机构合作进行专业直播间租赁。

(一)专业直播间

部分企业看到了直播电商带来的红利后纷纷选择直播作为常规的线上销售方式。线上消费常态化及直播电商格局的提升,助推直播电商产业的快速发展,带给众多创业人群更多机会。如果是刚刚进入直播电商行业的企业,或者打算尝试直播带货的主播,或者是初创团队及空间不足的品牌方,没有专业的直播间及直播设备,均可以考虑选择与MCN机构或者直播基地进行深度合作。因为MCN机构或者直播基地的初衷就是帮扶企业进行新媒体直播电商转型,MCN机构或者直播基地的80%资金投入用于专业直播间的打造,从场地的装修、摄影摄像、灯光光效、收音修音、PC端、软件端等均配备最齐全的设备,整个直播间的场景化打造可以根据企业产品和企业文化进行定制和改造,且配有对应的直播团队、主播团队、服务团队进行跟团服务,这种专业直播间租赁可以为企业节省不少时间与精力,一般企业在进行节日大促的时候会选择相应的合作。需要注意的是专业直播间相关的租赁费用和服务费是不低的,对于中小企业来说不一定适合。一般专业直播间的设计效果如图2-3所示。

(二)零售门店

对于一些新零售企业,最好的直播间选址应该是自家的零售门店,可以实时解说门店生意和产品,对应的货架和商品也是一眼便知。有些零售商家把直播间放在写字楼的隔间里,限制了直播间空间的大小。一般地,租赁的直播间都不大,对于零售品牌产品直播间来说,直播画布能容纳的画面只有一些货架,相对来说直播氛围比较单一,建议直播在零售门店进

图 2-3　专业直播间

行。例如奶茶品牌就可以选择线下奶茶门店进行直播,新零售零食店如三只松鼠、良品铺子等也可以在各自线下社区店开设直播间,直播效果较好。如果门店是已经按直播间的要求并与企业产品相契合的效果来装修的,非常适合直接做直播间背景使用。以三只松鼠社区零售店为例,直播台一般不设置在门口收银处,放在门口收银处的不当,一是付款排队时容易堵塞,二是声音比较嘈杂,不利于收音和直播效果。可以设置在门店相对开放一点的区域,比如选择社区店的儿童娱乐区或者活动展区进行简单装修设置,摆设相应展台和直播用具,最好设置一些围栏或者广告位,把直播区域圈起来,防止顾客进入直播摄影区域,导致不可控因素在直播中出现。

（三）生产车间

由于线上直播带货和线下商店购买存在一些看不见摸不着的干扰因素,所以直播电商的退货率和差评率比传统电商高,"明星、网红直播翻车"等现象也层出不穷,导致消费者对直播行业的信任度大大降低。与网红主播直播间的多种被推荐产品不同,商家"自播"则是精耕于"垂直领域",使自己产品的信息更加透明化。从直播间到客服办公室、订单处理、电商仓库、制作车间、消毒流水线、包装车间、发货车间等公开透明地为消费者揭秘工厂的原材料选材、加工生产、接单流程、打包发货等环节,让消费者近距离接触产品的制造过程,加深了消费者的信任度。

与消费者建立长久的联系,而不是靠短暂的秒单销量,直播间中的体验式互动不失为办法之一。很多品牌正在将直播场景前置,创新直播方式,将单一的"凭口才"直播改为参观产品的生产过程直播,以"透明工厂"来吸引消费者。

（四）户外原产地

生鲜水果、海鲜特产、农副产品的品牌方直播选址大多数会是原产地。消费者在直播间买生鲜水果最害怕的就是货不对板,比如江苏某果农直播间,大肆虚假宣传他们家的橙子,个大、皮薄、汁水多。靠着宣传标语,消费者纷纷下单购买,但拿到手后和直播间主播手中的"样品橙子"完全不一样,橙子个头小,不饱满,而且果皮厚,味道酸,退货率高达95％。所以现在销售水果的直播间为了赢得消费者的信任,一般将水果品牌直播间直接搬到果园产地,摄像机直接架在果园中间,现场直播解说水果的采摘、分拣过程,全程透明,保障直播样品与发货产品同步,质量也保持同步。除了果农外其他产地直播的方式也都比较固定,一般在渔场或者加工厂摆张桌子架个手机,以接地气的方式向直播间的消费者展示生产地或制作过程。产地直播的粉丝基数和观看量并不高,但转化率却十分惊人。

二、直播设备选择

直播的成功离不开设备的选择,摄影设备、录音设备、网络、硬件软件等都需要在直播间保持良好的运作,在开播前需认真调试检查以达到设备的最优状态,确保正式开播的顺利进行。

(一) 直播间硬件设备

1. 摄像头及手机

直播影像的采集普通用户一般选择家用手机即可。如选用手机首先需是智能手机,拥有较高像素的自带摄像头,不然画面会模糊,影响直播效果;其次手机的处理器需要比较优秀,直播时间往往超过 2 小时,长期开机并同步录影直播过程中,CPU 高速运转会带来比较高的手机内部热量,往往手机高温会导致手机卡顿,甚至死机最终导致直播中断。所以专业的直播间常会舍弃手机,取而代之的是外接电脑 USB 的网络高清摄像头,网络高清摄像头是结合传统摄像机与网络技术诞生的新一代摄像机。它可将图像或视频实时传送到互联网上,为电子设备提供更高的分辨率、更好的照片和视频以及更优质的音频。外部网络摄像头体积小,能随心安装。可以直接放在桌子上、固定到笔记本电脑上或各类稳定器上,并且大多数外部网络摄像头不需要额外配套设备,即插即用,最重要的一点是外置摄像头不会导致系统卡顿、直播中断。外置摄像头如图 2-4 所示。

图 2-4 外置摄像头

2. 灯光设备

直播间的光影相对要求是比较高的,若直播间比较昏暗,消费者看不清主播的脸,看不清商品的细节,往往直播间停留时长不高,转化率较低。因此团队会对直播间环境进行重新打光,一般会用到补光灯,作为补光产品,在光源上的考虑是重点,通常有三种光源,即暖光、白光、冷光,这三种光源需要按要求切换,同时每一种光色可以再根据自己想要的亮度来调节,这样的设计可以营造出不同的直播氛围。专业直播间可选择的补光灯组合由柔光灯和美颜灯构成。柔光灯体积比较大,用于环境光的照亮;美颜灯比较小巧且自带手机支架,用于对主播面部进行补光,具有物理美颜的功效,需要注意的是美颜灯的亮度调节要适中,虽然美颜灯自带手机支架,但往往主播会看向手机,而环状美颜灯的灯珠亮度较高比较刺眼,部分新主播对于美颜灯光不是很适应,解决的方法是:另外找手机支架夹起来,美颜灯放一侧,眼睛不直视,灯光设备如图 2－5 所示。

图 2－5　灯光设备

3.收音设备

收音设备在对主播和嘉宾声音的录制上使用。正常情况下用手机开直播,距离主播会有 0.5～1 米的距离,这个距离会影响声音的收录效果,因为环境里存在噪声,距离麦克风越远,杂音被录进来的概率就越大,所以需要购买和添置专业的收音设备。直播中由于主播会经常走动,做各种展示动作,所以会导致固定话筒声音若即若离,解决的方法是使用蓝牙无线麦克风,如图 2－6所示,一般蓝牙无线麦克风夹在衣领处最合适。除此之外,使用外接式麦克风可以保证收音质量,提高直播效果,外接式麦克风一般分为动圈麦与电容麦,对比动圈麦而言电

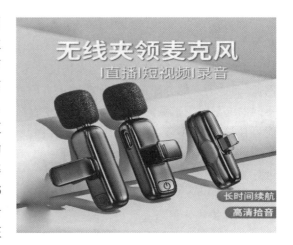

图 2－6　蓝牙无线麦克风

容麦会更灵敏、音质更清晰,所以主播们一般会选择电容麦。如果不是专业歌手类型的主播,配置不需要太高。同时配置声卡可以调整主播的音色,修复声音瑕疵与加持特效音,使直播间更有氛围,从而提升直播间音画配合的效果,特效音也能在主播和直播间观众聊天时

使用,用来增强互动感。

4. 提词器

主播的日常直播活动需要脱稿解说很长时间,解说包括产品功能、产品参数、商品成分、产品构成等比较专业的内容,这些内容需要主播准确地解读。除此之外,直播中会穿插一些互动活动,抽奖规则、优惠细则等需要准确传达给消费者,而主播工作量巨大,不可能把所有的参数和信息一字不差地背出来,这时提词器就发挥了作用。直播时,需要对题词文本进行展示样式的设置和字幕展示方式的设置,以达到最好的提示效果。样式的设置包括对字体、字号、文字颜色、文字背景颜色、行间距、字间距、段落间距等进行设置;字幕展示方式是指对

图 2-7　提词器

不同的直播进行文字横排和纵排展示、横向滚动和纵向滚动展示、文字排版方向和字幕滚动方向互相配合使用进行设置,当字幕自下向上纵向滚动的时候文字横向自上向下排版,字幕自上向下滚动的时候文字自下向上排版,字幕自左向右滚动的时候文字自右向左排版,字幕自右向左滚动的时候文字自左向右排版。因为提词器的尺寸一般为 19 寸左右,而且放置在补光灯和摄像机支架的后面,距离主播 1～1.5 米,这个距离可能会影响主播观看,尤其是语速过快的时候,字号如果设置过大,字幕跳转的速度非常快,不方便提醒主播,此时提词器可以替换为竖屏的触摸 LED 显示屏,一般购买 49 寸左右,放在摄像机的左右两边靠后位置,内置下载一个提词器 APP 即可使用。提词器如图 2-7 所示。

(二) 直播间软件调试

1. 网络调试

直播卡顿除了与设备和系统有关外,还和网络状态息息相关,一般网络为无线和有线连接。直播间最主要是路由器或交换机供网,一般是智能动态的路由交换机,它不会平均分配网速,而是动态的分配带宽。如果路由有限速功能,确实可以给 LAN 端口限制网速达到给不同的电脑限制带宽的效果,如果电脑中存在 P2P 相关软件,则需要关闭。如果没有限速功能,但网络速度不够,需要查看是否存在网线弯曲打折,或者因为路由器隔墙穿透差导致信号弱,这时理顺网线,将路由器拿入直播间,在同一空间使用即可。最后使用相关测速软件进行测速,确保网速在带宽的正常网速范围,以确保直播顺利进行。如采用千兆光纤,自测网速应达到 900 MB/S 左右。

2. 直播软件调试

专业的直播间并不是用手机打开直播功能就开始直播,而是需要做一系列准备工作和初步设置。为了提高涨粉率、直播间留存率,直播间需要对封面、背景、直播画面重点进行测试,预览直播间开播画面的准确性。以抖音直播间为例,先打开直播软件,选择直播平台后选择直播类型,比如商业还是娱乐,确定好赛道后,选择直播屏幕显示,一般直播第三方软件可以将虚拟屏幕和真人出镜的屏幕结合起来直播,让直播间层次更加丰富。直播软件界面如图 2-8 所示。

图 2－8　直播软件界面

（三）直播辅助道具准备

1. 商品置物架

直播带货可分为整合拼场和品牌专场。两者共同点是都需要在短短 1～2 小时介绍推荐超过 10 个品类的商品，为了快速切换链接商品，往往需要在直播间提前准备好展示样品，有时直播间空间有限，找样品就会显得手忙脚乱，样品编号和有序摆放是很多直播团队养成的一个好习惯，商品置物架的作用就显示出来了。按照从高到低，序号从小到大的顺序将样品依次摆放在直播间旁侧的置物架上，按直播带货的节奏，5～10 分钟上架一个新品，由主播的助手帮忙从置物架上拿下新的样品递给主播进行下一轮产品推荐，可选择不锈钢材质或者木质置物架，置物架不能太轻，太轻容易侧翻。直播间置物架如图 2－9 所示。

图 2－9　直播间置物架

2. 计算器

很多直播间的主播在带货的时候,碰上赠品特别多或者优惠力度非常大的产品,就会拿出自己的计算器来现场计算,如图 2-10 所示,话术还说着"我来替你们算笔账,看看今天在我直播间买有多划算"。一定要买带声音的计算器,用计算器的按键声来刺激消费者,促成下单。

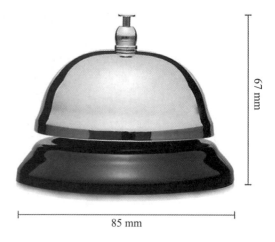

67 mm

85 mm

图 2-10 计算器   图 2-11 催单铃铛

3. 催单铃铛和秒表

直播间的氛围是很多主播团队十分看重的,氛围的营造可以通过团队喊麦、助推场外音实现,也可以用一些实用的小道具来实现,比如催单的铃铛搭配计时器或者秒表,一般在准点秒杀、好物催单的情况下使用,是非常有用但是很容易被忽略的直播间神器,主播一般会用它来营造一种紧迫感,催单铃铛如图 2-11 所示。

三、直播间灯光布置

合理的灯光布置,可以使得直播间更加明亮,画面干净,呈现出的效果令观众有眼前一亮的感觉,会增加直播间的留存率,提升品牌形象。

(一)直播间灯光的类型

1. 主灯灯光

直播间的核心灯光——主灯决定了直播间的格调和直播形式。主灯一般用的是柔光箱或蜂窝柔光罩,灯光源使用的是 LED 灯,以亮白色为主。作用为照亮整个直播间的环境,给直播间最重要的主体打光,如主播出镜直播,那么主光就打在主播身上;如果展示产品,那么主光就打在产品上。

2. 补光灯光

与主灯相辅相成,所以又称辅灯灯光,该类型灯作用为配合直播间整体明暗情况来调节环境和主体亮度,形成立体打光层次,补光灯一般以柔和为主,须掌握好亮度,如果补光过亮,盖过了主灯,可能会导致商品过曝、反光等负面效果。

3. 氛围灯

灯光塑造氛围,通常是通过色温、色彩、明暗度调节来实现的,一般的衣服、珠宝、彩妆产品、护肤品之类的带货直播,需要塑造明亮、色彩高还原的直播现场,一些文艺走心的主播,则多用暗背景、暖色调灯光来塑造温馨、文艺的氛围。

(二)直播间灯光的性质

1.硬光

硬光是指强烈的直射光,如没有云彩遮挡的太阳光,或直接照射在人或物体上的人造光,如闪光灯、照明灯光等。

2.软光

软光也称为柔光,是指漫散射的光,没有明确的方向性,不留明显的阴影。软光反差较小,明暗过渡比较柔和,表现层次变化细腻,色调层次丰富。软光比较柔和细腻,经常被用于女性和儿童商品直播带货。

(三)直播间灯光的摆放

1.顺光布光

最常使用的布光手法,是从被摄体正面照射过来的光线,称作顺光布光,如图 2-12 所示。它的特点是能把被摄体的形态和颜色表现得非常到位。因此,最常被使用在生活日用品领域。但顺光拍摄时不容易产生阴影,缺乏立体感,画面会显得平淡,缺乏艺术性。

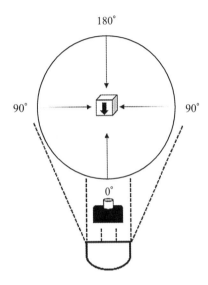

图 2-12　顺光布光示意图

2.侧光布光

从左右侧面 45 度—90 度角打来的光线,泛称为侧光,侧光布光如图 2-13 所示。侧光千变万化,稍微改变光源角度,就能营造出截然不同的效果,增添戏剧性,适合应用在表现质感、轮廓、形状和纹理的场景,或是用来强调甚至夸大脸部的立体感。

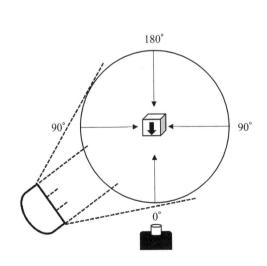

图 2-13　侧光布光示意图

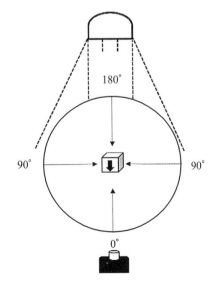

图 2-14　逆光布光示意图

3.逆光布光

逆光是指从后方照射过来的光线。轮廓光显得非常明亮,光辉很漂亮,逆光布光如

图 2-14 所示。逆光布光是最具戏剧张力的用光方式,可以创造富有戏剧感或意境的影像,妥善运用,可以增添更多细节,例如表现轻柔的发丝,用逆光补光外还可以用反光板进行正面补光,平衡画面曝光。

4. 顶光布光

顶光是指从顶部往下照射的光线。人物的鼻下人中处和脖子处容易产生阴影,很容易产生黑眼袋,显得不怎么好看,一般来说,运用顶光是不容易进行拍摄的。

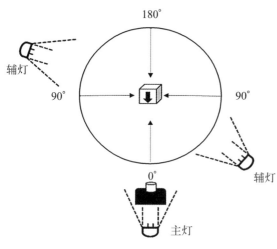

图 2-15 三灯布光示意图

5. 三灯布光

三灯布光方法一般适用于小型直播间,三灯布光可以还原主体立体感和空间感。该布光法就是将一台环形柔光灯作为主播的主要光源放置于主播正前方作为面光,另外两台柔光灯分别放在主播两侧打亮其身体周围。环形柔光灯自带柔光罩,从而使主体非常柔和,即使长时间直播也不会让主播感觉刺眼,而柔光灯柔和的光线也能够使商品更有质感,三灯布光如图 2-15 所示。

四、直播间场景设计

直播间场景分为现实场景和虚拟场景,这两种场景在直播前都需要进行策划和设计,虚拟场景需要设计虚拟背景,现实场景需要根据品牌方要求和产品倾向搭配相应的道具。

（一）现实直播间场景设计

现实直播场景设计与搭建的成本要高得多。相比于绿幕抠像直播,实景直播间的优势也同样明显。结合自身直播间调性和产品特点,实景直播间可用自己的先天优势助力商家提升直播间整体效果。例如某家居产品直播间,场景搭建走的就是写实风,将直播间搭建成温馨的卧室,布置床、床头柜、吊灯、化妆台等生活道具,还原"家"的场景,让家居用品在该场景中栩栩如生。又如某零食产品直播间,吸引的购买用户是儿童及家长,该直播间场景搭建就偏向温馨、可爱风格,道具采用一些儿童玩具、气球、彩色方块等。现实场景直播间如图 2-16 所示。

（二）虚拟直播间场景设计

虚拟直播间场景一般在直播空间较小的房间使用,在直播场景设计上的预算有限,低成本制作装修直播间的时候也可以运用。虚拟直播间用到的技术是绿屏或者蓝屏抠像技术,一般直播平台或第三方直播助手软件可以提供一个虚拟的直播空间,在虚拟直播间内可以装饰和定制直播间的布局、背景、主题等,实现个性化定制。可以选择不同的布景主题,自定义背景,打造属于自己的直播间空间。同时也具备滤镜、美颜、抠像的不同选择和设置,开启画中画可以调整主播在画面中的位置。虚拟直播间功能可以帮助主播们更好地管理和运营直播间,增强直播体验,增强与观众的黏性,实现直播的多样化发展。搭建虚拟直播间对于直播来说有更加广泛的创作空间,可以将趣味性和观赏性合二为一,创造更多的直播流量,虚拟场景直播间如图 2-17 所示。

图 2-16　现实场景直播间

图 2-17　虚拟场景直播间

 思政园地

　　某汽车创意园位于南京市江宁区,原为某发动机厂厂区,建筑面积30 000多平方米。为盘活该厂区低效用地资源,通过发展新模式、新业态,加快老企业转型升级,进一步提升城市功能品质,在此地打造了汽车创意园。通过对品牌需求和内涵的深入考察,根据该车厂旗下品牌汽车的造型,创意设计了汽车造型直播间,主体配色依据园区建筑外立面精心调配,和园区整体设计相得益彰。独特的造型,成为园区的一大亮点,不断吸引潮流男女驻足拍照打卡,此举触发了私域流量,巧妙扩大了传播效应。透明直播间的落地,满足听众视觉、听觉双效体验,弥补视觉缺失,让受众感知多元信息。在塑造了电台文化的同时,也为主持人和听众之间搭建了全新的沟通桥梁。在直播间落地后,各主播轮番来到创意园现场直播,与广大粉丝通过线上线下互动,第一时间带大家领略园区风采,赏豪车美景,品精酿美食,逛系列活动。创意直播间迅速爆火出圈。

　　思考: 为何创意直播间能爆火出圈?

任务三 直播流程方案制定

某商贸有限责任公司是一家经营范围涵盖办公、居家、食品、数码配件、母婴、箱包、美妆、饰品、运动器械等的综合贸易公司。公司成立于 2018 年。企业经营商品种类多样,贴合用户需求。企业在不断提高商品质量的前提下,力争提供完善的品牌服务,让用户安心购买,并且商品价格实惠,日常销量较好,积累了一批忠实客户。恰逢平台开展购物狂欢节活动,公司负责人计划围绕购物狂欢节策划并实施一场福利直播,回馈企业新老用户,现需要根据厂家活动设计制定直播流程方案和直播脚本。

直播团队根据直播商品,策划本场直播的主题,分析市场数据,总结不同时间段的流量特点,为本场直播策划合适的时间,并且在直播开场、商品介绍、直播收尾等环节设计直播互动方案。根据直播主题以及互动方案,设计直播流程与各环节的时间,结合商品详细信息,根据直播商品销售策略,运用 FAB 法则等方法提炼商品卖点,完成直播脚本的撰写。

一、直播工作基本流程

直播并非随机性销售,纯靠主播的临场发挥是远远不够的,还需要前期的整体规划与设计,在开播前理清思路,直播团队各个岗位和工作人员都需要根据既定直播流程来梳理自己的工作内容。直播流程包含 5 个模块,分别为直播目标制定、直播预热宣传、直播活动执行、直播二次传播和直播复盘总结,如图 2-18 所示。

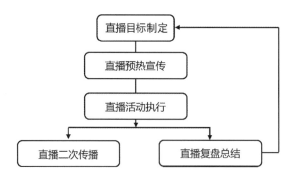

图 2-18 直播基本流程

(一)直播目标制定

直播是电子商务活动,无论是企业自己组织的直播带货还是与第三方直播电商公司合作,都需要一个可衡量、可达到的销售目标,可以使用 SMART 原则制定直播目标,如图 2-19 所示。

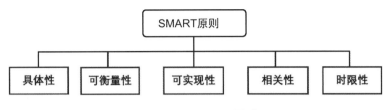

图 2 - 19　SMART 原则

1. 具体性

具体性是指直播目标是可以进行文本描述且可量化的。例如,直播目标是提升某品牌社会知名度,这个目标就是模糊的,笼统的;如改成利用此次直播提升私域会员新增注册用户数,这就是具体目标。

2. 可衡量性

可衡量性是指直播目标是数字化、数量化的,例如利用直播带货大幅提高产品销量就不具有可衡量性,如改为通过本次直播实现某产品 20 万元销售额就具有可衡量性。

3. 可实现性

可实现性是指直播目标不能随意放大,不能脱离现实而设定,目标必须可以通过设计和工作达到,不能把目标设定过高。例如上一场直播有 1 万人观看,如果本场直播的直播间目标设定为 100 万人观看,前后差距过大,在正常预算下不可能达到这种量级飞跃,是不可实现的。

4. 相关性

相关性是指直播目标要与直播过程相关。例如某企业产品一直是滞销状态,请了第三方直播电商公司帮忙进行直播带货活动,提升产品销量,这属于相关的目标,但是如果是因为原本企业产品质量差导致的退货率高,而要求直播降低产品的退货率,是与直播不相关的,应该先以提高产品质量为主要发展方向。

5. 时限性

时限性是指直播是有时间限制和时间效应的,不能要求某次直播活动效果无限拖延。例如制定目标要求本次直播能够提升本年度企业的销量,这是不合理的,可以改为在直播 24 小时内提升产品销量 5 万件,这符合时限性。

(二) 直播预热宣传

"酒香也怕巷子深",再好的直播团队也需要广泛宣传。直播前需为某次的直播活动进行宣传和预热,需提前几天甚至一周为该品牌直播活动进行造势,因为虽然用户使用社交媒体的频次比较高,但不可能做到实时在线,临时开播的情况下,随机刷到直播间而进入的用户量级太少,所以直播宣传要有针对性,尽可能提前预告吸引更多用户、更多目标群体来观看直播。

1. 选择预热平台

消费群体散布在各个平台,养成了不同的 APP 使用习惯,直播团队需要根据目标群体的使用习惯和用户行为着手分析,例如某次化妆品直播目标群体为 20～30 岁年轻女性用户,根据这个年龄段用户特点,直播电商宣传平台就应该选择年轻女性经常使用的平台,例如小红书、抖音等进行直播宣传预热活动。

2. 选择媒体形式

不同平台的媒体形式是不一样的。例如,抖音平台以短视频形式进行预热,短视频可以开门见山进行直播预告,也可以采用流行话题相关联、剧本剧情吸引等内容方式进行间接预热宣传;小红书平台是以图文形式进行预热,但小红书直播预热的图文不能占用太多篇幅,一个版面海报即可,即使不点开图文,只看标题和首页海报便知商品卖点信息。

3. 选择预热频率

选择预热频率既要让用户知晓直播活动,又不能引起用户的广告反感。频繁向用户推送直播预告,可能会让广告宣传变成用户心中的"垃圾信息",从而导致脱粉或者被屏蔽。为避免出现这种情况,直播运营团队可以选择提前一周三次直播宣传,分别在直播活动开始的前7天、前3天、前1天进行宣传,合适的预热频率可以达到良好的宣传效果。

(三) 直播活动执行

直播活动执行需要经历一系列的环节,一般直播活动可以拆解为直播开场、直播互动、直播带货、直播催单、直播收尾5个环节。

1. 直播开场

直播开场首先需要介绍直播活动的主题,直播间的主播会进行自我介绍并介绍特邀嘉宾信息,经历快速开场的寒暄后,可以引入直播活动的亮点和期待,烘托直播间氛围,引导观众进入直播间,并持续停留在直播间。

2. 直播互动

直播间流量分发机制中包括直播间的互动指数,如果直播间留言多、评论多、加粉丝灯牌多,系统会认为该直播间人气较旺,会给予更多的免费流量,直播团队一般会利用红包、优惠价、抽奖、福袋等手段提升直播间的互动指数。

3. 直播带货

直播带货是直播执行中最为关键的一环。直播带货需要主播团队对商品进行导入,使用场景再现、卖点介绍、实物展示及试用效果展示、优惠福利介绍、解答消费者共性问题等多种形式对商品进行介绍,可以把这一阶段看成是直播推销过程。

4. 直播催单

催单是一门技术,哪怕直播间再火热、观看人数再多,如果转化率低,成单数低也是白忙活一场,所以主播需要进行催单促单,提醒和引导那些还在观望状态的消费者尽快下单和付款,最终成交,提高单场带货量。

5. 直播收尾

直播收尾是指在直播结束前的最后5～10分钟,可以进行最后一次促单,向用户表示感谢,预告下一场直播的时间和直播的内容,并引导观众关注账号、加入粉丝灯牌等。

(四) 直播二次传播

每一场直播活动会花费整个团队大量的时间和成本,直播结束并非意味着工作结束,在直播结束后,直播团队需要将本次直播的视频、录屏等进行再利用,可以进行视频的二次加工,在相同平台或者其他平台上进行发布,提升直播团队、直播账号的社会影响力,最大限度地放大直播效果。直播团队可以选择合适的媒介和传播形式将上一场直播活动的二次宣传信息进行平台发布,目前常见的形式有直播回放、短视频截取、软文三种。

1.直播回放

直播平台一般都有视频全程录制功能,直播开始前在后台把录制按钮打开进行全程录屏,若直播平台没有这个功能,可以借助第三方软件进行录屏。录屏视频采集后可以挂在电商店铺各个产品链接后面,在没有直播的时候,有些消费者需要查看产品信息和相关推荐介绍,就可以点击直播回放查看。

2.短视频截取

娱乐性质的视频在短视频平台传播的速度是最快的,很多直播间的主播都多才多艺,直播间的氛围也相当欢乐,各种直播"名场面"层出不穷,这些搞笑的、经典的、突发的直播视频片段很容易在各大平台爆火,可以利用自家团队联合其他矩阵式账号进行大范围宣传。

3.软文

直播团队可以凝练直播过程中的精华转化成图片＋文字的媒体形式,发布在小红书或者今日头条上进行传播,这种软文可以是直播技巧、行业资讯、主播专业观点、直播经验等,这些信息无论对于行业内还是行业外读者的吸引力都是巨大的。

(五)直播复盘总结

直播的最后环节是复盘和总结,核查整场直播各个流程的执行情况,每个岗位的人员工作状态,评判直播活动的效果,通过经验总结来优化下一次直播活动方案,调整工作计划。需要团队坐在一起进行直播复盘,直播复盘要点如下。

1.主播复盘

需要从直播状态出发,对直播脚本和各种话术、控场的能力等方面进行总结。当然也可以用直播间的实时监测数据进行状态总结。比如查看转化数据(带货转化率),这是反映直播间购买力和主播带货能力的重要指标,为1%及格,为3%优秀。主播是直面用户的第一人,有自己的对产品及直播间的独特见解,能主导或参与选款、卖点归纳、产品展示方式、直播玩法策划、复盘优化等事项。主播须有优秀的状态调整能力、语言表达能力、善于总结并持续优化的能力。直播过程中,主播一般出现的问题是在线人数激增时无法承接流量、直播间节奏出现偏差、黑粉出现时临场反应不足、粉丝提出专业问题无法及时回答、产品卖点介绍错误且混乱(特别是服装穿搭出现明显问题)、直播间号召力差、催单能力弱等问题。

2.运营复盘

运营复盘重点关注视频发布、投流时机、投放目标、投放效果、数据统计和直播数据对比,通过数据来检查运营的好坏。

3.场控复盘

场控复盘要关注整个流程设置,选品、排品、视觉效果,以及各种重要数据。场控作为正常直播的指挥官,是复盘的组织者,随时观察直播过程中的任何事情,时刻关注目标达成情况,在线人数低的时候要组织加大引流、上福利、留住人并增加互动等方案实施,对正常直播的稳定性和高效性负责。直播间出现的需要场控关注的问题主要是产品上镜是否有特点(主要在服装行业比较突出)、产品要点是否归纳不足、预估直播数据是否出现偏差,直播中突发状况是否做出有效判断等问题。

4.助理(副播)复盘

助理复盘主要是对后台操作配合进行总结,包括上下架产品、库存核对、活动优惠设置等工作。助理在直播中出现的问题主要有产品上下架操作失误、库存数量修改错误、催单气氛配合度不足、声音不够洪亮、实时问题出现后没有进行记录等。

二、直播工作方案的制定

直播工作方案与直播脚本不同,这个工作方案是宏观的工作思路和指导意见,直播团队将复杂的工作思路总结成具体的文字表达形式,用方案来呈现具体的做法,将其传达给团队各个参与工作人员,保障直播工作的顺利进行。

(一)直播方案要点

直播工作方案是纲领性的,需要有标准的框架结构,该方案简明扼要地说清楚直播活动的流程和分工,包括直播目标、直播主题、人员分工、时间节点、直播预算等,直播方案要点如表2-2所示。其中直播主题是整个直播方案的核心,整场直播工作都需要围绕着直播主题来进行设计与拓展。直播方案的撰写可以由有专业经验的直播策划来负责,同时也可以集结各部门的负责人开会共同讨论合作撰写,保障规划时工作细节的合理性与创新性。尤其是在团队复盘阶段,这是直播方案要点更新与改进的绝好时机,所以直播方案并不是一成不变的,而是处于动态的更新状态,因为直播本身就是新兴产业,行业变化莫测、玩法打法多变,谁的方法更新得快、谁把规则琢磨得透,谁的直播间流量就大,粉丝、观众就多,所以对于策划来说,撰写直播方案并不是一件简单的事,而是要反复琢磨。

表2-2　直播方案工作要点

直播方案要点	说　　　明
直播目标	明确直播需要实现的目标、期望吸引的用户人数等
直播主题	对直播的整体思路进行简要的描述,包括直播的形式、直播平台、直播特点
人员分工	对直播运营团队中的人员进行分组,并明确人员的职责
时间节点	明确直播中各个时间节点,包括直播前期筹备的时间点、宣传预热的时间点、直播开始的时间点、直播结束的时间点等
直播预算	说明整场直播活动的预算情况,包括直播中各个环节的预算,以合理控制和协调预算

(二)直播人员分工

直播人员分工可分为开播前、开播中和开播后,相关人员分工分别如表2-3、表2-4、表2-5所示。

表2-3　开播前人员分工

环节	工作项目	工 作 内 容	完 成 时 间	责 任 人
开播前	直播小组会	沟通当日直播间商品政策、当日直播目标	开播前40分钟	运营
	线上直播间检查	检查直播间建立是否正确	开播前30分钟	运营助理
		检查上架产品优惠信息是否有错误		

环节	工作项目	工作内容	完成时间	责任人
开播前	线上直播间检查	核对当日产品价格和优惠政策是否有改动	开播前30分钟	运营助理
		直播灯光是否能够正常打开、亮度是否充足		
	直播设备检查	直播摄像头画面是否正常显示		编导
		直播话筒、耳麦是否能够正常充电		
		直播后台PC端、导播台是否能够正常打开		
	直播样品检查	样品是否有缺少、损坏		主播及助理
		样品缺货统计		
	直播台面整理	调整直播间构图、贴片导入		编导、运营
		正确摆放样品		

表2－4　开播中人员分工

环节	工作项目	工作内容	完成时间	责任人
开播中	直播开播	直播后台推流	开播前3分钟	运营助理
		直播后台开播	开播前1分钟	
	直播后台推送	粉丝社群推送	开播后3分钟	运营
		开播优惠券发放		
	直播间状态复查	直播间灯光是否正常	开播后3分钟	
		直播间声音是否有杂音		
		优惠信息是否出错		
	直播过程跟踪	主播产品标示看点	直播全程	运营助理、主播助理
		粉丝气氛活跃与互动		
		直播间问题辅助回答		
		直播间气氛活跃		

表 2 - 5　开播后人员分工

环节	工作项目	工作内容	完成时间	责任人
下播后	结束线上直播间	直播后台结束推流	下播后 3 分钟	运营助理、编导
		关闭直播灯光设备、声音设备		
	整理直播现场	样品入库并统计消耗		
		直接间台面整洁检查		
	直播小组总结	团队沟通当日直播出现的问题并给出解决办法	下播后 5 分钟	运营
次日直播准备	直播间建立	建立次日线上直播间	下播后 50 分钟	运营助理
		上架第二天直播商品		
		将点播产品信息与优惠政策同步给当值主播		
		发送次日预热短视频		
		设计当日素材,第二天分享海报图文		美工

（三）直播时间节点

直播执行环节的时间节点需要团队的各个岗位人员熟知且明确主要环节及每个节点的时间跨度,防止由于过度繁忙而耽误下一个环节的开始和整体延误,以下以一场 2 小时的直播为例说明直播的时间节点。

1. 暖场环节

暖场环节一般在直播开始后 5～15 分钟内进行,主播需要作自我介绍、直播背景介绍,以及整场直播的商品、福利介绍。

2. **引流商品介绍环节**

引流商品介绍环节一般在开播 15 分钟后开始,持续 15～20 分钟,主播需要做引流商品的介绍和推荐,在公屏上或者活动写字板上明显示意今天直播活动的优惠价、折扣和库存数量等信息。

3. **主推商品介绍环节**

主推商品介绍环节一般在开播后 30 分钟开始,这个时间段刚好是直播间通过暖场和引流后,直播观看人数达到极致的一个时间段,也就是观看人数高峰期,一般持续 1 个小时左右,主播在该时间段重点轮播介绍本场的主推商品,即盈利性商品,各配合团队需配合主播进行商品展示、样品使用、效果展示、气氛烘托等工作,后台中控需时刻关注并反馈直播间数据。

4. **直播收尾环节**

直播收尾环节在直播最后 15 分钟左右进行,主播团队进行最后的促单、催单,引导消费者下单购买并告知直播即将结束,同时助手团队引导观众加入粉丝团、关注直播账号或者注册某品牌会员等私域引流工作,预告下次直播时间、内容、福利等。

5. 直播复盘环节

直播复盘环节在直播结束后 30 分钟开始,直播团队的所有主要工作人员均需要参加,总结各岗位部门的工作情况、发挥情况,反思直播工作的不足和改进之处,讨论直播方案的优化版本。

(四)直播经费预算

直播活动是一场销售过程,需要计算预算和成本,整体预算需要考虑到直播活动的所有环节的支出,并在直播方案中明确描述。直播经费大致包括以下几个方面。

1. 道具费用

直播活动过程中需要一些道具烘托气氛或者产品展示,一般道具有样品展示架、灯光道具、装饰性道具、娱乐性道具、气氛道具、促单道具、宣传展示道具等,直播试用的样品也属于道具系列,有的样品是商家免费提供的,可不计入预算中。

2. 场地租赁费用

如果没有属于自己的直播间就需要向第三方 MCN 公司进行租赁,借助第三方专业直播间进行节日或者大促直播带货活动,场地租金是一笔不小的开销,根据场地的大小、场地的设备、场地的装饰要求等不同等级支付不同费用。

3. 福利费用

直播活动中为了吸引更多的观众停留在直播间或者回馈老粉丝,会安排一些福利活动或设置互动环节,包括发放福利福袋、发红包、发优惠券、1 元秒杀活动、抽奖送赠品等,这些都需要前期控制好预算。

4. 宣传流量费用

直播预热需要宣传,宣传流量费用最高的是直播间的流量投放费用、前期短视频投流费用,以及其他推广费用,这些均需计入宣传推广流量费用范畴。

5. 人员经费

除去直播团队固定工作人员的工资劳务之外,人员经费的大头在于邀请网红、明星等嘉宾的出场费。

 思政园地

小张是某高校直播电商专业的毕业生,因为在校期间就经常参加校企合作直播实践项目,积累了大量的直播运营与主播营销技术,一毕业就受到了用人单位的青睐,其中一家直播电商产业园开出了月薪 2 万元聘请他担任抖音策划兼主播岗位,在上岗第一个月管理层就要求他策划一场低成本的抖音直播推广营销大促,让其策划中添加大量虚假"粉丝福利""秒杀"直播活动,让消费者绝对不可能抢到公司的超值低价福利,秒杀产品全部由公司内部人员自己下单;公司美其名曰为"营销策略";小张在虚假营销和职业道德中坚决选择了离职,放弃高薪岗位。

思考:小张的做法合适吗? 如果你是企业方,是否能做虚假"秒杀"直播营销?

任务四 直播内容策略制定

 导入案例

7月26日,某知名直播间发布停播通知:"因规则要求,26日至29日,自营产品店铺以及自营产品直播间暂停营业三天。"对于此次直播间被关停事件,该直播间CEO在直播中回应称"非常突然"。他表示,下午刚知道直播间用于下单的小黄车突然被拖走,导致自营产品连续三天不能销售。为了不影响客户的消费体验,临时决定在APP上进行85折促销,此前几天购买产品的用户可以联系客服补差价。据悉,因该直播间直播内容违反平台规则,故被平台暂时关停。

 知识准备

直播电商销售业绩并非源于主播一个人的作用,其背后团队运营与操作直接影响整个直播带货活动的成效,早期直播活动技巧、技术、模式单一,行业竞争压力不大,现在专业团队、业余团队、企业直播团队百花齐放,流量有限的情况下,比的是内容创作、模式创新、语言技巧和策略运用。

一、直播内容策划要点

直播带货应符合电子商务的"人货场"消费路径与规律,首要的是以人为本,需要基于消费者网络行为、购买行为来进行直播内容策划,策划需遵循以下要点。

（一）内容垂直性

内容垂直是指直播内容或者话题与账号的标签、粉丝的标签的重合度和契合度,重合度和契合度越高,内容就越垂直。内容垂直度与专业性相关。例如某抖音账号主打办公室OFFICE软件培训,其直播间内容以WPS、PPT、WORD、EXCEL办公小技巧教学为主,直播间核心产品是销售高级办公软件培训系统课程,这样的直播间垂直度就很高,流量就很好。

（二）内容引流性

直播间除了忠实粉丝之外,其余访客都得靠平台流量推荐而来,包括自然免费流量和定向付费流量,直播运营的目的在于提高自然免费流量占比,用付费流量去撬动免费流量,而自然流量需要内容有引流性。引流越好,说明内容对用户行为产生的影响越明显。

（三）内容涨粉性

直播间最怕的就是徒有其表,只剩下热闹,不见下单、不见涨粉。如果有这种情况,说明引流没有问题,差距在于直播内容和用户利益没有匹配,导致用户流失率高、转化率低的现状,如果直播间内容涨粉厉害,说明内容能引导用户产生对品牌对账号的关注度和兴趣。提高直播内容的吸引力,可以通过第三方数据平台进行数据分析,查看直播间数据、用户画像

分析、通过多场直播数据的横向比较,发现用户的兴趣行为、内容偏好,重点关注粉丝特别喜欢的内容,再进行分析。粉丝特别喜欢的内容主要查看后台数据的用户停留时间和相关的关键词,可以对比粉丝直播间留言关键词来分析出兴趣点,或者分析直播间上人高峰期,通过改进直播间内容或者活动来确保下一场直播可以调动粉丝热情。

二、直播内容创作技巧

(一) 借助热门话题

各大平台的流量主要是月热门、周热门或者每日热门话题,借助社会热点、平台热搜来吸引更多用户的关注和互动,提升直播间的权重,热点渠道可以参考平台的热门话题榜单,抖音创作灵感话题榜,如图2-20所示,可以供策划参考。也可以参考平台的抖音热榜、同城榜等,如果想在分领域细化创作,也可以去看同类型的直播榜。比如家电领域的主播,就去看家电垂直里的直播间,分析他们的投流和直播间构成与玩法,初期可以模仿,后期再根据自身特点进行话题和内容创作。如果只做同一地区的产品,可以专注于同城榜单,因为这个区域话题只对本地人有较强吸引力,所以人群定向比较确切,方便精准引流。

| 抖音热榜 | 同城榜 | 创作灵感 | 直播榜 | 品牌榜 |

选题 用图文功能投稿,上榜赢DOU+

1	人类迷惑行为大赏	6981.9万
2	校园生活记录视频	5139.6万
3	大概这就是爱情最美的样子	4361.1万
4	恋爱脑好不好	3656.9万
5	爆笑视频集锦	3269.0万
6	情侣日常趣事vlog	3222.4万
7	大学女生宿舍日常生活分享	2052.1万
8	搞笑幽默段子盘点	1738.6万
9	当代大学生现状是什么样的	895.6万
10	什么是青春该有的样子	393.8万

查看更多创作主题 >

图2-20　创作热门话题榜

(二) 学会讲故事

相对于比较枯燥的介绍、分析,故事更容易让不同年龄段、不同教育层次的观众产生兴趣。通过一个开场故事,带领听众进入直播所需场景,能更好地开展接下来的环节。故事内容可以是自己的经历、形成对主播的认知和产品有关的其他人的故事、所在地区的故事、产品与顾客的故事、名人与品牌的故事等,陈述故事可以设置悬念,等直播结束再说故事的结尾或者结果,引导消费者留在直播间。

(三) 构建消费场景

消费者在直播间购买产品的理由有两种,冲动消费和理性消费。冲动消费只能是刺激方式,不能长久使用,所以引导消费者理性消费才是可实行的、可持续的。理性消费源于消费者日常生活中真的存在这种消费的使用需求,消费需求可以通过日常生活学习工作的使用场景进行复现,让消费者产生共鸣,由衷地体会到"这个产品真的很适合我,我可以买一个用用"。能做到这点直播就成功了一半,例如某场直播中带货一款数码品类无线耳机,消费使用场景如图2-21所示。

现在年轻人为什么要去买这种头戴式无线耳机呢?因为该产品拥有50小时长续航,解决了消费者频繁充电的续航焦虑问题,而有的消费者一戴耳机不久就耳廓疼,所以产品的轻量化设计和包耳设计解决了消费者生活娱乐中耳机的这一痛点问题,这就是构建消费场景。

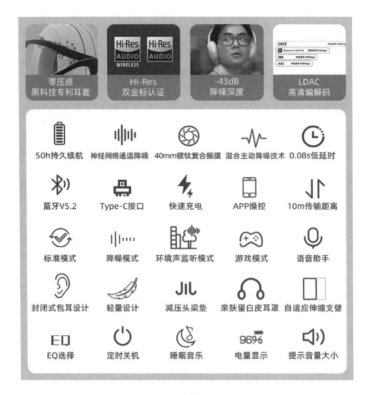

图 2－21　消费使用场景

 思政园地

　　近年来,花鼓戏、二胡等非遗项目在主播演绎下走入大众视野,直播间正成为听三湘戏曲、赏四水器乐的"新舞台",湖南非遗借助直播打赏开辟展演"新票房"。列入国家级非遗代表性项目、堪称湖南戏种"明珠"的花鼓戏,在直播间获各年龄段观众喜爱,并与古筝、相声成为该省"00后"观众点赞最多的表演艺术类非遗内容。

　　有学者评价,非遗主播凭借自身技艺获得观众的物质和精神支持,不仅能激发主播的劳动积极性,还能宣扬非遗相关产业良好的发展态势,以吸引更多人加入传承中来,这有助于地方小众非遗解决人才凋敝的核心问题。同时,观众用点赞、打赏、购买等方式,表达对非遗艺术的认同与喜爱,进一步促进了社会面参与非遗互动和消费的热情,地方非遗得以"火起来""走出去"。

　　以往的地方非遗逐渐"失活",问题不在于资源、底蕴不足,而在于能否为优质内容做出创意化、生活化传播,让非遗打破地域限制走入大众生活,走进年轻一代视野。湖南省社会科学院研究员、湖南文化创意产业研究中心主任郑自立认为,直播正是非遗重焕活性的一剂"强心针"。

　　特色非遗在直播间亮相,从业者通过打赏、带货的收入获得与劳动价值相符的物质回报,增添了艺术传承的底气和动力。湖南省民族管弦乐学会古筝艺术委员会副秘书长、抖音古筝主播曹民提到,民乐人凭借真才实学进行直播展演,在线上得到观众的打赏,并引流到线下,为剧院演出带来新的观众群,两种文化消费互为补充,使传承人从"补助"到"增收",有助于非遗相关产业实现"自发造血"发展。

思考:直播对非遗传承有何作用?

任务五　直播脚本设计

某传统保健品企业受新媒体、直播电商行业影响,线下药店的销量大幅下降,企业决定跟上时代步伐,开启抖音直播和抖音店铺进行直播电商销售,扩大市场销量,弥补线下订单不足,而快速进入圈层的方法就是找流量主播或者名人,在没有任何准备的情况下,该品牌邀请了当下最火的段子手网红"徐某",花了 20 万元进行 2 小时的"双十一"节日大促直播。该网红在直播间各种耍宝、搞笑,但是对产品却一无所知,最终带货业绩仅 3 万元,可谓是直播大翻车,究其原因是企业没有事先设计好直播脚本,没有提前排演和进行职责安排才导致企业亏损,这涉及直播脚本设计。

直播活动犹如一场综艺节目,既然是一档节目,肯定需要剧本来串联"演员",这个剧本在直播电商行业称为直播脚本,是规范和指导主播及工作人员按时间节点进行直播活动的流程化说明书,可以确保直播流程顺利、按时、按量进行。

一、直播脚本的作用

(一)梳理工作流程

直播团队有很多不同的工作分工,由于工作时间不一致、工作内容不同,当直播间流量暴增或者出现突发状况时难免手忙脚乱,这时就需要一个比较细化的工作手册,一般称之为直播脚本,可以理解为做一场电视节目的剧本。该脚本帮助各工作人员了解本次直播的相关工作和主要内容要求,梳理直播的过程,让各部门人员知道在整场直播过程中什么时间段做什么、说什么话,以及上链接的顺序、产品介绍的次序等。一份详细的直播脚本一般都有台词和关键词提醒,防止主播或工作人员把控不准,导致直播延误。

(二)明确人员分工

直播电商团队有主播、助播、助理、中控、运营等,某些情况下人员工作有重复和交叉,这容易导致大家精力无法集中在自己专业领域,所以在制定岗位职责时,首先要让员工真正明白岗位的工作性质,岗位工作的压力不是来自他人,而是此岗位上的工作人员发自内心自觉自愿地产生,从而转变为主动工作的动力,要推动此岗位员工参与设定直播脚本和岗位目标,并努力激励他完成这个计划。明确人员分工,在专业上发挥最大效应。

（三）控制直播预算

直播电商最容易拖垮团队的就是推广和流量购买费用,许多新入行的企业,尤其是预算不足的团队很容易在流量竞争的比拼中慢慢消耗殆尽,磨灭运营动力,对于中小型直播间,需要有效控制直播的预算,在直播过程脚本中设计好相应的互动环节,控制福袋、红包、礼品等成本金额,合理利用直播间平台规则,利用少量预算来撬动直播间的平台自然流量,做到事半功倍。

二、直播单品脚本设计

（一）单品脚本设计要点

专业的直播团队需要专业的主播,主播带货的前提除了自身素养之外,最核心的一点就是必须对本场直播活动的每一件产品了如指掌,熟悉每款商品的特点、价格、参数、产地、功能和相对应的营销策略、优惠力度等,同时也需要掌握每件商品的竞品状态,做到消费者问就能有效解答和横向对比产品的优势与劣势,所以可以采用单品直播脚本来明确每一件主推商品的直播内容,让主播全方位了解产品的销售方法。

（二）单品脚本规划表

以某品牌小家电销售冠军——多功能烹饪锅为例,直播单品脚本规划如表2-6所示。

表2-6　直播单品脚本规划表

项　目	商品宣传点	具　体　内　容
品牌介绍	品牌理念	该品牌以向用户提供精致、创新、健康的小家电产品为己任,主张以愉悦、创意、真实的生活体验丰富人生,选择该品牌不只是选择一个产品,更是选择一种生活方式
商品卖点	用途多样	具有煮、涮、煎、烙、炒等多种烹饪功能
	产品具有设计感	① 分体式设计,既可以当锅用,也可以当碗用; ② 容量适当,一次可以烹饪一个人或宿舍一顿饭的食物; ③ 锅体有不粘涂层(麦饭石),清洗简单
直播利益点	"双十一"特惠提前享受	今天在直播间内购买此款多功能烹饪锅享受与"双十一"活动相同的价格,下单时备注"主播名称"即可
直播时的注意事项		① 在直播进行时,直播间界面显示"关注店铺"卡片; ② 引导用户分享直播间、点赞等; ③ 引导用户加入粉丝群

在单品脚本中需要注明品牌介绍,可以宣扬品牌理念或者企业文化;需要说明商品的卖点,包括产品的用途、功能,介绍产品的设计与独特之处,以及直播的利益点,比如消费者关心的价格和优惠细则等问题都要在单品脚本中写清楚。

三、直播整场脚本设计

（一）整场脚本设计要点

整场直播活动模块繁多,第一个设计重点是每个环节的时间节点,要考虑直播流程的具体做法,整合工作内容,完成整场直播脚本的撰写。以某场总时长2小时的直播为例,除去预热环节和互动环节时长,计算出推荐商品的时长预计在1小时左右,总共主推5个商品,平均每个商品的介绍时长应该在10分钟,而互动环节的节点设计要按以往直播数据来定位,在直播间人数下降时多设计互动环节、通过人数变化曲线图预计下一场直播互动环节持续时间和切入时间。

第二个设计重点在于不同层级、不同属性产品的介绍时长,为了提高订单的利润,印象款和利润款商品的推荐时间应适当延长,而引流款、福利款商品因为价格优惠力度大,所以利润低,为了吸引更多的人来直播间,所以需要进行秒杀活动或者限时抢购活动,这个环节的商品介绍或者执行时间就需要相对缩短,造成一种机会稀缺性。

第三个设计重点在于分工话术,尤其是主播的话术设计,需要在整场脚本中以关键词形式标注清楚,供主播参考。

（二）整场脚本规划表

整场脚本规划如表2-7所示。

表 2-7　整场直播脚本规划表

直 播 活 动 概 述			
直播主题	明星空降直播间618大促营		
直播目标	① 直播间观看人数冲击200万人次;② 直播营销4件主推产品销量达到5万单;③ 帮助嘉宾抖音涨粉丝		
主播、副播	主播:小杨;副播:大杨;明星暖场嘉宾		
直播时间	2023年某月某日星期二晚上20:00—22:00		
注意事项	① 控制嘉宾暖场的时长; ② 控制好宣传带货商品的时间节奏,每个产品保证10分钟; ③ 随时关注直播间动态,及时回复粉丝的共性问题,避免营销号在展示商品过程中蹭流量、刷屏		

时 间 段	流程安排	人 员 分 工		
		主　播	副　播	后台/客服
20:00—20:10	开场预热	暖场互动,介绍嘉宾、引导直播间粉丝关注、点赞、攒人气	活跃气氛,找相关话题	直播推流、通知群发粉丝群
20:10—20:20	活动剧透	剧透今日新款商品、主推款商品,以及直播间优惠力度	补充主播遗漏的内容	向粉丝群推送本场直播活动

直播流程				
时间段	流程安排	人员分工		
		主　播	副　播	后台/客服
20:20—20:40	讲解商品	介绍第一款商品：阳澄湖大闸蟹礼盒 大闸蟹的试吃、展示蟹黄、解释产品的信息	配合主播展示商品，加入剧本环节	在直播间添加商品链接；回复用户关于订单的问题
20:40—20:50	互动	与嘉宾连麦：引导粉丝帮助嘉宾抖音涨粉	引导用户参与互动	持续性推流，设置直播间连麦
20:50—21:10	讲解商品	介绍第二款商品：美白护肤精华液 原价：1 128 元/瓶 直播间：998 元/瓶（买 2 瓶送礼盒）	引导下单、展示化妆品的包装、回复粉丝留言	切换到下一个商品展示页面并发布购买链接、实时报库存数
21:10—21:15	福利赠送	向用户介绍抽奖规则，引导用户参与抽奖、下单	演示参与抽奖的方法	收集抽奖信息
21:15—21:35	讲解商品	介绍返场商品：书包 原价：698 元 直播间：169 元（下单送三件套）	回应上次直播的粉丝要求、防水试验、书包承重试验	上商品链接，库存设置；助理后面举牌子，产品试验（温馨提示，注意安全）
21:35—21:50	商品返场	介绍第四款商品：奶酪棒 原价：75 元/袋 直播间：46 元/袋	回复粉丝在直播间关于食品类物流与保存问题	设置商品链接、设置库存
21:50—22:00	直播预告	预告下一场直播的时间、福利、直播商品等，同时进行最后的促单	引导用户关注直播间	回复用户关于订单的问题

思政园地

2023 年 2 月 26 日，在宁夏报业传媒集团文化科技创意有限公司直播间，随着导播倒计时结束，返乡青年、自媒体达人牧某在抖音直播间正式开播。

"大家好，欢迎进入直播间。今天在我们直播间不仅有宁夏的特产枸杞、胡麻油、八宝茶、牛羊肉等，还有来自西北各省区的农特产品。"直播一开场，牧某和搭档就熟练地对商品进行了简单介绍。随后，牧某的爸爸妈妈也向网友问好。"支持主播，支持宁夏好物！"开播不到10分钟,直播间人气直接冲上2万多人,公屏上的网友留言更是不吝赞美之词。值得一提的是,此次直播是由自治区商务厅、自治区团委作为指导单位,宁夏报业传媒集团联合牧某主办的助农专场直播。这不仅是宁夏报业传媒集团首次联合牧某直播带货,也开启了2023年宁夏"塞上江南,青春助农"专场直播的序幕。一身西装出镜的主播比平时多了几分帅气,有人调侃他"是不是把伴郎衣服穿来了"。本场直播的"首席解说员"与主播默契配合,承担了绝大多数商品的推介工作。牧某生活视频中少言寡语的爸爸,在本场直播中难得地好几次坐到主播席上,为烤馍、刀具等商品做推介。牧某的妈妈在直播间和在家里一样勤快,默默清理打扫,让直播台上始终保持干净整洁。

此次活动共选了100种商品,涉及粮油、水果、日化等多个品类,其中70%是宁夏本地名优特农产品。每讲到一个地方,会和当地企业联动,邀请他们参与活动,把助农跟就业结合起来,增强他们的信心。在把宁夏农特产品卖出去的同时,还要利用宁夏网络达人的吸引力,让外地人走进宁夏,到宁夏旅游观光。通过"直播+电商+助农"的新发展运营模式,大力推广本地特色农产品,让农产品走出去,拓宽销售渠道。同时,引导当地村民紧跟万物互联的新时代,让更多宁夏特色农产品搭上数字经济的快车,真正做到讲好宁夏乡村故事,助力乡村经济发展。

据统计,当天累计直播10小时,成交突破12万单,销售额突破600万元,最高在线人数5万人,直播间累计观看人数突破750万人。枸杞、胡麻油、八宝茶、牛肉酱、羊肉、牛奶、苦荞茶、红枣受到网友热捧,销售前三名为枸杞、胡麻油、羊肉。本场直播带货在当天抖音食遍天下榜居第四名。

思考: 本次宁夏助农直播间为什么这么受网友欢迎?

 项目小结

直播策划是一切直播活动的前提,直播运营团队需要对直播活动的整体流程和细节进行设计与规划,确保整个直播过程的顺利,达到直播目标,如果没有清晰的直播策划来指导,直播活动因为存在变数而导致最终的失败,造成直播预算的损失,直播活动无法达到商家或品牌方前期的预定目标。所以针对直播各环节进行缜密的设计,厘清直播思路,同时制定完整可执行的直播方案和脚本,再按既定顺序和规划进行直播活动。

 知识与技能训练

一、单选题

1. 下列不属于直播间IP定位类别范畴的是( )。

A. 擅长领域   B. 服务对象   C. 人物形象   D. 直播内容

2. 直播平台选择定位中,流量盘丰富且受众广的是( )。

A. 抖音   B. 快手   C. 小红书   D. 今日头条

3. 直播间硬件设备中负责主播面部打光的是( )。

A. 柔光灯   B. 美颜灯   C. 直射灯   D. 轮廓灯

项目二
拓展阅读

4. 直播间三灯布光法,主灯光源应在主播的(   )。

A. 前侧　　　　　　 B. 背侧　　　　　　 C. 斜 45°旁侧　　　 D. 平行侧

5. 下列不属于直播内容创作技巧的是(   )。

A. 蹭热门话题　　　　　　　　　 B. 学会讲故事

C. 复制模仿网络资源　　　　　　 D. 构建消费场景

二、多选题

1. 商业直播间福利互动环节可以对粉丝采取的方式有(   )。

A. 发红包　　　　 B. 发福袋　　　　 C. 抽奖　　　　 D. 主播连麦

2. 直播间开场可以利用开播的桥段是(   )。

A. 讲故事　　　　 B. 说经历　　　　 C. 预告亮点　　　 D. 蹭热点

3. 直播间单品脚本设计重点包括(   )。

A. 品牌介绍　　　 B. 商品亮点　　　 C. 直播利益　　　 D. 注意事项

4. 直播脚本作用包含(   )。

A. 介绍主题　　　 B. 梳理工作流程　　 C. 控制预算　　　 D. 明确人员分工

5. 直播目标 SMART 原则包含(   )。

A. 具体性　　　　 B. 可衡量性　　　 C. 可实现性　　　 D. 时限性

三、实践题

实践情境:恰逢平台开展购物狂欢节活动,陈石计划围绕购物狂欢节策划并实施一场福利直播,回馈企业新老用户。5 款备选商品如下:水杯、牛奶、粗粮饼干、润唇膏、太阳镜。

实践操作:

任务 1:直播内容策划

直播团队根据直播商品,策划本场直播的主题,分析市场数据,总结不同时间段的流量特点,为本场直播策划合适的时间,并且在直播开场、商品介绍、直播收尾等环节设计直播互动方案。根据直播主题以及互动方案,设计直播流程与各环节的时间,结合商品详细信息,根据直播商品销售策略,运用 FAB 法则等方法提炼商品卖点,完成直播脚本的撰写。

任务 2:直播互动

直播团队根据直播互动方案,开展优惠券、秒杀等活动,在直播过程中积极与观众进行抽奖、发红包、订单处理等互动,引导直播间用户参与,活跃直播间氛围。团队人员要配合主播讲解进度推送抽奖、发红包等互动活动。当评论区有弹幕问题弹出时,主播需要组织合适的话术,及时完成弹幕问题处理。

项目三　直播团队构建

项目思维导图

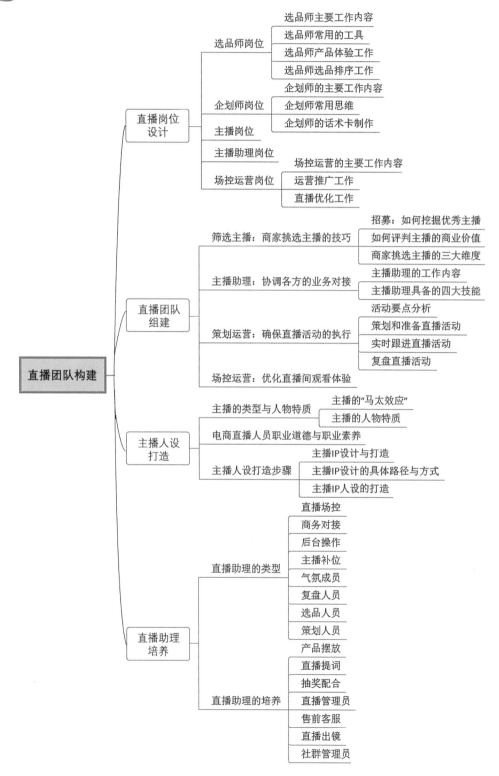

选品师岗位
- 选品师主要工作内容
- 选品师常用的工具
- 选品师产品体验工作
- 选品师选品排序工作

企划师岗位
- 企划师的主要工作内容
- 企划师常用思维
- 企划师的话术卡制作

主播岗位

主播助理岗位

场控运营岗位
- 场控运营的主要工作内容
- 运营推广工作
- 直播优化工作

直播岗位设计

筛选主播：商家挑选主播的技巧
- 招募：如何挖掘优秀主播
- 如何评判主播的商业价值
- 商家挑选主播的三大维度

主播助理：协调各方的业务对接
- 主播助理的工作内容
- 主播助理具备的四大技能

策划运营：确保直播活动的执行
- 活动要点分析
- 策划和准备直播活动
- 实时跟进直播活动
- 复盘直播活动

场控运营：优化直播间观看体验

直播团队组建

直播团队构建

主播的类型与人物特质
- 主播的"马太效应"
- 主播的人物特质

电商直播人员职业道德与职业素养

主播人设打造步骤
- 主播IP设计与打造
- 主播IP设计的具体路径与方式
- 主播IP人设的打造

主播人设打造

直播助理的类型
- 直播场控
- 商务对接
- 后台操作
- 主播补位
- 气氛成员
- 复盘人员
- 选品人员
- 策划人员

直播助理的培养
- 产品摆放
- 直播提词
- 抽奖配合
- 直播管理员
- 售前客服
- 直播出镜
- 社群管理员

直播助理培养

任务一　直播岗位设计

　　某传媒企业成立于2021年,是一家专业的互联网型经纪公司,在直播、短视频和电商等多领域均具有广泛影响力,是中国演出行业协会常务理事单位。公司签约主播达人超过10万人,其中全约优质艺人超5 000人,全平台粉丝总量超20亿人。始于达人,不止达人。公司专注红人孵化与品牌合作赋能,内容涉及15大类,包含颜值达人、剧情搞笑、时尚、生活、音乐、舞蹈、二次元、美妆、美食、母婴亲子、运动健身、萌宠、旅行、汽车、家居家装。短视频900多万个,获赞300多亿次,矩阵粉丝20多亿人。公司电商引领消费新时代,专注品牌价值提升与拓维。业务包含抖音直播、淘宝直播、店铺代运营、自有品牌IP孵化。抖音直播连创4项新纪录:单场成交额纪录、单品成交额纪录、单场订单成交数纪录、同时在线人数纪录;提供一站式新媒体多维整合营销服务。

　　刘小艺看到学校招聘网发布的直播电商公司招聘信息,设想自己如果面试该电商公司,应考虑哪些岗位,又应做好什么样的准备呢?

　　当前互联网直播方兴未艾,类别也是多种多样,包括秀场直播、游戏直播、企业直播、电商直播和泛娱乐直播五个类型。① 秀场直播主要包括才艺以及聊天等,是广大用户最为熟悉的直播形式,也是互联网直播的起步类型。② 游戏直播针对各类型的游戏以及比赛,对游戏进行直播并讲解策略等,面对游戏爱好者,是对游戏内容的分享和交流。游戏直播方面已形成一定规模,行业内已经有比较出名和粉丝基础的主播。③ 企业直播是指面向企业商务需求提供的部署在自己或技术提供商服务器上的网络直播服务。在数字化转型时期,伴随直播的崛起,企业在对内沟通协作,对外营销推广方面都对企业级直播有着巨大的需求。④ 电商直播就是直播带货,通过直播来销售产品,实际上是电子商务在垂直领域上的一个拓展。在直播中,电子商务更具有真实性和可控性,更容易让观众产生消费行为。⑤ 泛娱乐直播所包含领域较广,体育赛事、演艺节目、主播聊天、明星面对面等都属于泛娱乐直播。本书主要研讨电商直播。尽管直播的类别较多,但无论何种主播,都不是一个人的战场,而是庞大的团队共同努力和运作。以A主播为例,出镜的人主要是A,A所在的公司却有100多名员工。好的直播必然有好的团队,这些团队成员在工作上怎么做细分,每个人的工作职责是什么,是本任务主要的学习内容。

一、选品师岗位

（一）选品师的岗位职责和任职资格

1. 选品师的岗位职责

（1）根据业务需求,负责商品品类的选品、开发等工作。

（2）负责挖掘符合直播间需求的商品（选品），适销产品的分析和选定，完成产品信息采集、业务流程规则等合作对接，并保持合作健康稳定。

（3）分析用户和市场潜在消费趋势，开发爆款网红品。

（4）利用互联网电商、直播电商的商品运营手段，策划商品销售活动。

2.选品师的任职资格

（1）具有1年以上电商直播经验或商品开发经验，有较丰富的供应商资源，良好的沟通、谈判、协调能力，有相关行业经验优先（此点根据电商公司定位确定）。

（2）熟悉市场特点和消费者喜好，对网红产品有敏锐的直觉及操控力，熟悉市面上直播电商的发展情况及销售数据。

（3）具备一定的数据分析能力，独立市场调研、出色沟通能力、较强抗压能力，计划与执行能力。

根据直播公司定位要求，品类范围包括服装纺织品、食品、化妆品、家居用品、珠宝首饰、日化个护、生鲜果蔬、烟酒饮料等。

（二）选品师的主要工作内容

一场直播对选品师的要求很高，选对商品，直播就成功了一半。选品过程一般为两个阶段：第一阶段，大数据将众多合作的商品排序，选品师此时重点确定在直播中先播什么，后播什么，推什么；第二阶段判断产品质量，一般说的直播"翻车"，通常是两个原因造成，一是产品方的虚假营销、夸大营销，如产品方提供的产品手册上，为了增加销售进行不合实际的宣传；二是主播为了增加产品销售，在直播间做夸大宣传，没有进行深入的调查和核实。这些都是选品师需要通过数据和分析规避的。

（三）选品师的常用工具

1.阿里指数

阿里指数是判断某一具体商品一年四季成交额、搜索量、转化率的工具，是选品数据应用的重要参数，以此判断拿到的一款商品是不是好卖，阿里指数如图3-1所示。

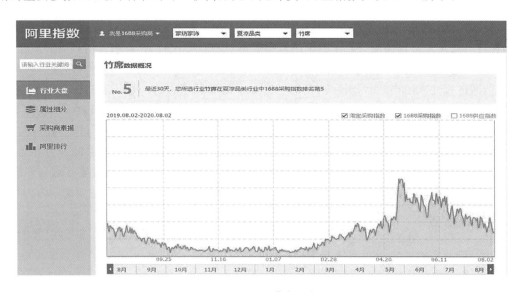

图3-1　阿里指数图例

2.百度指数

百度指数是选品的辅助工具,一方面可以看产品的关注量,一年12个月的搜索变化,什么时候上热搜等数据;第二方面,看产品的关联性,如搜索凉席的人还经常搜索什么关键词,以此设计一场关联多个产品的直播,或设计成产品套餐,能从货品搭配结构上分析解决问题,百度指数如图3-2所示。

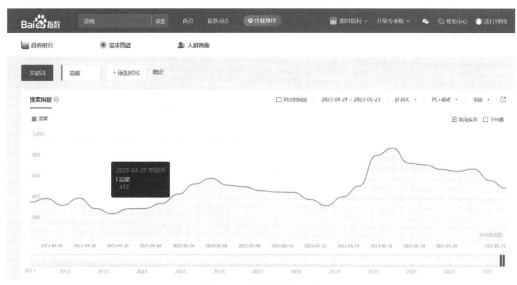

图3-2 百度指数图例

3.微信指数

微信指数是选品师的辅助工具,看两个维度,产品品牌的口碑及传播度。尤其对于新型品类,无法搜出关键字,常常选择用微信做传播,即"种草"。微信指数如图3-3所示。

图3-3 微信指数图例

（四）选品师的产品体验工作

选品师通常会在配方、口味、使用等方面将产品与网络上其他卖得贵或好的产品进行比较，确认这款产品是否是性价比高的商品，用亲身体验来检查这款产品的宣传是否夸大。网红达人、明星等团队还常常召开产品讨论会，多人进行检测对比，共同决定产品推广力度。

（五）选品师的选品排序工作

通过前面数据分析环节，选品师决定该产品是否有市场，当下是否适合卖；通过产品体验环节，选品师决定产品能不能卖，该如何卖；第三个环节就是直播中的排序问题，一场 4 小时的直播，如果卖 20 个商品，选品师参与并排出爆款、拳头款、常规款和盈利款的顺序，以便场控运营在不同流量时进行曝光和推广。

二、企划师岗位

（一）企划师的岗位职责和任职资格

1. 企划师的岗位职责

（1）负责直播整体运营，根据销售目标制定直播运营计划。

（2）对接各类直播资源，负责直播商品的链接、利益点发放、活动设置等基础运营。

（3）负责直播文案策划及日常直播，推广产品，解说产品特点、卖点和亮点。

（4）管理用户社群，搜集用户、媒体等的内容反馈，针对直播数据分析总结，评估直播效果制定相应的内容策略，提出合理化的改进建议和意见。

2. 企划师的任职资格

（1）3 年及以上的淘宝、快手、抖音直播运营经验，扎实的文案功底和活动策划能力，能独立根据主播特质及亮点提供相应的创意及脚本。

（2）熟悉互联网社交平台各种玩法，对热点事件有一定的敏锐度。

（3）对数据敏感，具备较强的创新与市场分析、营销、推广能力。

（4）具备优秀的文字表达能力，善于挖掘用户心理，创造热点话题。

（5）善于捕捉新鲜资讯，并能够与工作结合，提出运营及活动方案。

（6）熟悉直播运营，熟悉直播平台和电商平台。

（二）企划师的主要工作内容

选品师确定了直播的货品，货品如何卖、怎么卖就是企划师的工作了。企划师的职责不仅限于货品的企划，还有对直播效果的企划，故企划师需要具备货品剖析能力，以便精确捕捉货品对使用者的价值，同时具备良好的沟通能力，能与主播有效沟通策划方案，让主播理解这类产品如何销售。

（三）企划师的常用思维

企划师常用思维可用"573"效应描述。

"5"是一个产品 5 个卖点，如产品的某个属性只有我有，品牌的故事，产地的特点等均可以是很好的卖点；

"7"是一个产品的 7 个常规卖点排序，指同类产品都有的卖点，如口红，职场精英用和小白领用卖点排序是不同的；

"3"是指产品使用的 3 个场景，口播没有视觉化场景体验结合，很难让消费者产生购买动机，加入场景会使其产生共鸣，萌发需要。

（四）企划师的话术卡制作

成熟的企划师为保障直播效果和货品销售效果,不仅要制作直播间策划,还要制作好每种商品的话术卡。

1. 直播策划话术卡

直播策划话术卡包括从开场、产品介绍、促销各环节话术主要内容。直播策划话术卡如图3－4所示。

	A	B	C	D	E	F
1	美妆穿搭带货直播稿					
2	序号	时长	流程	步骤	直播稿内容	备注
3	1	1	开场	自我介绍	哈喽大家好,欢迎各位老铁来到咱的直播间,我是XXX主播,欢迎XXX。今天是XXXX节日,是女神的狂欢节日,我们推出了直播间独有超低打折日。在这个特别的节日,先预祝各位女神购物愉快,买得爽爽,看得爽爽。XX会为大家,介绍下面的好礼物,好产品给大家。	打招呼
4	2	2		活动主题介绍	今天,给大家准备了一些礼品,也准备了一些抽奖,奖品有哪些呢（……）,还有一些秒杀券,同时还有以下几种贴合女生,提升气质美丽的饰品之类。 无论,你是南来的北往的,上班,创业,上学的,今天,统统都有机会获得这些产品,以及我们的奖品抽奖。 大伙可以先转发我们的直播间,通知身边的朋友也来参与,人多力量大,争取抽个全家福,人人中奖。	主题吸引
5	3	3	衣服产品介绍	价值开发	直播间的宝贝们,我先给大家展示一下衣服的效果,今天的衣服,价格,不是我来决定,而是你们来决定,现在,大伙在直播间,把1扣起来,扣起来,人数越多,那么,我们赠送的就比较多,优惠得就比较大。 今天,直播间购买,多买的,还有其它小礼物赠送。	扩大梦想,需求,痛点,增强自家产品优势
6	4			产品介绍	今天,我们的衣服,准备了4种风格的衣服给直播间的宝宝们挑选! 第一款: 气质靓丽风格,第二款: 休闲风,第三款,淑女风,第四款: 职场风。 第一款: 成熟气质,这款衣服和搭配鞋子,质感非常好,我现在在镜头前给大家仔细的看看,看这个衣服的设计,能让你看上去身材很好! 颜色很好,非常方便搭配衣服,很有气质。而且衣服不起球,也不起球,我们是100%纯棉的面料,种双标签是百分比嘛! 而且我们的做工非常精细,来镜头给大家看看效果,你喜欢哪件衣服,直接帮你试装,看中眼了就买下,产品有很多,一件没看到,接着就,下一件就是。	产品展示为主
7	5	3	抽奖	抽奖	今天,大家把直播间分享分享出去,今天,这款衣服喜欢不喜欢,喜欢的把1扣起来,扣得越多,我们降价越多,现在的价格是2800,直播间一个1我们少10块,今天,抽到奖的宝宝们可以用极低的价格拿到,甚至是免费。同时,咱们直播间人数达到了1000人,我们价格直接降到500元,我们准备开始抽奖,我倒数几个数,第一款,第一个拍下的,我们直接免费拿下,好还是不好,直播间的宝宝把666刷起来看看如何,现在衣服,降500,再刷起来,现在300,刷起来,现在准备得最后的免费免单抽奖。刷起来,(小号可以自己下单,看情况,也可以由粉丝真实产生)今天,我们准备了10个幸人优客名,现在开始抽奖。 抽到的,宝宝跟客服要优惠券,这次,大伙小价格给到98,砍得狠厉害!	目的是让大家转发
8	6	2	秒杀	第一轮秒杀	我们的衣服,活动期间秒杀,获取秒杀价购物券（找客服拿秒杀券）限时秒杀,只限2分钟。	秒杀指引 直播间主播介绍
9	7	2		第二轮秒杀	获取秒杀价购物券（找客服拿秒杀券）秒杀期间,还有礼品赠送,找客服备注,送小样!	
10	8	2		第三轮秒杀	获取秒杀价购物券（找客服拿秒杀券）今天有活动,不是每天都是这样的机会! 秒杀时间段才优惠,收到货了,补差价给粉丝宝宝们。	

图3－4 直播策划话术卡

2. 单一产品话术卡

单一产品话术卡包含3个阶段话术卡,根据消费者心理,策划"573"效应内容。

第一次报价前,熟悉产品阶段。主要让消费者了解产品特征和在该品类中的优势,以及给客户带来的价值(利益),让消费者对产品有一个最初的最直观的认识,如果目标客户对产品已有了解,一般就在此阶段下单了。

表3－1 单一产品话术卡——第一阶段

序号	产品	特 征	优 势	利益使用场景	
1	××口红	1. 职场必备 2. 黑白灰职业装绝配 3. 涂口红与不涂口红区别 4. 口红多用途之去黑眼圈 5. 口红多用途之腮红 6. 口红多用途之修容 7. 职场约会随心换	1. 不沾杯 2. 黄皮友好 3. 水润 4. 品牌故事 5. 职场约会皆适用	职场女强人: 职业白衬衫 约会: 夜晚小黑裙厚涂 运动: 素颜薄涂	第一次报价卡

第二次报价,场景营销阶段。主要将产品使用的场景在直播中强调演示出来,唤醒消费者的痛点,影响对产品不熟悉但对场景价值认可的客户。

表 3-2　单一产品话术卡——第二阶段

序号	产品	场 景 演 示			
1	×× 口红	场景一:职场女强人,职业白衬衫	听到什么 看到什么 嗅到什么 尝到什么	场景突出优势,第二次引导下单	第二次报价卡
		场景二:约会,夜晚小黑裙厚涂	听到什么 看到什么 嗅到什么 尝到什么	场景突出优势,第二次引导下单	
		场景三:运动,素颜薄涂	听到什么 看到什么 嗅到什么 尝到什么	场景突出优势,第二次引导下单	

第三次报价,产品背书阶段。主要将畅销数据和权威背书展现出来,谁在用这样的产品,谁在推荐这样的产品,货比货等,通过权威背书＋从众客户＋求便宜客户,影响犹豫客户,形成最终下单。

表 3-3　单一产品话术卡——第三阶段

序号	产品	权威背书	案 例		货 比 货	促 销	
			谁说的	谁在用			第三次报价卡
1	××× 口红	×××认证 销量达×××	×××代言	××××在用	不沾杯对比试验; 黑夜亮度对比试验。	×××	

对于刚入职的初级主播,企划师还需要将话术卡写成主播串词,在扶植期帮助新主播成长。

三、主播岗位

(一) 主播的岗位职责和任职资格

1. 主播的岗位职责

(1) 使用直播设备在直播平台进行视频直播、宣传产品知识,挖掘产品的卖点和亮点。

(2) 在线直播时与顾客进行积极互动,维护好老顾客。

(3) 定期策划、组织各种直播活动,提高活跃度,增加粉丝黏度以及数量。

(4) 积极配合销售部销售策略进行直播。

2. 主播的任职资格

(1) 高中及以上学历,年龄 18—45 周岁,形象气质佳,性格外向,大方自信热情有活力。

（2）有网络直播经验,会使用直播设备优先。

（3）有唱歌、跳舞等才艺者优先考虑。

（4）工作细心,责任心强,有团队合作精神。

所需技能：主播经验、娱乐才艺、直播场控。

（二）主播的主要工作内容

主播岗位通常叫带货官,主播需有清晰的表达能力,还应有对产品的理解能力,并且具备一定的表演能力。某网红主播,在竞争激烈的同期主播培训中并不突出,后来他做了大胆尝试,在一天直播过程中涂几百只口红,这种表演,至今让人印象深刻。

四、主播助理岗位

（一）主播助理的岗位职责和任职资格

1. 主播助理的岗位职责

（1）协助主播开播,负责直播中控台的各项操作,产品上架、改价等。

（2）配合主播执行各项直播方案,增强粉丝互动,提高直播数据,提升直播产出。

（3）及时帮助回答主播未有顾及的粉丝问题。

2. 主播助理的任职资格

（1）半年以上跟播,直播场控工作经验者优先。

（2）接受优秀应届毕业生。

（3）熟悉淘宝、快手、抖音小店规则及操作工作经验优先考虑。

（4）性格开朗,对工作积极,有热情,能够以认真的态度完成工作。

（5）思维活跃,较强的应变能力、口头表达与沟通能力,言语具有亲和力。

所需技能：直播中控、相关产品直播。

（二）主播助理的主要工作内容

一场成功的直播不是一个人完成的,一个优秀的主播身边一定会有个默契的助理,大型直播主播会有好几个助理,分别负责不同的工作,包括产品摆放、直播词提示、抽奖配合、直播管理员、售前客服、直播出镜、社群管理等。

五、场控运营岗位

（一）场控运营的岗位职责和任职资格

1. 场控运营的岗位职责

（1）负责日常直播产品的链接编辑和上下架,样品整理。

（2）统筹管理主播做好开播前的准备工作,直播预告的提前发布。

（3）直播中气氛的活跃与维护,配合主播介绍产品。

（4）对直播间互动场景进行有效的引导管控,及时发公告和解答回复粉丝问题,维持直播秩序。

（5）抖音直播后台的场控和推流、预告发布,直播后台数据监控,店铺后台数据监控。

2. 场控运营的任职资格岗位要求

（1）有经验优先考虑,可接受优秀应届毕业生。

（2）执行力强,应变能力强,思维敏捷,能处理直播中的突发状况。

（3）抗压能力强，能适当按直播需求调整工作时间。

所需技能：相关产品电商直播运营推广、直播场控。

（二）场控运营的主要工作内容

场控运营岗是个综合岗位，其贯穿直播的始终，需要熟悉且掌握其他所有岗位的技能，需运筹帷幄与步步为营。运筹帷幄是指计划性、流程性，必须熟悉直播的整个流程标准，同时能够根据流程标准掌控整场直播；步步为营是指不单有计划能力还要有执行能力，在直播中掌控数据指标，掌控人员指标，缺人补人，缺流量补流量，缺货补货等。

1. 运营推广工作

直播行业竞争激烈，一般抖音直播粉丝触达率只有 2%～5%，即 100 万个粉丝，仅有 2～5 万个粉丝现场观看，所以需要运营推广购买流量。运营推广工作是根据直播平台引流工具、方法，结合产品数据和直播数据进行推流。

2. 直播优化工作

直播优化工作是指将直播复盘，进行直播数据分析，回看直播视频，找到相应问题，组织复盘会议，研究问题解决方案，并在下次直播时检测问题是否解决的数据分析优化工作。

部分直播公司还安排粉丝运营工作，是指通过短视频聚集粉丝，再利用粉丝私域流量加上合理推广带来的公域流量完成直播。粉丝运营工作是日常对粉丝们进行维护，提高他们的活跃度，在没有直播的时候进行互动，让他们对主播有印象，在微信社群进行统一管理，提高成交率和直播触达率。

以上是常规直播公司的工作岗位及主要职责，大型直播公司一般能做到专岗专职，而一些创业公司或刚起步的直播公司，通常根据带货产品或 MCN 公司特点综合考虑各岗位工作，某直播公司组织架构如图 3-5 所示。

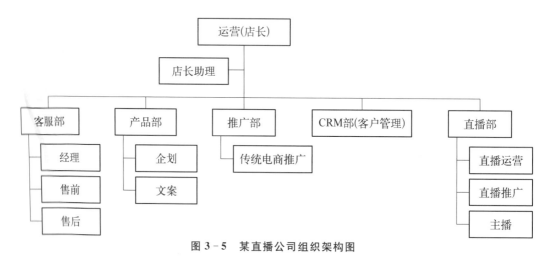

图 3-5 某直播公司组织架构图

"小屏幕"大作用 直播助力扶贫产品"飞入百姓家"

近年来，随着互联网技术的进步，电商直播带货渐渐兴起，成为一种热门的线上销售模式。不少地区为了扶贫致富,纷纷发展电子商务,通过直播带货的形式推广特色农产品。直播带货助农,已成为贫困地区摘帽脱贫的一大助力。

"在直播间买的,分量足,价格便宜,和我以前去当地旅游时品尝的味道一模一样,赞!"在一家知名电商平台的扶贫产品专区,网友"咚咚锵"留下了这样的购物评价,评价中晒出的"买家秀"照片显示,他生活在上海,购买的是来自湘西深山中的腊肉。

当下,直播带货扶贫新模式不仅帮助贫困地区打响了农产品和文旅品牌,还帮助贫困地区培养了一批新媒体技能人才,通过搭建优质直播平台,促进优质内容生产和传播,推动了扶贫产业健康发展。"授人以鱼不如授人以渔",越来越多的"本土主播"出现在直播间,将家乡的特产通过小小的手机屏幕介绍给全国的网友。在为扶贫产品打开销路的同时,也为解决贫困人口就业问题打开了一扇窗口。

不过,在发展得如火如荼的同时,直播带货扶贫模式也仍然存在着一些亟待解决的问题。《人民日报》刊文指出,有的农产品标准化程度不高,品质难以保证;有的产品在平台上存在销售成本过高现象;以三四线城市及广大农村地区为主的零售企业、商户规模普遍偏小,往往在供应链、物流配送、售后服务等环节存在短板,数字化运营能力有待提高。

要留住客源,让一次下单的客户变成长期回购的客户,让一次扶贫变成长久受益,就必须帮助贫困地区加快农产品标准化体系建设,引导农户在种植、加工等环节实现标准化、品质化作业,精选优质、安全、绿色的产品。未来,电商直播扶贫助农还应该强化物流支持,保障生鲜产品的品质,加大电商人才培养、物流仓、分拣车间等电商基本要素的投入,完善电商基础设施,提升数字化运营能力。直播助农扶贫新模式,正走在愈加光明宽广的大路上。

思考: 针对以上乡村振兴直播带货中出现的问题,如何在科学有序的岗位设置和职责中找到解决方案?

任务二　直播团队组建

 导入案例

长期在直播行业老板圈子里面有这样一句话:"主播易得,运营难求",对于直播行业来说一个有能力的运营价值非常大。直播企业要生存关键要考虑以下问题:我想要什么样的主播?(目标)这样的主播在哪里?(渠道)我怎么才能得到他们?(方法)我怎么能把他们留住?(留存)运营也重要,直播运营这个行业没有教科书式的学习模式,靠着摸爬滚打做起来,前期运营首先要学会线上线下招募主播,因为主播才是做业绩的基础,没有主播哪里来的业绩呢?运营顾名思义就是运作和营收,而最重要的就是管理,如何高效地管理主播,如何让主播高效地产生业绩流水,以及如何让直播长期稳定增长流水,需要六个字:拉新、促活、留存。但是做起来难,一般企业优质主播在 20 个左右,上升空间就很大了。

刘小艺根据上一任务所学的知识,了解了各岗位情况,进一步设想自己如果面试电商公司,应做好什么样的准备以及未来如何成长。

知识准备

一、筛选主播

人是企业发展的重要驱动力,对于直播电商公司也是如此。高质量的主播是直播企业的核心资产,于是招聘主播成了机构运营的关键一环,不仅要注意提高招聘的效率,更要注重招聘质量,这对主播招聘提出了较高的要求。

(一)招募:如何挖掘优秀主播

目前,常见的主播招聘渠道有以下 7 种。

1. 招聘网站招聘

网络招聘是一种植根于互联网的招聘渠道,借助互联网传播速度快、覆盖范围广的优势,直播电商公司可以将招聘信息快速、低成本地推送给全国各地的网民。直播电商公司可以将招聘需求投放到各大网络招聘平台中,利用招聘平台提供的工具对简历进行筛选,经过面试招募合适的主播。

2. 校园招聘

直播电商公司可以通过参加校园招聘会招聘合适的应届毕业生进行培养。校园招聘的优势有:应届毕业生学习能力较强,可以快速接受新鲜事物;可塑性强,容易接受企业文化。此外,公司还可以与学校合作定向培养人才。

3. 媒体广告招聘

媒体广告招聘是一种常见的电商主播招聘渠道,媒体选择以新媒体为主,如微博、微信、抖音、快手、今日头条等,这些大流量的新媒体平台可以帮助直播电商公司招募合适的电商主播。直播电商企业使用媒体广告进行招聘,可以使用平台的付费广告,也可以使用免费的软文广告。新媒体平台流量大,曝光率高,不但能为企业招聘新人,还能提高公司的知名度。不过与招聘网站招聘相似,这种招聘方式精准度比较低,需要招聘人员耗费大量精力处理不符合需求的求职信息。

4. 内部主播推荐

内部主播推荐是指通过企业现有主播推荐进行招聘,由于主播自带流量,直播电商公司可以在其粉丝群或公众号发布招聘信息,吸引新人加入。

5. 现场招聘会招聘

现场招聘会招聘是一种较为传统的招聘渠道。直播电商公司利用这种招聘渠道进行招聘,招聘人员可以和求职者面对面交流,充分展示自身优势,吸引合适人才。对于不符合条件的招聘者,招聘人员可以直接将其淘汰。这种招聘方式的短板在于求职者人数严重依赖于举办方的推广力度,如果举办方的推广力度低,招聘人员选择空间就非常有限,甚至招不到合适的人才。

6. 猎头公司招聘

专业的猎头公司拥有强大的人才库与关系网,可以快速高效为直播电商企业招聘到合适的新人主播,但招聘费用较高,适合招聘潜力较大或者已经成名的电商主播。

7. 直接与目标主播洽谈招聘

电商直播公司的招聘人员在主播聚集的各类平台筛选合适的主播,找到合适的人才后

与之沟通,尝试吸引其加入。这种招聘方式效率较低,对招聘人员的沟通能力、应变能力、心理素质等提出了较高的要求。

(二)如何评判主播的商业价值

1.技能和才华

电商主播必须具备一些技能和才华,这是主播的核心竞争力,如唱歌、跳舞等。只有这样,电商主播才有可能通过直播吸引粉丝,为粉丝传播快乐,帮助粉丝消磨闲暇时间。当然,这个行业基准线不是固定不变的,而是处于动态平衡状态,电商主播的才艺水平是否达到行业标准,最终由市场衡量。

2.颜值和性格

在目前潮流中,"颜值"早已无法用"美丑"来评定。如果大家看综艺节目,会发现一个热词"观众缘"。有些人虽然相貌平平,但性格独特,也能收获大量粉丝,提升自己的商业价值。电商主播也是这样,如果没有太多才艺,长相也并不出众,可以从性格入手,打造讨喜的"人设",吸引粉丝,提升自己的商业价值。

3.社交能力

社交能力会直接影响电商主播的商业价值。对于电商主播来说,社交能力越强,拥有的社交价值就越多。评判电商主播社交能力的标准有很多,包括不怯场、会接话、能接梗、幽默风趣、可以迅速和粉丝打成一片等。例如,抖音每天都在产生话题,获得广泛的关注。抖音就是依靠强大的内容生产能力来丰富自己的社交资产,提升品牌价值。电商主播也应该如此,通过不断增强社交能力来拓展内容,提升自己的商业价值。

4.独特性

对于电商主播,独特性(也可以叫稀缺性)非常重要。新人主播要想提升自己的商业价值,必须具备一些独特性,用独特性吸引粉丝。所以,电商主播不仅要了解大众的敏感点、兴奋点与记忆点,解决受众的痛点,还要让受众获得超出预期的体验与惊喜。

如果电商主播上述4个指标都表现比较优异,但商业价值仍未体现出来,就需要用到"增维理论"。也就是具备多项才能,例如既会唱歌,又会跳舞,可以讲笑话又能活跃直播间气氛等。

(三)商家挑选主播的三大维度

商家在挑选主播时,要综合考虑匹配度、性价比和带货力三大维度,如表3-4所示。

表3-4　商家挑选主播的三大维度

维　度	注　意　事　项
匹配度	匹配度包括主播的风格调性与商家产品特性、企业文化等的契合度,还包括主播粉丝与商家目标用户的重合度。运营策划人员通过分析主播数据,前往主播直播间、粉丝群等了解实际情况,以免因为信息不对称选错主播
性价比	主播的带货能力与其合作费用一般成正比,盲目选择低价主播容易影响直播活动的效果。知名主播能力强,但不一定适合中小商家
带货力	带货力主要指主播的卖货能力,直播人气高并不代表主播的卖货能力强,想要在直播中促成交易,需要主播在直播内容、话术、粉丝互动等方面做好充分准备。因此,运营策划人员还应考察主播的带货力

二、选配主播助理

在直播电商团队中,直播助理相当于主播的助手,工作较为繁琐复杂,包括辅助主播直播、帮助主播处理文件与资料、帮助主播与商家及平台沟通等。一般头部主播的助理有很多直播间出镜的机会,主播暂时离开镜头时,他们会代替主播进行直播,长此以往,这类主播助理掌握了很多直播技能,甚至获得了一批自己的粉丝。

(一)主播助理的工作内容

主播助理的工作内容如表 3-5 所示。

表 3-5 主播助理的工作内容

阶 段	主 要 工 作
开播前	直播开播前,助理工作繁多,如了解合作商家的商品、品牌等,与直播团队成员确定优惠券发放方式及发放时间,进行直播测试,确认直播所需商品、道具等物品是否全部到场
开播期间	直播开播期间,助理要集中注意力,紧跟主播节奏发放优惠券,更新商品,做好产品体验员,认真回答直播间观众问题,补充主播遗漏的关键信息等
直播结束后	直播结束后,助理与团队共同做复盘总结,协助主播处理订单,准备下一场直播等

(二)主播助理应具备的四大技能

1. 宣传能力

主播助理需要具备强大的宣传能力,了解微信、微博、抖音等各类媒体的特性,并善用多种媒介渠道组合帮助主播进行推广,为主播树立良好形象。

2. 经纪能力

主播助理应该具备一定的经纪能力,能客观冷静评估直播内容的质量,深入了解主播的粉丝群体,能够判断商品是否符合其需求,有一定商业沟通能力,可以帮助主播与商家及平台进行谈判等。

3. 学习能力

用户需求与市场环境始终处于动态变化中,主播助理必须不断学习,能够快速了解直播商品的相关知识、行业特性及用户画像等。

4. 引流能力

主播助理需要掌握直播间引流的平台推荐机制及直播间运营技巧,熟悉平台直播规则,帮助主播快速高效地获取优质流量。

三、策划运营

策划运营的主要工作是直播内容策划,包括确定直播主题、匹配货品和利益点、规划直播时间段、获得商品及流量源、设置直播间人气互动软件、掌握平台新奇玩法等。具体包括以下工作。

(一) 活动要点分析

在策划电商直播活动时,直播团队应该充分考虑活动的最终目的,明确活动是想推销产品还是推广品牌,之后根据目的确定活动形式、宣传方式、渠道推广等后续工作。具体来看,活动要点分析过程如图 3-6 所示。

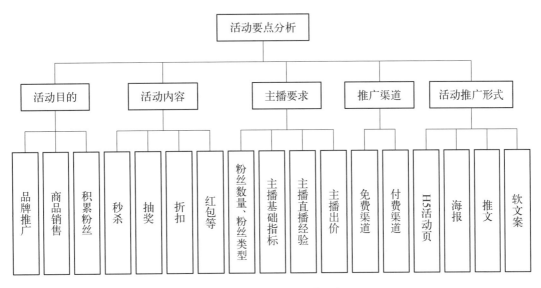

图 3-6　策划电商直播活动要点图示

(二) 策划和准备直播活动

1. 主播筛选

(1) 根据需求及投入经费,筛选匹配主播资源,主要参考指标有颜值、身高、直播经历、直播销售商品种类、各平台粉丝数、粉丝消费能力等。

(2) 可通过短视频、直播回放记录、视频面试等方式进行筛选。

2. 活动预热

活动预热是活动开始前的必要工作,其目的是增强用户记忆,防止用户忘记直播具体时间,同时吸引粉丝。预热推广以预约活动为主,用户可通过社交平台预热入口直接预约活动,这样当活动开始时,粉丝就能获得及时的提醒,前往观看直播。活动预热策划如图 3-7 所示。

3. 直播准备及流程设计

直播是一次性过程,具有不可逆性。因此,要做好直播准备及流程设计,以及人员安排,明确分工,特别是大型直播,一定要设计好直播过程和时间,主播按要求控制好时间,明确直播流程并熟悉所推荐的产品,以免"翻车",带给观众不好的观看体验。

(三) 实时跟进直播活动

直播团队要实时监控直播间状况,维护好直播间秩序。直播结束后安排相关人员及时跟进中奖者,确保用户获得良好的消费体验,直播团队实时跟进直播过程要求如表 3-6 所示。

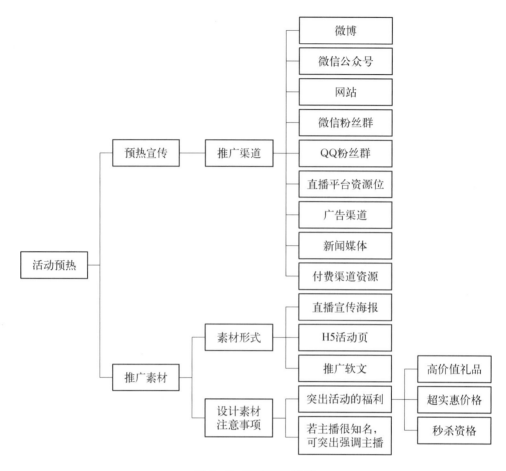

图 3-7　活动预热策划

表 3-6　直播团队实时跟进直播过程要求

跟进项目	分 项 目	注 意 事 项
实时跟进直播过程	跟进渠道	1. 直播开始后,做好直播分享,包括主播的粉丝群体、自身粉丝群等 2. 确保每个渠道可以正常进入直播间
	实时跟进直播间状况	1. 做好直播间维护,保持跟主播及时交流,带动粉丝活跃度 2. 如果主播在直播过程中节奏不对,可以通过问答等方式引导主播 3. 实时关注粉丝问题,协助主播解答粉丝问题
	活动结束后的粉丝维护	1. 及时公布中奖名单,并与中奖客户联系 2. 及时跟进活动的订单处理、奖品发放等,确保用户的消费体验 3. 做好粉丝维护,注意在直播中增加粉丝

（四）复盘直播活动

在直播活动结束后,复盘是最后一步,直播团队要思考的问题很多,例如,直播是否达到了预期效果,直播过程中出现了哪些问题,有哪些遗憾等,能极大改进直播策划,有助于下次直播的完美进行。复盘一般需要遵循三大流程：

（1）对直播过程进行梳理，跟进每位工作人员反馈的情况。

（2）统计并分析直播后台的详细数据。

（3）拟写总结报告，优化直播活动过程。

四、场控运营：优化直播间观看体验

在直播团队中，场控属于幕后工作人员，承担着活跃直播间气氛，加强粉丝互动，处理"黑粉"、恶性广告等工作，场控运营优化直播间观看体验注意事项如表3－7所示。

表3－7　场控运营优化直播间观看体验注意事项

场控人员工作	注 意 事 项
调节气氛	1. 配合主播节奏，避免因存在感过强，迫使主播中断直播 2. 引导粉丝进行话题讨论，注意正向引导，以免引发矛盾冲突
陪伴粉丝	1. 及时回复粉丝弹屏，避免粉丝失去互动积极性 2. 找出有代表性的弹屏回复，互动，让粉丝有被关心感 3. 对核心粉丝，要进场欢迎、离场欢送，及时提醒主播与之互动，延长核心粉丝生命周期
维持秩序	1. 观众矛盾的监督和有效处理，避免事态恶化 2. 利用直播间弹屏发恶性广告或商业广告的，会引起观众抵触，应予以封禁 3. 部分"黑粉"或恶意竞争对手会有失格行为，如辱骂主播和观众、挑起矛盾等，场控运营应果断将其踢出直播间
帮助主播提高直播能力	发现主播问题，及时反馈给主播

思政园地

"90后"小伙回乡创业当"新农人"直播带货农产品带领农民增收致富

大学毕业"杭漂"四年，在积累了一定的视频拍摄经验后，他决定返乡创业，成立农业公司，利用"直播＋短视频"模式尝试销售家乡的土特农产品。在拓宽当地农产品销售渠道的同时带领乡亲共同致富增收，他就是徐州市贾汪区现代农业产业园区的"90后"人大代表宋超。

返乡创业他做起了"带货"主播

"这是我们刚从树上摘下来的秋月梨，汁水丰富、果肉细腻，大家可以尝尝，买回家绝不后悔！""这是'煎饼姐'们纯手工摊制的杂粮煎饼，用玉米、花生、大豆、高粱、白玉干等研磨成糊状，在220度鏊子上纯手工摊制出直径70厘米的营养丰富的杂粮煎饼，如果大家有喜欢吃的，可以尝试一下……""这是自家晾晒的干辣椒，皮薄味浓，一斤香辣的干红辣椒够小家庭吃半年的，如果是无辣不欢的爱好者我们也有巨辣的，一斤吃不完我们也有半斤装的，欢迎大家下单品尝……"这些都是宋超通过他的抖音账号"小宋农产品严选"在直播卖货时候说的最朴实的语言。

挖掘当地农产品,带领农民共同增收致富

受市场影响,当地的大蒜、草莓、梨等农产品无论是价格还是销路都受到一定程度的冲击,为了帮助家乡农业产业加速复苏、扩增销路,宋超将选品范围聚焦到家乡的农产品上。他经常走访联系农户,以高于市场价格去收购农户的农产品,并雇佣农户参与到配货、分拣、发货的流程中。2021年5月,宋超注册了徐州市极客农人农业科技有限公司,他将经营理念定位为"还原家乡食材的味道",通过"直播+短视频"销售贾汪本地及周边区域的应季蔬菜。自从开启农产品直播带货,宋超卖过秋月梨、红帽蒜薹、苏翠梨、粉丝、辣椒、花椒、草莓、杂粮煎饼等,只要是家乡应季的农产品,宋超都会在抖音直播间销售。截至目前,宋超直播带货的总销售额达到了500多万元,共帮助一百多家农户平均每年增收6万元。宋超告诉记者,现在他每天除了要四处考察选品,还要直播4个小时以上,下播后又要马不停蹄地安排配货发货,经常要忙到深夜才能入睡。有人曾问过他:年轻人都去大城市闯,机遇多环境好,你反而回到农村,整天面朝黄土背朝天的,图个啥?宋超则骄傲地说:"作为新时代返乡创业青年,我这么做就是想让更多人知道徐州,了解家乡贾汪的农产品,为农民多打开一份销路,这很有意义,我要坚持走下去!"

创新思维把农产品推向更广阔市场

经过不断地摸索、尝试,宋超的直播团队逐渐壮大,设备也在不断升级,直播事业越来越红火。今年4月中旬,他将直播工作室搬到了田间地头,并建起了仓储式农产品直播基地。"从营销角度来说,让消费者真实看到食材的源头,能激活销量。我们要让生活在外地的徐州人品尝到家乡特产,让更多的家庭知道徐州的优质农产品。"宋超用新思维、新理念和新方法让传统农业插上数字翅膀,把农产品推向更为广阔的市场。

今年,宋超被选为贾汪区第十三届人大代表,身上多了一重新的身份,对宋超来说更是多了一份责任。他说:"作为一名人大代表,人民选择了我就是对我的信任。带领大家过好日子,是我的使命,也是我的光荣,更是我的责任!"谈起今后的打算,宋超表示,他将带动更多农户参与农村电商生态上来,将本地农产品打造出统一品牌推广。

思考:针对宋超乡村振兴直播带货案例,思考如何为宋超组建一个优秀直播团队,并策划一场直播?

任务三　主播人设打造

"你好,大主播"融媒体主播大赛是某广播电视台打造的声音主播选拔赛事,面向社会不同群体,鼓励声音创新,探索声音艺术新形态,发掘新型主播和新型声音IP,覆盖全国主要高校、广播电视媒体和音频类社交平台。2021年首次举办以来,已成为初具影响力的全国性声音类赛事品牌。赛事顺应融媒体时代对主播群体的新要求,关注声音类节目的创新趋势,提出"让声音潮起来"的口号,希望以"年轻感"打造更能服务当下社会文化消费需求的赛事品牌。为丰富赛事类别,拓宽声音IP的探索边界,赛事进一步放宽门槛,分别开设了主持人组和播客组,并设定不同的评选标准,鼓励更多拥有特定专长但并非播音主持专业的声音爱好者参赛。播客组不以发音规范、不以接受过专业训练作为考核标准,更关注节目内容和形式的创新性,鼓励如博物、历史、文旅、娱乐、心理、健康和生活美学等新兴文化消费领域的播客从业者参赛;同时将声音表演艺术类纳入其中,鼓励和声音相关的相声、脱口秀、即兴戏剧、广播剧、有声书、配音、模仿秀以及阿卡贝拉等声音表演艺术爱好者参赛。为给选手提供专业的培训机会,同时提升赛事的专业化水平,让赛事更具观赏性,本届赛事引入了导师制。来自大学播音主持艺术专业的专家学者、金话筒奖获得者,知名小说演播人、配音演员、相声演员、纪录片语言指导、总编辑、节目总监、脱口秀演员、电视台主持人、主播孵化基地负责人等12位业界导师全程参与,推动赛事顺利进行。为最大程度转化赛事成果,赛事不但为获奖选手提供签约机会、颁发奖项,还导入孵化机制。通过平台签约、专项资金孵化和推广支持等方式,鼓励优秀播客创业,实现赛事成果的可持续转化。

刘小艺看到以上主播信息,发现主播从非专业向专业化发展,很想自己也成为一名主播,请问她应该在哪些方面努力呢?应具备哪些知识、技能和素养呢?

 **知识准备**

随着电商行业的不断发展,现在的直播电商的重点是重构人、货、场。这里的人是指流量核心"网红"主播,他们通过向粉丝输出专业内容实现粉丝经济变现。消费者的购买方式由按需主动搜索商品转变为接受主播推荐商品,在与主播快乐互动的同时不自觉地提升了消费体验。

一、主播的类型与特质

以主播的主体划分,主播的类型与特质可以划分为商家自播(电商+直播:有自己店铺)和网红达人自播(直播+电商:有自己的粉丝群)。

商家自播以购物平台为主,主播多为店铺品牌自有员工,员工隶属于店铺。商家自播的优势是主播相对于网红成本低,直播场次多,例如淘宝优质直播店铺平均每天直播时长超过8小时;劣势是仅能获取店铺流量进店,流量入口窄,由于考核机制和网红的机制不一样,所以专业度较低,带货范围也仅限于自己品牌店铺商品,选品渠道少。

达人主播多为个体或是MCN公司,不属于带货品牌方,因而成本较高,和网红达人签订合作协议,一般先付"坑位费",再付高比例佣金,而且直播时长有限,例如某网红达人一场直播通常是4小时,同时带20多种单品,每个单品直播时长不超过10分钟。优势是网红达人自身有粉丝可以引流到直播间,同时也可以通过购买流量的方式引流到直播间,流量渠道宽,相对于传统电商每次点击付费(Cost Per Click,CPC)引流成本要低很多,网红达人主播直播有很强的专业性和优秀的幕后操作团队,可以根据粉丝特性和当下市场需求进行主动选品,常看到某主播单场带货破千万,就是主播+运营+选品三者结合的结果。

(一) 主播的"马太效应"

直播行业的马太效应非常明显,在粉丝数量、场均观看人数、整体成交额方面,头部主播与肩部主播差异巨大,与腰尾部主播差异更甚。主播统计数据显示,整体主播行业中,肩部主播较少,粉丝大于500万人的头部主播每场平均观看人数可达到248万人,远远高于腰部主播,ROI(投资回报率)能到1.8～3,顶流主播在曝光和短期促成交易上遥遥领先,往往议价能力更强(商品的出售价格和分佣协议)。头部主播和腰部主播数据对比如表3-8所示。

表3-8 头部主播和腰部主播数据对比表

	头 部 主 播	腰 部 主 播
场均观看人数	248万人	28万人
ROI	1.8～3	0.5～1.3
优势对比	雄厚流量基础 极强曝光能力 较高佣金抽成 较强议价能力 适合品牌与爆款的曝光	垂直领域的专业性与影响力 同等成本换取更多面的消费覆盖 议价能力中等 适合持久渗透的中等目标群体
行业排名前20%的数据	拥有直播市场80%的销售份额 拥有75%的流量份额	数据不确定

1. 头部主播发展路径

头部主播要跳出现有平台,参与更多活动,获取更高的知名度与社会影响力反哺平台,如参加综艺节目,吸引新客户关注自己,同时也与平台共同进步。

还可考虑利用圈层效应,围绕头部主播形成红人矩阵,以私人关系或MCN为纽带共同发展,也可以用数据算法,研究是否带团队与顶流主播合作等。

2. 腰部主播发展路径

腰部主播需利用好平台的扶植红利、平台流量包、任务激励、推荐位支持、现金补贴等政策,多参与平台活动,通过活动获取流量曝光度,积累自己的粉丝和直播间的权重。

(二) 主播的特质

不管在什么行业、做什么工作,想要获得成功,成为专业人士,都要培养各种能力。很多人认为直播就是在摄像头面前和用户聊天,这是大错特错的。想要成为一名专业的主播,就应该培育各方面的能力,如专业能力、语言能力、幽默技巧、应对提问的能力、心理素质等。

1. 专业能力

(1) 专精一行。俗话说,三百六十行,行行出状元,主播应拥有一门最为擅长的技能,商品的类目很多,可以专做一个类目的一类商品,如某主播对化妆品中的口红很熟悉,于是专做口红。

(2) 言之有物。一个主播要想得到用户的认可和追随,就必须有清晰且明确的三观,这样说出来的话才会让用户信服。主播应树立正确的价值观,不空谈,不虚伪,掌握相应的语言技巧,如用语亲切、通俗易懂等,有自己的专属观点,才能言之有物。

(3) 挖掘痛点。主播应聚焦用户的痛点、痒点,在直播过程中寻找用户最关心的问题和感兴趣的点,从而更有针对性地为用户带来有价值的内容。

2.语言能力

(1)注意思考。与粉丝互动,一定要三思而后行,切记不要太过鲁莽,口无遮拦。

(2)选择时机。把握好用户的心理状态,适时推销观点和产品。

(3)懂得倾听。懂得倾听是一个人最美好的品质之一,与粉丝聊天时要用心聆听,以客户为中心,了解用户关心什么,想讨论什么话题。

(4)理性对待。直播中爱挑刺、负能量爆棚、喜欢怨天尤人的粉丝最考验主播的语言能力,需要理性对待。

3.幽默技巧

(1)收集素材。幽默是一种艺术,艺术来源于生活而高于生活,主播应收集喜剧、幽默素材中的精华,培养自己的幽默感,结合自己话术,生动有趣地讲故事讲产品,提高客户体验。

(2)抓住矛盾。遵循法律法规公序良俗等基本原则,引导用户,提供高质量的直播内容。

(3)幽默段子。"段子"原来是相声表演中的专业术语。随着时代的变化,它的含义不断拓展,有"冷段子""幽默段子"等。幽默段子是吸引用户注意的绝佳方法。

(4)自我嘲讽。讽刺是幽默的一种形式,相声就是一种讽刺与幽默结合的艺术,讽刺和幽默是分不开的,要学得幽默,就得学会巧妙地讽刺,比如,自我嘲讽能让粉丝开心,又不会攻击到其他人,因为粉丝不是亲密的朋友,如果对其进行讽刺或吐槽,很容易引起他们的反感和愤怒,所以,很多著名的主持人或主播为了获得节目效果,经常进行自我嘲讽,改变自己在观众心目中的刻板印象,人物生动,平实起来,更接地气,与观众打成一片。

4.应对提问

(1)充分准备相关问题的回答。有准备才能应对自如。

(2)回答热点问题客观中立。很多主播会借热点事件来吸引用户观看,粉丝会非常想知道主播对热点问题的看法,切忌为快速吸粉随意评价热点问题,或做出三观不正的回答,带来负面影响,不仅会导致大批粉丝流失,还会影响新粉丝进入。客观公正,尊重事实的评价才能形成自己的独有风格,凭借正能量,长期吸引粉丝。

5.心理素质

(1)随机应变。平稳心态,灵活应对各种突发事件。

(2)冷静处理。突发事件不可避免,稳住心态,冷静处理。

二、电商直播人员职业道德与职业素养

随着电子商务技术的不断发展,近年来"直播带货"已经成为商贸流通企业必不可少的线上零售交易模式,网络直播带货成为企业线上店铺的主要运营方式。直播带货呈现出极强的爆发性,电商直播运营模式已经创造了一个万亿元级的新市场。各地政府纷纷推出电商直播经济发展的扶持政策,呈现出人人做主播,人人能带货,人人都是电商直播的消费者及推介者的全民热潮。一边是电商直播在推动消费、促进直播经济发展中的作用日益凸显,一边是相关人才培养规模严重滞后。为满足市场的需求量,多地将培养和孵化直播人才纳入系统规划,争相布局直播电商人才培养模式,加大对电商直播人才的短期培养,教育职能

部门为高职院校设计相关专业课程提供了积极帮助,为校企合作提供了更有力的支持。从电商直播发展的速度与规模来看,目前对相关人才的培养难以满足需求缺口。

受人社部委托,中国就业培训技术指导中心发布了《关于对拟发布新职业信息进行公示的公告》,新增 10 个新职业。其中,在"互联网营销师"职业下增设"直播销售员"工种。直播销售员即电商直播主播,需要具有场控管理能力、招商能力、互动能力、带货能力、官方活动运营能力等。对求职意向者而言,只有找准定位并有针对性地提升自己的能力素质,才能在日新月异的行业中获得生存空间。巨大的人才缺口造成目前的直播人才培训市场相对混乱。

《视频直播购物运营和服务基本规范》作为首部全国性电商直播标准正式发布执行,该标准对行业术语和定义、"带货"产品的商品质量、直播场景软硬件要求、网络主播的行为规范、MCN 机构的服务规范、行业企业的经营管理、内容发布平台合规性、产业孵化器和培训机构的准入条件、行业诚信体系建设、监管部门的监督管理等做出规范性要求,为直播购物行业设门槛、画底线、树标准、立规范。"直播带货"进入"监管时代",迎来标准化发展。优质的人才储备,是数字经济新业态健康、有序、持续发展的前提。

为进一步规范网络主播从业行为,加强职业道德建设,促进行业健康有序发展,国家广播电视总局、文化和旅游部共同制定了《网络主播行为规范》,对网络主播行为提出规范要求。

 知识链接

网络主播行为规范

网络主播在传播科学文化知识、丰富精神文化生活、促进经济社会发展等方面,肩负重要职责、发挥重要作用。为进一步加强网络主播职业道德建设,规范从业行为,强化社会责任,树立良好形象,共同营造积极向上、健康有序、和谐清朗的网络空间,制定本行为规范。

第一条　通过互联网提供网络表演、视听节目服务的主播人员,包括在网络平台直播、与用户进行实时交流互动、以上传音视频节目形式发声出镜的人员,应当遵照本行为规范。利用人工智能技术合成的虚拟主播及内容,参照本行为规范。

第二条　网络主播应当自觉遵守《中华人民共和国宪法》和法律法规规范,维护国家利益、公共利益和他人合法权益,自觉履行社会责任,自觉接受行业主管部门监管和社会监督。

第三条　网络主播应当遵守网络实名制注册账号的有关规定,配合平台提供真实有效的身份信息进行实名注册并规范使用账号名称。

第四条　网络主播应当坚持正确政治方向、舆论导向和价值取向,树立正确的世界观、人生观、价值观,积极践行社会主义核心价值观,崇尚社会公德、恪守职业道德、修养个人品德。

第五条　网络主播应当坚持以人民为中心的创作导向,传播的网络表演、视听节目内容应当反映时代新气象、讴歌人民新创造,弘扬中华优秀传统文化,传播正能量,展现真善美,满足人民群众美好生活新需要。

第六条　网络主播应当坚持健康的格调品位,自觉摒弃低俗、庸俗、媚俗等低级趣味,自

觉反对流量至上、畸形审美、"饭圈"乱象、拜金主义等不良现象,自觉抵制违反法律法规、有损网络文明、有悖网络道德、有害网络和谐的行为。

第七条　网络主播应当引导用户文明互动、理性表达、合理消费,共建文明健康的网络表演、网络视听生态环境。

第八条　网络主播应当保持良好声屏形象,表演、服饰、妆容、语言、行为、肢体动作及画面展示等要文明得体,符合大众审美情趣和欣赏习惯。

第九条　网络主播应当尊重公民和法人的名誉权、荣誉权,尊重个人隐私权、肖像权,尊重和保护未成年人、老年人、残疾人的合法权益。

第十条　网络主播应当遵守知识产权相关法律法规,自觉尊重他人知识产权。

第十一条　网络主播应当如实申报收入,依法履行纳税义务。

第十二条　网络主播应当按照规范写法和标准含义使用国家通用语言文字,增强语言文化素养,自觉遏阻庸俗暴戾网络语言传播,共建健康文明的网络语言环境。

第十三条　网络主播应当自觉加强学习,掌握从事主播工作所必需的知识和技能。

对于需要较高专业水平(如医疗卫生、财经金融、法律、教育)的直播内容,主播应取得相应执业资质,并向直播平台进行执业资质报备,直播平台应对主播进行资质审核及备案。

第十四条　网络主播在提供网络表演及视听节目服务过程中不得出现下列行为:

1. 发布违反宪法所确定的基本原则及违反国家法律法规的内容;

2. 发布颠覆国家政权,危害国家统一、主权和领土完整,危害国家安全,泄露国家秘密,损害国家尊严、荣誉和利益的内容;

3. 发布削弱、歪曲、否定中国共产党的领导、社会主义制度和改革开放的内容;

4. 发布诋毁民族优秀文化传统,煽动民族仇恨、民族歧视,歪曲民族历史或者民族历史人物,伤害民族感情、破坏民族团结,或者侵害民族风俗、习惯的内容;

5. 违反国家宗教政策,在非宗教场所开展宗教活动,宣扬宗教极端主义、邪教等内容;

6. 恶搞、诋毁、歪曲或者以不当方式展现中华优秀传统文化、革命文化、社会主义先进文化;

7. 恶搞、歪曲、丑化、亵渎、否定英雄烈士和模范人物的事迹和精神;

8. 使用换脸等深度伪造技术对党和国家领导人、英雄烈士、党史、历史等进行伪造、篡改;

9. 损害人民军队、警察、法官等特定职业、群体的公众形象;

10. 宣扬基于种族、国籍、地域、性别、职业、身心缺陷等理由的歧视;

11. 宣扬淫秽、赌博、吸毒,渲染暴力、血腥、恐怖,传销、诈骗,教唆犯罪或者传授犯罪方法,暴露侦查手段,展示枪支、管制刀具;

12. 编造、故意传播虚假恐怖信息、虚假险情、疫情、灾情、警情,扰乱社会治安和公共秩序,破坏社会稳定;

13. 展现过度的惊悚恐怖、生理痛苦、精神歇斯底里,造成强烈感官、精神刺激并可致人身心不适的画面、台词、音乐及音效等;

14. 侮辱、诽谤他人或者散布他人隐私,侵害他人合法权益;

15. 未经授权使用他人拥有著作权的作品;

16. 对社会热点和敏感问题进行炒作或者蓄意制造舆论"热点";

17. 炒作绯闻、丑闻、劣迹,传播格调低下的内容,宣扬违背社会主义核心价值观、违反公序良俗的内容;

18. 服饰妆容、语言行为、直播间布景等展现带有性暗示、性挑逗的内容;

19. 介绍或者展示自杀、自残、暴力血腥、高危动作和其他易引发未成年人模仿的危险行为,表现吸烟、酗酒等诱导未成年人不良嗜好的内容;

20. 利用未成年人或未成年人角色进行非广告类的商业宣传、表演或作为噱头获取商业或不正当利益,指引错误价值观、人生观和道德观的内容;

21. 宣扬封建迷信文化习俗和思想、违反科学常识等内容;

22. 破坏生态环境,展示虐待动物,捕杀、食用国家保护类动物等内容;

23. 铺张浪费粮食,展示假吃、催吐、暴饮暴食等,或其他易造成不良饮食消费、食物浪费示范的内容;

24. 引导用户低俗互动,组织煽动粉丝互撕谩骂、拉踩引战、造谣攻击,实施网络暴力;

25. 营销假冒伪劣、侵犯知识产权或不符合保障人身、财产安全要求的商品,虚构或者篡改交易、关注度、浏览量、点赞量等数据流量造假;

26. 夸张宣传误导消费者,通过虚假承诺诱骗消费者,使用绝对化用语,未经许可直播销售专营、专卖物品等违反广告相关法律法规的;

27. 通过"弹幕"、直播间名称、公告、语音等传播虚假、骚扰广告;

28. 通过有组织炒作、雇佣水军刷礼物、宣传"刷礼物抽奖"等手段,暗示、诱惑、鼓励用户大额"打赏",引诱未成年用户"打赏"或以虚假身份信息"打赏";

29. 在涉及国家安全、公共安全,影响社会正常生产、生活秩序,影响他人正常生活、侵犯他人隐私等场所和其他法律法规禁止的场所拍摄或播出;

30. 展示或炒作大量奢侈品、珠宝、纸币等资产,展示无节制奢靡生活,贬低低收入群体的炫富行为;

31. 法律法规禁止的以及其他对网络表演、网络视听生态造成不良影响的行为。

第十五条　各级文化和旅游行政部门、广播电视行政部门要坚持以习近平新时代中国特色社会主义思想为指导,加强对网络表演、网络视听平台和经纪机构以及网络主播的监督管理,切实压紧压实主管主办责任和主体责任。发现网络主播违规行为,及时责成相关网络表演、网络视听平台予以处理。网络表演、网络视听平台和经纪机构规范网络主播情况及网络主播规范从业情况,纳入文化和旅游行政部门、广播电视行政部门许可管理、日常管理、安全检查、节目上线管理考察范围。

第十六条　各级文化和旅游行政部门、广播电视行政部门、文化市场综合执法机构要进一步加强对网络表演、网络视听平台和经纪机构的执法巡查,依法查处提供违法违规内容的网络表演和网络视听平台,并督促平台和经纪机构及时处置违法违规内容及相关网络主播。

第十七条　网络表演、网络视听平台和经纪机构要严格履行法定职责义务,落实主体责任。根据本行为规范,加强对网络主播的教育培训、日常管理和规范引导。建立健全网络主播入驻、培训、日常管理、业务评分档案和"红黄牌"管理等内部制度规范。对向上向善、模范遵守行为规范的网络主播进行正向激励;对出现违规行为的网络主播,要强化警示和约束;对问题性质严重、多次出现问题且屡教不改的网络主播,应当封禁账号,将相关网络主播纳入"黑名单"或"警示名单",不允许以更换账号或更换平台等形式再度开播。对构成犯罪的网络主播,依法追究刑事责任。对违法失德艺人不得提供公开进行文艺表演、发声出镜机会,防止转移阵地复出。网络表演、网络视听经纪机构要加强对网络主播的管理和约束,依法合规提供经纪服务,维护网络主播合法权益。

第十八条　各有关行业协会要加强引导,根据本行为规范,建立健全网络主播信用评价体系,进一步完善行业规范和自律公约,探索建立平台与主播约束关系机制,积极开展道德评议,强化培训引导服务,维护良好网络生态,促进行业规范发展。对违法违规、失德失范、造成恶劣社会影响的网络主播要定期公布,引导各平台联合抵制、严肃惩戒。

三、主播人设打造步骤

(一) 主播 IP 设计与打造

1. 主播 IP 的概念

主播 IP 是一个比较抽象的概念,也可以称为个人 IP,是直播带货的基础,没有主播 IP,直播带货就如同无源之水,很难持续发展下去。在直播电商时代打造个人 IP 已经成为一种共识,无论淘宝、京东、抖音、快手、腾讯还是其他的直播平台,主播均需打造自己独具特色的个人 IP,个人 IP 其实就是打造一个人设,主动给自己贴上符合自己属性的主、辅标签,通过积累主播与粉丝之间的交流频次与时长,进而产生一种"朋友"关系,增加信任感以消除观众对商品质量、售后的担忧,从而促使观众在最短的时间内购买产品,所以了解主播 IP 知识并掌握如何设计和打造主播 IP 的路径就成为直播带货的关键之一。

2. 主播 IP 的设计

设计主播 IP,从直播经验中总结出的方法为"1+2+1"。

(1)"1"是指印刻效应,是指主播第一形象有效进入用户心智时,用户为主播进行了很难逆转的贴标签行为,即第一印象形成,也就是说主播在开播前就应该有完整明确的 IP 定位,一旦定位出现问题想要更正就很难。心理学上有个真实案例:有一对恋人小西和明朗,小西大学时是个 160 斤的女孩,也不懂打扮自己。现在工作了,虽然瘦下来了,但大学生时到现在的男友明朗还是印象中不时出现原来的小西,这就是日常在身边事情中遇到的第一形象产生的长期效果。

(2)"2"是指价值性和差异化,是指主播 IP 定位的特性,主播的 IP 定位要具有价值和差异化的特征。价值性是指可以为用户提供什么。提供的产品或者服务可以帮助用户解决什么问题。价值性的衡量需要用户思维,因为用户的痛点和需求点才是价值性确立的依据。差异化是指与提供相同服务或产品的主播的区别,需要充分研究竞争者的情况,在主播 IP 设计中应做到"你无我有,你有我优,你优我特"的差异化 IP 定位。

(3) 最后一个"1"是个组合,叫"STPDBE",是由营销理论的市场细分、目标市场、市场定位、用户需求、购买属性及盈利性组合而成。STP 是选择主播 IP 定位的路径,DBE 是反检主播 IP 定位是否合适的三个要素。

STP 是做好市场细分,把大领域细分为 N 个小的品类,比如把服装分为男装、女装、童装三个类目,女装还可以分为裙装、休闲装、运动装、晚礼服、职业装等更小的类目,将市场细分为品类最小的单元;再分析目标市场,从 N 个小品类中选择适合自己的类目作为自己的产品定位,目标市场的最终目标是找到符合主播的产品品类最小单位;市场定位是指根据潜在用户群的特征为已经选择的产品类目加上描述性定语,如"158 cm 的女孩这样搭衣服,更显高挑好身材"。

DBE 就是分析用户真正的需求,用户购买产品的可能性和痛点痒点,以及产品如何盈利等。

解决了以上"1+2+1",就能设计出真正有市场的主播 IP。

(二)主播 IP 设计的具体路径与方式

1. 分析主播自身特性

观察气质、挖掘能力、顺应兴趣,每个人都有自己的特性,直播主播 IP 的设计不是创造而是挖掘,并进行放大和包装。

2. 盘点周围资源

分析完主播自身特性后,可以确定适合主播带货的方向,比如某位主播,护肤美妆和服装都符合她的特性,整合周围资源,发现有符合的服装产品供应链资源,就初步定在服装类目。

3. 用户画像分析

用户画像是指根据用户的基础特征、社会特征、偏好特征、购买特征等信息,形成无数个标签化的用户描述,如图 3-8 所示。

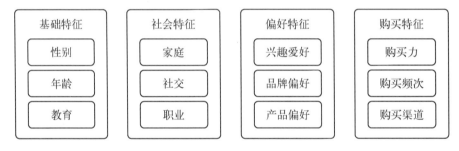

图 3-8 用户特征分析

做出用户画像后,可以参考画像做出主播差异化的定位,例如,通过分析主播自身特性得出可以带货食品、日用品、文具等品类,盘点资源发现企业拥有合适的食品供应链,针对主播特性能触及的人群是学生的用户画像,可以选择食品类目下的与用户画像相关的类目做差异化定位,定位主播为"课间美味一刻,有我相伴"的 IP 人设。

(三)主播 IP 人设的打造

当主播 IP 设计完成后,如何把 IP 内容多维度地传递给用户并让对方认可? 这就需要主播或团队在各种渠道宣发自己的 IP 内容,将受众在体验其产品或服务后给予的评价总量形成影响力,需要两大环节"宣发和反定位",以主动展示主播 IP,让用户记住并作为谈资。宣发自己贴好的 IP 人设标签属于"自嗨"阶段,只有用户在体验过产品或服务后,有了一定的认知,与主播 IP 宣发对比一致,主播 IP 设定才有价值,粉丝量才会有从 0 到 1 的积累,这一定不是短时间能形成的,是长期努力的过程,但是成功后粉丝将呈指数级增加。

1. 宣发的五大基础模块

(1)价值定位。价值定位是指可以为用户提供哪些有帮助的产品或服务,即一句话描述自己是做什么的,能为对方带来什么价值,如"15 天让你成为直播电商行业专家"。

（2）产品定位。产品定位是指通过什么产品为用户带来价值。如上例，关联的是直播课程。

（3）内在定位。可以理解为人设，是指通过人设控制主播留给观众的印象，从而影响观众对主播的评价和行为。比如作为直播电商培训课程的企业老师人设应该是博学、身经百战、能言善道、干练、拥有激情、意志坚定等。

（4）形象定位。形象定位是指穿着、妆容和行为动作，观众对主播的第一印象大部分来自视觉，形象定位决定了观众看到你的第一眼是否有好感，比如教师在授课中穿着应是得体的，不能穿拖鞋、背心或短裤等不符合场合和形象定位的服装，更不能蓬头垢面，另外对站姿、坐姿、手势和表情需要进行管理，如授课过程中手势保持胯部以上更显得有精神，也不宜长时间以背部面对观众。

（5）环境定位。环境定位是指主播定位适合的环境，比如作为企业老师出现在企业、图书馆、校园、高峰论坛、研讨会、咖啡厅等较为符合逻辑，假如出现在酒吧，虽然可以理解，但与老师形象不符，不符合公序良俗或普遍习惯。

2. 宣发的六大方式

宣发还需要找到与用户的接触点，就是以什么方式把 IP 内容呈现给用户，需要把宣发的五大基础模块内容转化为"昵称、核心定位标签、IP 形象、IP 主张、IP 故事、自我介绍"六大接触方式的内容。

（1）昵称。主播叫什么，希望用户如何称呼自己。需要满足有特点、不太长、易记忆、人如其名等要求。

（2）核心定位标签。是指宣发的五大基础模块中的价值定位，如"课间美味一刻，有我相伴""早晚一杯好奶，给孩子健康多一点保障""15 天让你成为直播电商行业专家"。

（3）IP 形象。是指穿着、妆容、行为、人设及环境定位的综合呈现，即主播在直播间时的直播间风格、个人装扮和行为。

（4）IP 主张。指主播坚持的一个原则，包含内在定位的内核，是差异化 IP 设计的体现，比如倡导卖原切牛排，抵制含有添加剂的合成牛排等。

（5）IP 故事。指主播讲出自己做这件事的理由、支撑点和共鸣点，一个好的故事可以快速赢得用户的认可和信任，可以达到自传播的效果。

（6）自我介绍。是"昵称、核心定位标签、IP 形象、IP 主张、IP 故事、自我介绍"六大接触方式的内容集合，也是直播开场阶段主播主要展现的内容，每个直播平台的账户都需要设置头像、昵称、个性签名、背景墙及发布动态等，两者对应结合最大程度曝光主播 IP 内容，方便用户自主搜索账号了解主播的详尽 IP 信息。

另外，还需要常态化内容输出，动态的内容输出，穿插在直播各个环节作为与粉丝互动的内容，如和粉丝聊聊最近工作、生活和学习中发生的有意义和有 IP 宣发意义的事件，这些素材也可以出现在朋友圈中。丰富的常态化稳定输出，可以帮助主播打造一个鲜活的人设，服务于 IP 打造。一般每天 1～3 条，内容质量和类型要尽量保持一致。宣发还要遵循四个原则：持续性、稳定性、预期内、多渠道。

3. 其他

（1）形象管理与设计。包括主播颜值力、妆容、发型、手部护理、穿着、配饰；主播表演力，直播中展现分寸感、幽默感、信念感、节奏感、形象感、真实感，以及面部表情和肢体动作，如站姿、坐姿、手势等。

（2）表达管理和设计。包括主播的表达力和表达技巧。

（3）产品理解力。包括业务、研发、客户、竞品（替代品）、行业角度。

（4）用户心理与主播策略。包括消费心理、互动技巧、吸粉策略等。

社区直播怎么玩？宁波 20 余位社区主播走进"人人主播"直播间

这几年，直播带货越来越火。现在，宁波很多社区跟着玩起了直播，社工直播带岗，主播推荐周边"网红"打卡点。今年 3 月 30 日，甬派"社区主播"上线，他们定期和派粉们分享身边的小美好。社区直播怎么玩？如何"出圈"？

在江丰社区的友邻生活馆，藏着一个直播间。"人人主播"项目上线两年以来，目前已培养了 30 名主播，甚至有周边商铺慕名找上门。"我们叫'人人主播'，因为人人都是新时代麦克风，人人都是时代主旋律的传播者。"活动现场，江丰社区党总支书记陈霞带着主播们参观直播阵地。直播间面积并不大，简单的直播设备，墙上一张张照片记录着项目的发展历程。

"我们有 9 个共享花园，总面积超过上千平方米，一直以来我们想利用共享花园做一个花园直播间。陈婆渡是拆迁安置小区，以退休老人居多，该怎么调动他们的积极性参与到直播项目中来？"鄞州区首南街道陈婆渡社区工作人员王倩雯率先抛出问题。

陈婆渡小区建成已有 17 年，自 2019 年开始，社区调动居民积极性，打造"共享花园"，目前已经有 9 个。每个共享花园都有自己的主理人，从浇水到剪枝，从施肥到除虫，每个主理人都亲力亲为。一个个小小共享花园，不仅让社区美了，也让共建共治共享有了新动能。

"我觉得，我们可以联手合作，资源共享，我们的主播可以去你们的花园直播间。""花园直播间"的概念，让陈霞眼前一亮。直播间从室内走向室外，或许有更好的直播效果。她认为，社区老年人较多，开展直播不太现实。可以由社工搭档主理人的方式来直播，直播内容可以是带着网友逛一逛家门口的共享花园，分享种花养花经验，还可以"直播卖花"。

海曙区集士港镇井亭社区三个月前上线了"井趣共富工坊"抖音号，主要展示文创产品和非遗手工艺品的制作，通过嫁接非遗文化，让手工编织焕发生机，助力地方文化传播。"我们目前主要碰到了两大难题，一是找不到主播，因为我们是老年型社区，老年人不懂直播，年轻人又没有时间；第二个是粉丝增长速度缓慢，直播观看量很有限。"井亭社区工作人员闻丹琴最近正在为直播的事头疼。

据悉，井亭社区的共富工坊集合了 25 名井艺巧娘，平均年龄 65 岁，会编织各类蔺草扇子、凉帽、毛线摆件和挂件等手作。原先，社区上线"井趣共富工坊"抖音号是为了直播带货促进非遗产品的销售，没想到 3 个月下来粉丝数寥寥。

"大家不要盲目跟风，要先想一想社区是不是要走直播这条路。要直播，就要选好赛道，播什么，由谁来播，怎么播。"陈霞觉得，直播看起来很美，但实际操作起来会面临各种各样的挑战。

思考： 1. 如何理解"我们叫'人人主播'，因为人人都是新时代麦克风，人人都是时代主旋律的传播者"？

2. 结合所学知识思考如何为社区打造优秀主播？

任务四　直播助理培养

导入案例

　　淘宝直播作为流量渠道,2019 年双 11 开场 1 小时 03 分,直播引导的成交量就超 2018 双 11 全天;8 小时 55 分,淘宝直播引导成交额已破 100 亿元,全天成交 200 亿元,超过 10 个直播间引导成交过亿元,超过 50% 的品牌商家通过直播取得新增长。淘宝直播在 2019 年发布"村播"计划,"村播"计划主要是与全国各农产品集中地合作,为 100 个县精心培育 1 000 名农民网红主播,建立县域主播体系,带动脱贫,阿里巴巴在北京举行"2019 脱贫攻坚公益直播盛典",来自全国 14 个贫困县的干部在现场直播,并与淘宝网的主持人网红一起介绍家乡特色农产品。三个多小时的直播带动贫困县农产品销售超 10 万件,销售额超 300 万元,平均每分钟卖出农产品超 16 000 元。消费者看到的是"好的产品+有趣的县长直播+帮助贫困地区脱贫",这自然比去超市直接购买农副产品有趣也有意义得多。

　　刘小艺看到以上直播业信息,很想成为一名主播,而要成为主播需先做好主播助理的工作,请问她应该从哪些方面努力呢? 应具备哪些知识、技能和素养呢?

知识准备

　　捧哏,是相声中的一个术语,在相声中,有逗哏和捧哏,捧哏所担当的是配角,即在逗哏完成一段表演后,捧哏给予评论或台阶,以便让逗哏继续下一段表演。在直播中,逗哏就是指主播,捧哏指直播助理。

一、直播助理的类型

　　直播助理也称为助播,是一个综合工作的统称,既要求具备主播的能力又要负责很多与运营相关的事宜,就如直播画面中看到的一样,永远是一半的身体在屏幕内,一半在屏幕外。一名合格的直播助理一般身兼数职。

　　(一) 直播场控

　　直播助理需要统筹直播开始后直播间线下的相关事宜,还需要管理线上直播间粉丝留言、抽奖并配合主播调动直播氛围等。

　　(二) 商务对接

　　直播助理需要对接一些产品供应商或品牌商进行商务谈判,比如需要找到一些可以盈利的产品或具有品牌背书的产品等。

　　(三) 后台操作

　　直播助理需要在直播前及直播中完成开播、产品上架、产品下架及下播等操作。

　　(四) 主播补位

　　直播助理需要在主播离开直播间时或不适时接替承担直播任务,避免直播空场,如服装类主播去换衣服时、主播长久说话嗓子哑时、主播有事需离开时等。

（五）气氛成员

直播间观众的情绪与整体的氛围是主播与直播助理状态的映射，作为捧哏和逗哏的角色出现在直播间，直播助理应在语言表达与肢体表情上，首先做到不抢主播的话，其次还需要以积极的状态、抑扬顿挫的表达、合适的肢体语言配合主播调动直播间的氛围。

（六）复盘人员

直播结束，直播助理一般需要协助主播或运营负责人对直播环节及各项数据进行复盘并组织讨论来解决问题。

（七）选品人员

直播前直播助理需要配合主播及选品师完成直播选品工作，清晰地了解与认可每一款选出的产品，这是完成直播带货的关键。

（八）策划人员

直播策划是直播助理需要参与的一项重要工作，其中产品与活动的方案是重点，当然这些工作不一定需要直播助理亲自完成，但是需要直播助理提出自己有价值的建议，并督促团队对直播策划进行不断的优化。

从整体上来看，直播助理的存在不仅使单调的个人直播变成了有互动交流的双人直播，而且让直播内容更加丰富、有趣、有说服力，还能给观众一种在屏幕外的参与感。

二、直播助理的培养

鉴于直播助理的工作综合性强，能力也强，一般先从以下几个基本工作开始培养。

（一）产品摆放

直播开始前，直播助理会根据运营提供的直播间策划卡，把里面的商品有序摆放，以便主播根据播报顺序找到相应商品。

（二）直播提示

在直播过程中，用提示板提醒主播某些忘记环节，如抽奖、商品信息点。

（三）抽奖配合

在直播过程中，配合主播抽奖，如传达中奖信息或宣读中奖人名单。

（四）直播管理员

直播是个开放型的平台，难免会出现在直播间打广告或是骂人的情况，直播助理要协助场控行使管理员的责任，把这些人踢出直播间，保证直播顺畅。

（五）售前客服

大型直播时，主播的精力多用在介绍商品上，很难回答客户在直播间留下的问题，问题的跟进就由直播助理来负责，以保证直播质量。

（六）直播出镜

应主播要求，在一些直播中出镜，配合主播完成带货工作。

（七）社群管理员

对社群和粉丝团进行日常维护。

泰州姜堰：大学生暑期实践丰富 电商直播助力乡村振兴

乡村振兴，青年先行。今年暑假，泰州不少高校大学生在直播电商间刮起一阵青春旋风，化身"网络销售员"，为当地农产品花式打 CALL，发起"云端"购物。

在姜堰区张甸镇小杂粮种植基地，几名暑期返乡的高校大学生正在"甸上人家"直播间卖力推销着当地土特产，他们介绍道："我们张甸镇的耕地多为高沙土壤，这种土壤透气性好，而且矿物质含量高，这种土质就特别适合我们来种植西瓜了。""梅网西瓜""梅垛香沙芋""三陈水蜜桃""三野草鸡蛋"等多种张甸土特产纷纷亮相农产品销售直播间，吸引了千余名网友刷屏点赞，接力下单。姜堰区张甸镇返乡大学生梁佳怡告诉记者："目前我学的专业是食品检验检测专业，而我现在参加直播助农活动，更希望把我所学的专业知识，运用到这上面来，这个暑期我过得非常充实。"

据了解，暑假这一个多月来，由高校大学生参与的"甸上人家"直播间农产品线上销售额已达93万元，网络直播带动的线下销售额达55万元，取得了良好的带货效果。姜堰区张甸镇"甸上人家"销售经理肖凯介绍："通过他们的推荐，我们农产品的知名度有了更高的一个提升。"

通过这段时间的直播助农活动，几名大学生与当地养殖户、种植户也有了深入交流，他们发现，张甸当地有许多农副产品非常具有市场竞争力，把数字技术与农业加速融合，将来他们可以在丰饶美丽的乡村"大显身手"。姜堰区张甸镇返乡大学生蔡辰禹展望道："我决定在我大学毕业之后，回到家乡来创业，运用我所学的专业知识，让我们家乡的农产品走向全国。"

据了解，为帮助高校大学生们收获实践经历，全方位了解家乡、高质量过好暑假，泰州市募集了党政机关、金融服务、规上企业、国资管理、公益服务、基层服务、医疗服务、法律服务等8大类岗位3 659个，目前已有1 753名同学上岗实践。

思考：作为直播助理如何与主播合作，共同完成以上社会实践任务？

 项目小结

本项目让学生初步了解直播公司的岗位设计，了解选品师、企划师、主播、主播助理、场控运营岗位的工作职责和内容；并进一步掌握团队筛选主播及商家挑选主播的技巧，主播助理的分工及协调各方业务对接的工作，策划运营确保直播活动的执行工作及场控运营的优化直播间观看体验工作，直播公司的主播类型与人物特质，电商直播人员职业道德与职业素养及主播人设打造步骤等，以及了解直播公司的直播助理类型和培养知识，为学生运用专业知识和技能，更好地胜任未来企业岗位打下基础。

 知识与技能训练

一、单选题

1. 直播岗位由选品师、企划师、主播、场控运营和（　　　　）组成。

项目三
拓展阅读

A. 主播助理　　　　　B. 主播助手　　　　　C. 主播经理　　　　　D. 主播经纪人

2. 直播团队的组建步骤是先筛选主播,再由主播助理协调业务,再策划运营,最后是(　　　)。

A. 商家选主播　　　　　　　　　　B. 筛选主播助理

C. 场控运营　　　　　　　　　　　D. 场控协调各方的业务对接

3. 主播的人物特质包括专业能力、语言能力、幽默技巧、巧妙应对提问和(　　　)。

A. 随机应变　　　　B. 心理素质　　　　C. 冷静处理　　　　D. 用热点吸引观众观看

4. 直播助理的类型不包括(　　　)。

A. 直播场控　　　　B. 商务对接　　　　C. 后台操作　　　　D. 主播补位

E. 气氛成员　　　　F. 与主播抢镜

5. 商家挑选主播的三大维度不包括(　　　)。

A. 匹配度　　　　B. 直播数据分析　　　　C. 性价比　　　　D. 带货力

二、多选题

1. 直播优化工作包括(　　　)。

A. 组织直播复盘　　　　　　　　　B. 直播数据分析

C. 再次检测问题解决方案　　　　　D. 研究解决方案

2. 直播助理的工作一般包括(　　　)。

A. 产品摆放　　　　B. 直播提示　　　　C. 抽奖配合　　　　D. 直播出镜

3. 直播企划师的"573"效应包括:(　　　　　),如产品的某个属性只有我有,品牌的故事,产地的特点等;(　　　　　),指同类产品都有的卖点,如口红,职场精英用和小白领用卖点排序是不同的。

A. "5"是一个产品5个卖点　　　　B. "7"是一个产品的7个常规卖点

C. "7"是一个产品的7个常规卖点排序　　D. "3"是指产品使用的3个场景

4. 直播选品师的工作内容包括(　　　)。

A. 第一阶段,用大数据将众多合作的商品排序

B. 第一阶段,用大数据确定直播中先播什么,后播什么,推什么

C. 第二阶段判断产品质量

D. 第二阶段判断产品来源

5. 主播的商业价值包括(　　　)。

A. 社交能力　　　　B. 性格　　　　C. 技能　　　　D. 才华

E. 颜值　　　　F. 增维理论

三、实践题

1. 任务一实践

许多大主播的成功,大家有目共睹。但是,他们在直播界的成就,除了自身的努力和拼搏之外,更离不开团队的扶持。在直播间之外,整个团队的几十个人甚至上百人都在为整场直播忙前忙后。对于一个直播带货主播来说,选品非常重要,真正能选出高质量的好货,才能够满足顾客的消费需求,才能够为直播间赢取高质量的持久性受众。许多直播公司成立质检团队,在公司内部创设高质量的质检队伍,对于直播间上架的产品进行全方位多层次的筛选和把控,整个公司还为产品的质量管理和检测提供了专业的检测机构。小强团队作为直播团队的一组新晋员工,请体验直播各岗位工作,完成岗位任务。

实践活动 1：体验选品师工作

活动情境：小强团队是公司直播团队的新晋人员，根据公司的安排，周六要开一场直播，需要完成选品工作，以便直播工作顺利实施。

实践指导：产品数据调研，产品体验，产品选品排序。

实践活动 2：体验企划师工作

活动情境：完成选品工作后，根据"573"效应逻辑完成企划师工作，以便直播工作顺利实施。

实践指导：制作直播策划话术卡、单一产品话术卡（三个阶段）。

实践活动 3：体验主播和助播岗位工作

活动情境：完成企划工作后，小强团队按要求完成直播工作。

实践指导：主播按企划要求编写串词，进行直播，直播助理完成产品摆放、直播提示、抽奖配合、直播管理、售前客服、直播出镜等工作。

实践活动 4：体验场控运营岗位工作

活动情境：与主播共同完成直播工作，并组织直播优化工作。

实践指导：直播数据分析，回看直播视频，找到相应问题，组织复盘会议，研究问题解决方案，并在下次直播时检测问题是否得以解决，完成数据分析优化工作。

2. 任务二实践

针对教材任务二的【思政园地】中宋超乡村振兴直播带货案例，思考如何为宋超组建一个成功直播团队，并策划一场当地农产品的直播。

小李作为电商专业大学生进入宋超团队，请体验组建直播团队，并开展直播活动，各岗位各司其职完成直播任务。

实践活动 1：筛选主播

活动情境：为农产品直播筛选主播，运用商家挑选主播的技巧进行主播招募和培养。

实践指导：挖掘优秀主播，评判主播的商业价值并进行培养，结合商家挑选主播的三大维度、商家与主播合作的三种模式，商量合作方式。

实践活动 2：担当主播助理：协调各方的业务对接

活动情境：完成本次农产品直播，团队成员履行主播助理职责，完成任务。

实践指导：完成开播前、开播期间、直播结束后工作任务，直播助理具备的四大技能。

实践活动 3：策划运营

活动情境：完成本次农产品直播，确保直播活动的执行。

实践指导：活动要点分析，策划和准备直播活动，实时跟进直播活动，复盘直播活动。

实践活动 4：场控运营

活动情境：完成本次农产品直播，优化直播间观看体验。

实践指导：调节气氛，陪伴粉丝，维持秩序，帮助主播提高直播能力。

3. 任务三实践

小艺进入直播企业后，企业要求小艺和同学团队孵化一个主播IP，请体验并完成岗位任务。

实践活动 1：主播IP设计准备工作

活动情境：设计主播IP准备，完成"1＋2＋1"主播IP初案并填表。

实践指导：运用"1＋2＋1"方法，根据市场调查结果初步设计出真正有市场的主播IP。

主播 IP 设计策划方案（初步市调设计初案）	
"1"：印刻效应	主播初步印象描述：
"2"：价值性和差异化	价值性市调预设： 差异化市调预设：
"1"：组合打法，叫"STPDBE"，是由营销理论的市场细分、目标市场、市场定位、用户需求、购买属性及盈利性组合而成	S: T: P: D: B: E:

实践活动 2：设计主播 IP

活动情境：完成市调初案工作后，根据主播 IP 设计的具体路径与方式完成主播 IP 设计工作。

实践指导：制作直播策划话术卡、单一产品话术卡（三个阶段）。

主播 IP 设计策划方案	
1. 分析主播自身特性	主播气质观察结果： 主播能力结果： 主播兴趣结果： 其他特质结果：
2. 盘点周围资源	确定产品供应链资源：
3. 用户画像分析	基础特征： 社会特征： 偏好特征 购买特征：
参考画像做出主播差异化的定位	主播 IP 结果确定：

实践活动 3：宣发工作设计

活动情境：完成宣发工作设计，完成表格内容。

实践指导：运用专业技术，确定宣发的五大基础模块。

宣发五大基础模块设计	
1. 价值定位	价值定位结果：
2. 产品定位	产品定位结果：
3. 内在定位	内在定位设计：
4. 形象定位	形象定位设计：
5. 环境定位	环境定位设计：

实践活动 4：宣发的六种方式运用

活动情境：运用宣发的六种方式，完成主播 IP 人设工作。

实践指导：注意昵称，核心定位标签，IP 形象，IP 主张，IP 故事设计要求，完成自我介绍全文。

主播 IP 自我介绍设计	
1. 昵称	昵称设计：

续　表

主播 IP 自我介绍设计	
2.核心定位标签	核心定位标签设计：
3.IP 形象	IP 形象设计：
4.IP 主张	IP 主张设计：
5.IP 故事	IP 故事设计：
6.自我介绍	主播开场白（自我介绍）设计：

项目四 直播选品

 **素养目标**

1. 具备质量管理理念及诚实守信的观念。
2. 具备团队协作意识和沟通交流能力。
3. 具备认真负责的态度与积极主动的作风。

知识目标

1. 掌握直播间选品的原则。
2. 掌握直播间选品的依据。
3. 掌握直播间商品结构的规划。

技能目标

1. 能够进行直播选品。
2. 能够确定商品来源并收集商品信息。
3. 能够对直播商品进行配置和定价。

项目思维导图

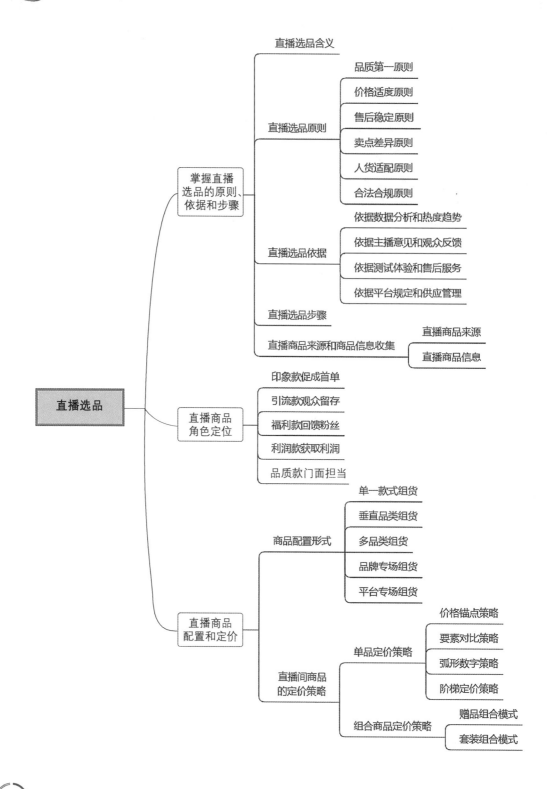

任务一　掌握直播选品的原则、依据和步骤

 **导入案例**

　　某主播是一位年轻的时尚博主,她的受众主要是年轻女性,关注时尚、美妆、生活等方面的内容。但是在直播选品时,她选择了一些与自己人设定位不符的商品,如汽车配件、工具箱等。这样的选品方案存在以下问题:① 不符合受众需求,该主播的受众主要是年轻女性,对汽车配件、工具箱等商品的需求不高,因此这些商品不符合受众需求;② 不符合人设定位,该主播为时尚博主,她的人设定位是时尚、美妆、生活等方面,而汽车配件、工具箱等商品与她的人设定位不符,会降低她的品牌形象和信誉度,导致用户丧失对该主播的信任感;③ 销售转化率低,由于选品不符合受众需求和人设定位,受众对这些商品的兴趣和购买意愿较低,因此销售转化率也会较低。该主播在直播选品时应该更加关注受众需求和自己的人设定位,选择符合受众需求和自己人设定位商品,以提高销售转化率和品牌形象。

　　类似的案例还有很多,例如某明星曾两小时卖出 1 万台空调,但是在直播间带货卖奶粉时成交量却只有几十罐。可见并不是流量大的主播在带货时就一定火爆,直播带货的商品应该有所选择,在直播选品时应该考虑哪些问题呢?

 **知识准备**

一、直播选品的含义

　　如果把直播看成销售的一种渠道,商品就是渠道中流动的水,没有好的商品,想打造高关注、高转化的直播间就是无米之炊。

　　直播选品是指在直播平台上,根据目标受众的需求和兴趣,精选适合直播销售的商品,并在直播过程中进行展示和推广,以吸引观众关注和购买。直播选品需要考虑多方面因素,如商品的品质、价格、市场需求、竞争情况等,同时也需要考虑主播人设,了解观众的消费习惯和购买心理,以提高销售转化率和用户满意度。

　　直播选品是直播电商的重要环节之一,对于提升直播销售业绩和品牌影响力具有重要作用,直播渠道的下游是消费者,只有站在消费者的角度去考虑,才能选择正确的商品。我们的观念不应该还停留在如何帮助商家卖出商品,而是应该转变成如何帮助消费者购买到他们心仪的商品。

二、直播选品的原则

　　直播商品不是随意选择的,一般会遵循一些基本原则,以确保选品的质量和效果,从而提高直播的吸引力和销售转化率。

（一）品质第一原则

选品的首要原则是商品的质量有保障。在商品选择时一定要选择品质好、质量过硬的产品，在货源选择中要选择质量有保障、口碑良好的供货商，确保产品的品质过关，保障消费者的权益和安全，符合消费者的需求和期望。

（二）价格适度原则

在直播选品时，商品价格是一个非常重要的考虑因素。需要综合考虑成本、性价比、消费能力、市场需求和竞争情况等因素，选择价格合适的商品，以吸引消费者的关注和购买。同时也应注意不要过度追求低价，导致商品质量下降或者无法盈利。因此，在选品时需要充分考虑人群画像和主播人设等要素，以选择合理的价格区间商品，提高销售转化率和用户满意度。

（三）售后稳定原则

在直播选品时，要考虑货源的稳定和完善的售后。消费者对商品售后服务的要求越来越高，商品的供应商要有相对稳定的供应能力和完善的售后服务体系，包括退换货政策、在线客服等，以便及时解决消费者的问题和投诉，以提高消费者的购买信心和消费体验，从而实现业务的稳定增长。

（四）卖点差异原则

随着直播电商的快速发展，商品的同质化现象越发明显。所以需在同类产品中寻找差异化卖点，提供独特的产品和服务，满足消费者追新、追奇的心理，以增加产品的竞争力和吸引力。"人无我有、人有我优"才能提高直播的吸引力和竞争力。

（五）人货适配原则

人货适配原则包括两个方面，一是要符合主播的人设，二是要符合目标受众的需求和兴趣。如果主播的人设定位是时尚达人，那么可以选择与时尚相关的商品，如服装、鞋包、配饰等；如果主播的人设定位是美妆博主，那么可以选择与美妆相关的商品，如化妆品、护肤品、美容仪器等。此外，还可以根据主播的兴趣爱好和职业背景选择相关商品，以增加主播对商品的了解和推荐力度。在选择商品时，还需要考虑目标受众的需求和偏好。例如，如果主播的受众群体是年轻女性，那么可以选择时尚、美妆、生活用品等商品；如果主播的受众群体是家庭主妇，那么可以选择家居用品、厨房电器等商品，这样可以提高直播的精准度和可信度。

（六）合法合规原则

直播平台通常会要求直播的产品符合法律法规和行业规范，以避免违法违规行为。不同的直播平台可能会对允许直播的产品类别有所限制，例如禁止直播涉及赌博、色情、暴力等内容的产品，因此，在进行直播选品时，需要注意产品是否符合法律法规和行业规范，需要仔细了解直播平台的规定和要求，避免选择存在违法违规问题的产品。

上述选品原则可以说是直播选品时的底线，也是帮助商家在选品过程中更加科学和有效进行决策的前提。需要注意的是直播选品的各原则之间是互相关联的，需要在选品过程中综合考虑，以制定合适的选品策略，从而提高直播的销售效果和市场竞争力。

三、直播选品的依据

直播选品依据是指在进行直播选品时的标准和规则。这些标准和规则主要包括以下方面。

（一）依据数据分析和热度趋势

通过直播间的数据，可以分析直播账号的粉丝画像，了解目标受众的性别、年龄、地域分布、购物偏好、需求和消费习惯等，然后根据这些属性特征挑选满足他们需求的商品。也可以通过相关平台发布的数据或报告，分析市场上的热门商品和趋势，例如，春夏交替，墨镜、遮阳帽、夏季服饰等商品需求量较大，某热播剧中的主角服饰引起大家的广泛关注和讨论等，此时可以根据市场趋势和热度来挑选合适的商品，从而确定选品方向和策略。

（二）依据主播意见和观众反馈

主播是直播销售的核心人物，每天工作在直播间的一线，对商品的了解和评价非常重要。因此，可以听取主播的意见和建议，考虑他们的兴趣和专业领域，了解他们的人设定位、风格和喜好，从而选择主播擅长和熟悉的商品。观众是直播的消费者，他们的反馈和意见可以帮助选品团队了解市场需求和趋势，通过观众反馈，了解他们对商品的评价、需求和建议，从而优化选品方案，提高用户满意度和购买转化率。

（三）依据测试体验和售后服务

选品团队可以根据商品测试体验，了解商品的质量、性能和使用效果等。在选择直播商品时，主播也可以先对商品进行实际测试，以便能够提供准确、详细的商品介绍和演示。可以向生产商或供应商索要样品进行测试，了解商品的质量和性能。另外，在选择直播商品时，还需要考虑商品的售后服务，以便能够提供完善的售后支持。团队可以查看用户评价和反馈，了解售后服务的质量和效果，与生产商或供应商沟通，了解售后服务的具体流程和方式。同时，主播也需要对商品进行充分了解和测试，以便能够提供准确、详细的产品介绍和演示，增加观众对商品的信任和购买意愿。

（四）依据平台规定和供应链管理

直播选品需要考虑供应链管理，包括供应商的选择、采购渠道、库存管理等方面。需要确保选品的质量、价格和库存保障等方面都能得到有效控制，确保货源的稳定和可控。同时需要根据直播平台的规定和要求来选择产品，以避免违反平台规定。

四、直播选品的步骤

直播选品的一般步骤如下。

（1）明确主题、确定目标。根据直播主题明确选品的目标和范围，包括商品的品类、价格范围、目标受众等。

（2）市场调研、数据分析。通过市场调研和数据分析了解市场趋势和商品热度，通过人群画像和平台发布的数据分析目标受众和竞争情况，为选品提供参考。

（3）遵循原则、制定标准。根据选品目标和市场调研结果，遵循选品原则制定符合平台规则和实际情况的选品标准，包括产品品质、价格、适用人群、供应链稳定等因素。

（4）筛选产品、确定货源。根据选品标准，筛选符合标准的产品，并进行初步评估和筛选，根据直播类型确定商品来源，主要包括分销平台、合作商和自营品牌。

（5）商品测试、提炼信息。对筛选出的产品进行实际测试和评估，包括产品的质量、功能、外观和售后服务等方面，同时收集和提炼商品信息，总结商品特点和卖点。

（6）听取意见、确定选品。根据产品测试结果和选品标准，听取主播意见，确定最终的选品。

（7）直播推广、数据收集。在直播中进行选品推广和销售,及时收集相关销售数据,包括主播和观众的反馈等。

（8）总结复盘、改进方案。对直播销售数据进行分析和总结,了解消费者需求和市场反馈,为下一次直播选品方案的改进提供参考。

五、直播商品来源和商品信息收集

（一）直播商品来源

直播商品来源主要包括分销平台、合作商和自营品牌。

1. 分销平台

分销平台是指一些电商平台或者第三方服务商,他们提供了一些商品供主播进行销售。这些商品通常是由厂家或者品牌商提供的,分销平台负责将这些商品整合起来,提供给主播进行销售。分销平台的优势在于商品种类丰富,价格相对较低,而且可以提供一些专业的服务,比如物流配送、售后服务等。主播可以通过分销平台轻松地找到自己需要的商品,并且可以获得一定的佣金。

2. 合作商

合作商是指一些品牌商或者厂家,他们与主播进行合作,提供自己的商品进行销售。合作商的优势在于可以提供一些独特的商品,比如限量版、定制版等,这些商品通常具有较高的品质和价值。此外,合作商还可以提供一些专业的支持,比如广告投放、社交媒体推广等。主播可以通过与合作商合作,获得更高的佣金,并且可以提供更加独特的商品给观众。

3. 自营品牌

自营品牌是指主播自己创立的品牌,他们自己设计、生产和销售商品。自营品牌的优势在于可以提供一些独特的商品,比如自己设计的服装、配饰等,这些商品具有较高的品质和独特性。此外,自营品牌还可以提供更加个性化的服务,比如定制、售后等。主播可以通过自营品牌获得更高的利润,并且可以建立自己的品牌形象,提高自己的知名度和影响力。

综上所述,分销平台、合作商和自营品牌都是直播电商的重要商品来源,每种来源都有其独特的优势和特点,主播可以根据自己的需求选择合适的商品来源。

（二）直播商品信息

商品信息采集包括品牌背景、产品核心卖点、产品使用方法、使用效果和场景、直播间专用价格等。这些都是在直播前需要提前准备和了解的,特别是产品的核心卖点,每一个产品都要找到至少3个。

1. 品牌背景

品牌背景是指品牌的历史、文化、理念等,可以让消费者更好地了解品牌,增强品牌认知度和信任度。

2. 核心卖点

核心卖点是指提炼商品的独特卖点和优势,每一款商品的卖点都是不一样的,建议亲自试用、试吃、试穿,也就是我们所说的体验式信息收集和展示,让消费者全面了解商品的特点和价值,提高购买欲望。

3. 使用方法

使用方法是指介绍商品的使用要点和注意事项,让消费者了解如何正确使用商品,提高商品的使用效果和寿命。

4. 使用效果和场景

使用效果和场景是指让消费者了解商品的实际效果和使用场景,解决消费者痛点或是满足消费者痒点等,从而刺激需求。

5. 直播间价格

直播间价格包括商品的价格和优惠政策,让消费者了解商品的价格水平和购买成本,提高购买意愿。

将合规视作生命线,助推行业规范化发展

除了商品品类、价格等,商品质量也是消费者在历年大促期间尤其关注的因素。某直播企业一直将合规视作企业最严格的"生命线",始终坚持"重合规、严选品、强运营、保售后"的十二字管理方针。

据介绍,2019年,该直播企业成立直播电商行业首个选品和质检团队,对每一个上播产品进行合规审核,并陆续与行业相关权威机构和专家合作,持续提升在选品、合规、质检等方面的能力。该企业认为"直播电商的本质是信任,直播电商应该让消费者感觉买得放心,所以我们不但要选好品,核好性价比,还要做好售后的服务体验。企业将继续深耕直播电商领域,打造陪伴所有消费者的好物严选空间,不断提升消费者的购物体验,守护消费安全,助力行业健康可持续发展,并持续以实际行动回馈社会。"

在自身的合规建设之外,该企业同时也积极参与行业标准制定,助推行业规范化发展。2020年7月,参与起草《直播营销服务规范》团体标准;2021年5月,推出直播电商行业首个企业标准《直播电商商品质量与合规管理规范》;2022年3月15日,作为上海市长宁区在线新经济企业代表启动直播团体标准制定工作;2022年9月25日,《直播电商行业高质量发展报告(2021—2022年度)》蓝皮书正式发布,该直播企业作为重要支持单位,提供研究样本支持。

思考:该企业为何如此重视直播商品的选择?为何重视合规化?

任务二　直播商品结构规划

做生意的271法则和5款法则

商务领域有很多的规则和法则,大家听说过271法则和5款法则吗?直播选品法则不用多,相信大家只要能借鉴好这两个法则,直播带货的效果就不会太差。

271法则是指20%的产品作为引流产品,70%的产品作为利润产品,10%的产品作为高端产品。

5款法则是指将企业的产品分为印象款、引流款、福利款、利润款和形象款。

印象款:具有较高的独特性,可以让其在众多商品中脱颖而出,从而促成首单。

引流款:其实就是主推用来吸引流量的产品,有特色、吸引人。

福利款:顾名思义就是用于做活动的产品,几乎是不盈利的。

利润款:则是应该占有企业利润的最高份额。

品质款:也称形象款。这个就类似于企业的"形象工程",要有着与企业形象相符的产品来提升品牌价值。

直播间选品可以参考这两个法则,从商品的角色定位出发选择合适的直播商品,规划更加合理的商品结构。

知识准备

直播商品结构规划是指在直播销售中,根据商品的特点和目标受众的需求,将商品角色定位为不同类型,以便提高销售效果和客户满意度。

一、印象款促成首单

印象款是指在直播销售中,通过展示一些独特或者特别的商品,吸引观众的注意力,从而促成直播间第一次交易的一种商品类型。印象款通常具有较高的独特性和个性化,可以让其在众多商品中脱颖而出,从而促成首单。以下是印象款商品的一些特征和策略。

(1)独特性。印象款商品通常具有独特的设计和风格,能够吸引消费者的眼球,引起他们的兴趣和好奇心,从而促成首单。在直播中,可以突出印象款的卖点,例如独特的设计、高品质的材料等,让观众感受到商品的价值和特别之处。

(2)品牌形象。印象款商品通常是品牌的代表性产品,能够展示品牌的形象和价值观,如果印象款来自知名品牌或者设计师,可以在直播中强调其品牌价值和背景故事,让观众感受到商品的品质和文化内涵,让消费者对品牌产生认同感和信任感。

(3)营销策略。印象款商品通常会采用一些独特的营销策略,如限量发售、预售等,能够刺激消费者的购买欲望,从而促成首单。

(4)社交效应。印象款商品通常会在社交媒体上进行宣传和推广,如微博、微信、抖音等,通过分享、点赞、评论等方式,让更多的人了解和关注该商品,从而形成社交效应。印象款商品通常会吸引一些忠实粉丝或者品牌爱好者,他们会在社交媒体上分享自己使用该商品的体验和感受,从而形成用户口碑,吸引更多的潜在消费者。

印象款商品,即能给用户留下第一印象的商品。这种商品一般是用户在直播间达成第一笔交易的商品,其价格、质量、特点都将直接决定用户对主播、直播间及直播间商品的整体印象。如果用户对印象款商品产生的印象良好,很可能会再次光顾直播间。

二、引流款留存观众

引流款是指在直播销售中,用于吸引观众进入直播间并提高销售量的商品。这些商品通常具有较低的价格、较高的性价比、较高的需求量等特点,能够吸引更多的观众进入直播间,并促使他们进行购买。主播可以通过展示一些热门或者流行的商品,吸引更多观众的关注和参与,从而提高直播的曝光率和观众留存率。以下是一些引流款吸引观众和留存观众的策略。

(1)大众化。在选择引流款时,需要根据直播的主题和目标受众的需求,选择符合其兴趣和喜好的商品,以吸引更多的观众关注和参与。

(2)大优惠。对于购买引流款的观众,可以提供一定的优惠,例如折扣、赠品等,以吸引他们进行购买,并提高留存率。

(3)突出卖点。在直播中,可以突出引流款的卖点,例如独特的设计、高品质的材料等,让观众感受到商品的价值和特别之处。

(4)推荐搭配。在销售引流款的同时,可以推荐其他商品进行搭配购买,以提高单价和整体利润。

(5)完善服务。在销售引流款的过程中,可以提供一些贴心的服务,例如快速发货、售后服务等,让观众感受到购买的安心和信任。

在直播间,引流款商品一般在直播开始阶段被推荐。直播团队可以先用极低的价格吸引用户,再用限时秒杀的方式快速提升直播间的购物气氛,为直播打造一个效果良好的开端。

三、福利款回馈粉丝

福利款是指直播间中一些用于回馈粉丝和老客户的专属商品,所以也叫"宠粉款"或"吸粉款",可以增强主播与粉丝之间的互动和忠诚度,增强粉丝黏性,同时也能够吸引更多的潜在观众成为主播的粉丝。以下是直播间福利款商品主要特征。

(1)设置门槛。在直播过程中,推出限时抢购的福利商品,数量有限,只有快速下单的粉丝或老客户才能够购买到,设置购买条件和门槛,从而增强粉丝的归属感、优越感和忠诚度。

(2)礼品赠送。在直播过程中,主播可以为粉丝设置一些专属礼品或优惠券,如满额送礼、抽奖送礼等,让粉丝感受到主播的关爱和回馈。对于老客户,可以设置一些专属礼品或优惠券,让他们感受到主播的重视和尊重。

(3)专属定制。可以推出一些专属定制的福利商品,让粉丝消费者可以根据自己的需求和喜好定制商品,从而增强粉丝的归属感和忠诚度。对于老客户,可以根据他们的购买记录和偏好,推荐一些定制化的商品或服务,让他们感受到主播的个性化服务和关怀。

总之,直播间福利商品回馈粉丝和老客户是一种非常有效的策略,可以增强主播与粉丝之间的互动和忠诚度,同时也能够吸引更多的潜在消费者。

四、利润款获取利润

利润款是指在直播销售中,用于提高销售利润和增加收益的商品。这些商品通常具有较高的售价、较高的利润率、较高的品质等特点,能够提高销售收益和利润,为直播销售带来更多的商业价值。直播间销售的利润款商品通常具有以下特征。

(1)时尚性。利润款商品通常是时尚的、新颖的、具有吸引力的,能够引起观众的兴趣和购买欲望。

（2）实用性。利润款商品通常是实用的、有用的，能够满足观众的需求和实际使用场景。

（3）差异化。利润款商品通常是个性化的、差异化的，能够满足直播间中部分观众的个性化需求和品位。

（4）高品质。利润款商品通常是高品质的、有保障的，能够保证观众购买后的使用体验和品质感。

（5）价格合理。利润款商品通常价格合理、透明，能够让观众感到物有所值，同时也能够保证直播间的利润。

总之，直播间利润款商品通常具有较高的利润率，能够为直播间主播或运营方带来可观的收益。同时，这些商品也需要具备一定的市场竞争力和品质保障，才能够获得观众的认可和购买。

五、品质款担当门面

品质款商品又称"形象款"，主要作为直播间的门面担当，用于提升直播间档次和格调，提升品牌形象等，可以起到以下几个方面的作用。

（1）吸引观众。品质款商品通常具有高品质、高颜值、高价位等特点，能够吸引观众的眼球，提高直播间的关注度和粉丝数量。

（2）塑造品牌形象。品质款商品是直播间的代表，能够为直播间塑造高品质、高档次的形象，提升直播间的品牌价值和美誉度。

（3）增加销售额。品质款商品通常价格较高，但是也能够为直播间带来更高的利润，增加销售额和收益。

（4）提高观众忠诚度。品质款商品通常具有较高的品质保障和售后服务，能够提高观众的购买信任度和忠诚度，促进观众的复购和口碑传播。

总之，直播间的品质款商品作为门面担当，不仅能够为直播间带来更高的关注度和收益，还能够提升直播间的品牌形象和观众忠诚度，是直播间运营中不可或缺的一部分。

为全面落实党中央、国务院关于品牌发展的决策部署，响应国家品牌强国战略，推动高质量发展，创建品牌引领消费新模式，促进消费升级，不断满足人们日益增长的消费需求，CCTV 新媒体直播带货活动 3 月 2 日在杭启动。

本次新媒体直播带货活动主题为"品牌之路 国货精选"。活动选品已经开始启动，正式直播将从 5 月 10 日中国品牌日当天一直持续到年底。直播选品活动将在杭州中国直播电商基地举办，直播活动将联合多个央视新媒体账号、新华社新媒体账号，与各大知名机构和品牌方携手，通过电商平台直播、知名主持人驻场、网络 KOL 直播展示等形式展开合作，赋能中国品牌，打造爆款产品，提振消费信心。

直播带货作为激发消费潜力的一大创新消费方式，在科技赋能和消费升级共同驱动下蓬勃发展,预计到 2025 年直播电商规模将达到 21 373 亿元。直播带货模式依托主播推介,加强消费互动、拓宽营销渠道、提升销售效率、强化产业链整合,给消费者带来更直观、生动的购物体验,直播电商也成为扩大内需的新空间和经济高质量发展的新动能,在消费市场中占据着重要的地位,始终走在提振信心、复苏经济、拉升消费的最前沿。

思考: 如何运用所学知识选择合适的家乡特产进行直播推广?

任务三　直播商品配置和定价

多品类组货

某明星商家在 10—11 月直播 3 场,直播带货商品交易总额(Gross Merchandise Volume, GMV)超过 2 亿元,共带货 348 款产品,场均库存量单位(Stock Keeping Unit, SKU)数量 116 款,超过 10 个大品类,其中 SKU 数量占比较大的有:珠宝文玩、食品饮料、服饰内衣、母婴、美妆、家居日用、家用电器、个人护理、生鲜。在价位上,主要以百元类产品数量居多,占比 34%,其次为千元以上产品(全部为 GMV 产品)占比 19%,100～400 元类的爆款产品合计占比 29%,价位具有层次性,结合多品类的组合,既有利于 GMV 爆发,同时也实现了单量爆发。

一、商品配置形式

(一) 单一款式组货

单一款式组货是指货品类别全部为同一品类产品,比如全部为美妆或食品;SKU 数量常见情况为 1～5 款,主推其中 1～2 款产品,比如 2 款口红,或 1 款零食;商家类型为品牌型商家或供应链型商家;此种商品配置的优势为组货成本低、操作简单,门槛低;不足之处在于受众过于单一,转化成本较高,通常对广告流量依赖度高。

例如,某汽车镀膜商家只有 3 款产品(通过组合形成多个 SKU),在 10—11 月,直播 36 场,总带货 GMV 达 83.6 万元,其中单一爆款 SKU 销售额占总销售的 99%。

(二) 垂直品类组货

垂直品类组货是指货品类别全部为同一品类产品或相关产品,比如全部为美妆或食品;SKU 数量一般较多,大概 30 款以上,且定期更新;商家类型为达人型商家、品牌型商家或供应链型商家;此种商品配置优势是货品品类集中,有利于吸引同一类人群,从而提高转化率,直播爆发潜力大;不足之处在于货品垂直粉丝也趋于垂直兴趣,不利于拓展直播品类。

例如,某女装品牌商家,在 10—11 月通过组合搭配自有品牌产品,直播 42 场,带货金额超过 4 000 万元。商家每场直播的组货产品可以大致分为 GMV 款、利润款、引流款、尝试款、秒杀款、福利款、搭配款,产品上架顺序按引流款→秒杀款→GMV 款→利润款→搭配款→福利款→尝试款→引流款依次循环;上架产品的价位一般按照低→中→高→中→低→中→高循环。

(三) 多品类组货

多品类组货是指货品类别包含了 5 个及以上的产品品类,其中以食品、美妆、家居、珠宝、服饰最常见;SKU 数量通常为 30～80 款产品;商家类型为明星、达人型商家或供应链型商家;此种商品配置的优势在于品类多样,受众范围广,引流简单,直播间停留时间长;不足之处在于直播时容易被粉丝多样化需求带偏节奏,影响直播效果,对主播和场控能力要求较高。

(四) 品牌专场组货

品牌专场组货是指货品类别为全部同一品牌或衍生品牌产品,比如全部为"中国黄金"产品或"三只松鼠"产品;一般品牌专场 SKU 数量在 20～50 款;商家类型为明星、达人型商家或品牌型商家;此种商品配置的优势为与品牌官方合作提供了正品背书,同时作为专场合作可以拿到更大优惠,利于直播间转化;不足之处在于单一品牌组货难度较大,品牌专场直播数据一般都不及日常直播。

例如,某达人与某珠宝品牌合作直播带货,基于该达人粉丝为低线城市,下沉比例较高,故团队选择了低单价的首饰类产品进行直播,以 101～200 元的足金吊坠为主,打造直播间爆款,同时搭配 201～1 000 元单价的产品来满足少量粉丝的购物需求,另一方面用少量几款 100 元内的福利吊坠产品作为宠粉款,该场直播最终直播 GMV 超过 110 万元。

(五) 平台专场组货

平台专场组货和多品类组货类似,只是一般货品来源不同,平台专场组货的产品,一般由某大型平台商家/大型供应链商家单独提供。SKU 数量通常为 30～80 款产品;商家类型为明星、红人、供应链型商家;此种商品配置的优势为大型平台或供应链带来的货品,资源更加优质,往往能提供较高的优惠力度,加之平台强烈的正品背书,能大大提高观众的购买意愿;不足之处在于平台组货成本较高,直播优惠力度有限,容易被竞争对手定向打压。

例如,某购物平台/大型供应链在双 11 当天,自主组货并邀请明星合作在某平台直播带货,整体 GMV 超过 1.6 亿元,上架产品 72 款,数量上以食品饮料、美妆、家用电器、酒类、珠宝文玩、手机居多,价位主要集中在百元内小物件(引流款),201～400 元的中客单产品(利润款)和 1 001～5 000 元的高客单产品(GMV 款)。直播产出主要以手机数码＋珠宝文玩 2 个高客单品类带动 GMV(高度依赖),食品饮料＋美妆等低客单产品带动成单量。

二、直播间商品的定价策略

(一) 单品定价策略

在直播间,商品的价格越低,用户的购买决策过程越短,越容易触发冲动型消费。也正是因为这个道理,很多直播间商品的价格区间都设置在 100 元以下。在直播间单品定价策略有以下几种。

1. 价格锚点策略

价格锚点策略是指在直播间中,通过设置一个相对较高的价格作为锚点,来影响消费者对其他商品价格的认知和决策。具体来说,商家可以在直播间中先介绍一个相对较高的商品价格,比如一个高端品牌的产品或者一个豪华套餐,然后再介绍其他相对较低价格的商品。这样一来,消费者会认为其他商品的价格相对较低,从而更容易接受和购买。

此外,商家还可以通过设置限时优惠的方式来进一步促进消费者的购买决策。比如,在介绍完一个相对较高价格的商品后,商家可以宣传一个限时优惠活动,让消费者在一定时间内享受折扣或者赠品。这样一来,消费者会更有动力去购买其他商品。

商品价格不是一成不变的,直播团队需要时刻分析市场动态,根据市场变化及时调整商品价格。需要注意的是,商家在使用价格锚点策略时,应该遵守诚信原则,不得虚假宣传或者误导消费者。同时,也应该根据不同的消费群体和市场需求来灵活运用这种策略,以达到最佳的销售效果。

2. 要素对比策略

要素对比策略是指在直播间中,通过对比不同商品的定价要素,来帮助消费者更好地理解和比较商品的价格,从而影响消费者的购买决策。具体来说,商家可以在直播间对比不同商品的定价要素,如品牌、质量、功能、包装等。比如,商家可以介绍一个高端品牌的产品,并强调其高品质、高性能等特点,找到贵的原因,然后再介绍一个相对较低价格的产品,但强调其性价比很高,适合大众消费者购买。这样一来,消费者可以更好地理解和比较不同商品的价格和价值,从而做出更明智的购买决策。

用户购买一个价格更高的商品,往往会考虑各种因素。因此,若直播团队设定更高的价格,就需要为用户提供一个直观的关键要素对比表。例如,对于3C类产品,直播团队可以提供一张配置对比表;对于服饰类产品,直播团队可以提供用料对比图、工艺对比图等。当用户看到差异时,就会倾向于购买"更合适"的商品。

3. 弧形数字策略

弧形数字策略是指通过将价格设置为以 9 结尾的数字,如 99、199、299 等,来吸引消费者的注意力和购买欲望。这种策略的核心思想是,将价格设置为略低于整数的数字,让消费者感觉更优惠。

弧形数字定价策略的优点在于,它可以让消费者感觉到价格更加亲民,从而增加购买的可能性。此外,这种策略还可以让商品看起来更加有吸引力和竞争力,从而提高销售量和利润率。然而,弧形数字定价策略也存在一些缺点。首先,这种策略可能会让消费者感到不信任,因为他们知道这只是一种手段。其次,如果过度使用这种策略,消费者可能会感到疲惫和麻木,从而对这种策略失去兴趣。因此,在使用弧形数字定价策略时,商家需要注意适度使用,避免过度依赖这种策略。

4. 阶梯定价策略

阶梯定价策略是指用户每增加一定的购买量,商品的价格就降低一个档次。采用这种定价策略,可以吸引用户增加购买数量。阶梯定价策略适用于食品、小件商品和快消品。根据购买数量阶梯定价是一种常见的策略,可以鼓励消费者购买更多的商品,从而提高销售量和利润。除了根据数量直接降低价格外,阶梯定价方式还有如下几种。

(1)阶梯折扣。当消费者购买的数量越多时,可以享受越高的折扣。例如,购买 1 件商品享受原价,购买 2 件商品享受 5% 折扣,购买 3 件商品享受 10% 折扣,购买 4 件商品享受 15% 折扣等。

(2)阶梯优惠。当消费者购买一定数量的商品时,可以享受满减优惠。例如,购买 3 件商品减 10 元,购买 5 件商品减 20 元等。

（3）阶梯赠品。当消费者购买一定数量的商品时,可以获得赠品。例如,购买 2 件商品赠送小礼品,购买 3 件商品赠送价值更高的礼品等。

在制定阶梯定价策略时,商家需要考虑消费者的需求和预算,并保持价格的合理性和透明度,避免让消费者感到不公平或不信任。同时,商家还应该根据市场需求和竞争情况来灵活调整价格,以达到最佳的销售效果。

（二）组合商品定价策略

组合商品定价策略是指将两种或两种以上的商品放在一起打包出售,并给这个商品组合定上一个合适的价格。组合定价法属于心理定价的范畴,是指为了迎合消费者的心理,特意将有的商品价格定高一些,有的定低一些,以取得整体经济效益的定价方法。这种方法一般将互补商品或关联商品进行组合定价。因为用户对价格比较敏感,尤其是对不经常购买的商品或是价格较高的商品更加敏感,所以很多直播间会利用消费者的这一心理,对组合商品中消费者不经常购买的、价格较贵的商品定低价,对于消费者熟悉的、容易忽略的商品定高价,最终采取互补式的组合定价方式,低价商品引流、高价商品盈利,从而获得整体利益。

1. 赠品组合模式

买赠模式定价是指基于"有买有赠"的思路来设置商品价格,其基本做法是将高价商品和低价商品(也就是赠品)以套装的形式进行搭配出售,从而满足消费者有买有赠的心理需求。采用赠品组合模式进行定价时要注意以下几点:赠品和商品的关联度要高,例如卸妆水和卸妆棉、运动鞋和运动袜、遮阳帽和墨镜等;赠品要实用,小赠品能解决大问题,让消费者既感受到价格上的优惠也体验到购物的方便;赠品要多次出镜,并通过主播的话术让消费者感受到赠品质量和价值。

2. 套装组合模式

《木兰辞》中写道"东市买骏马,西市买鞍鞯,南市买辔头,北市买长鞭"。当然这是作者用了排比互文的修辞手法,对比在不同地方购买商品,如果一个地方能买齐出征四件套,这样在时间和空间上节省了成本,而且价格更加优惠,提高了消费体验,相信花木兰更愿意在一个地方买齐。而套装组合定价模式,就是将一些关联商品搭配打包,一次性购买到相关商品的定价方式,常见方式如下:

（1）降低单品价格。将套装中的每个单品价格降低一定比例,吸引消费者购买整个套装。这种策略适用于企业想要快速清理库存或者吸引新客户的情况。

（2）提高套装价格。将套装中的每个单品价格加起来,再加上一定比例的溢价,形成套装价格。这种策略适用于想要提高利润率或者推出高端产品的情况。

（3）定制套装:根据消费者的需求和喜好,提供个性化的套装组合,吸引消费者购买。这种策略适用于企业想要提高客户体验和品牌认知度的情况。

 **知识链接**

直播间商品定价小技巧

1. 直播间的商品偏爱 9

直播间的商品,都喜欢定价 9.9 元、19.9 元、199 元,这是因为 9 结尾的价格,会比 10 元、

20 元的东西更好卖。首先,100 元这个价格会被大家归纳到"上百块钱"里,而 99 元的东西只会归纳到"几十块钱"里。其次,19.9 元的开头是 1,而 20 元开头是 2,开头数字越小,越容易引起消费者的注意。所以在直播间定价中,能定 199 元绝不定 200 元。

2. 小商品大优惠,大商品小优惠

相比 1 999 元的商品便宜 100 块钱,大家更希望一个 9.9 元的东西,便宜 5 块钱,或者直接 1 元秒杀。怎么算都是便宜 100 元的划算,但是因为 9.9 元的东西,便宜 5 元钱,占到了原价格的一半,所以大家才会有超值的错觉。所以在定价时,可以送一些超低门槛的优惠券给大家,靠低价品刺激大家来直播间购物消费,再把亏的钱,从高价单品中赚回来。

3. 没有对比就没有心动

像卖银饰的直播间,都喜欢把商品价格定到 1 000 多元,然后直播时直接砍掉两位数去卖。这个套路大家都明白得很,也不会被这种价格误导,但主播依然喜欢这么玩。因为直说自己的商品降价幅度大空口无凭,只有把原价放上去和活动价进行对比,才能证明商品"优惠"幅度大。还有些主播甚至会在卖商品前,在自家网店上架同款,虚标商品价格。之后在直播间里一宣传,就能让大家相信他手上的不仅是正品,还是"内部价"。

4. 能买一送一绝不 5 折

买一送一和 5 折本质上是一样的,但是消费者更加偏爱买一送一。因为在直播带货中有个公式,优惠＞礼品＞折扣。优惠多少钱,大家是可以看到实际的价格变化的,视觉冲击力最大。其次就是买一送一,或者送赠品等营销方式。直播间中很多产品都是以赠品、组合的形式出售。只要东西一多,哪怕优惠力度不是很大,也能产生"超值"的错觉。换个角度来看,5 折商品,消费者大概率只会买一件,但是买一送一其实一次性卖出两件商品。

5. 一次卖 4 件的阶梯定价

直播间经常会出现阶梯定价的情况,就是 4 件商品 67 元,他们偏要第一件 39 元(原价);第二件便宜 20 元,只要 19 元;第三件再减 10 元,只要 9 元;第四件直接免费。用阶梯定价的方式,看着便宜很多,实际上和直接打包出售的价格一样,甚至该商品在其他直播间价格也是 16.8 一件,4 件算下来也就便宜了 0.2 元。但"第三件 9 元,第四件 0 元"的超低折扣,特别能刺激消费者的神经。该定价方式还有个好处是,一次就能卖 4 份,是清库存的绝佳妙招。

6. 商品贵不贵,就看和谁比

有一些商品,和同类比很贵,但是换一个对比物,就便宜了。只要和功能相同的高价产品一比较,商品就不会显得很贵了。

7. 只要均分到天,什么东西都不贵

高价产品还有一种报价方式,就是均分到天。就像某品牌口红,3.5 g 售价 350 元(官方价格),平均 1 g 100 元。但是一支口红若一天用 3 次可以用两年,每天大概花费 0.48 元。

 思政园地

某直播平台上有一位卖家小张,他经营着一家美妆产品店铺。小张在商品配置和定价方面非常注重消费者的需求和体验,同时也考虑到自己的利润和市场竞争情况。

首先,小张选择了优质的供应商,确保了产品的质量和安全。他还根据消费者的需求和反馈,精心挑选了一些热门的美妆产品,并且在直播中向消费者进行了详细的介绍和演示。这样一来,消费者可以更好地了解产品的特点和效果,从而更有信心购买。

其次,小张在定价方面也非常合理。他不仅考虑到成本和利润,还根据市场竞争情况和消费者的购买力,制定了不同的价格策略。例如,对于一些热门产品,他会采取限时促销或者组合销售的方式,吸引更多消费者购买;对于一些新品或者高端产品,他会采取高价策略,以保证利润。

最后,小张在直播中也非常注重消费者的体验。他会耐心回答消费者的问题,并且提供专业的建议和意见。他还会不定期地进行一些抽奖活动或者送礼品等福利,增加消费者的参与感和忠诚度。

通过这些努力,小张的店铺在直播平台上获得了很高的人气和口碑。他不仅实现了自己的利润目标,还为消费者提供了优质的产品和服务。

思考: 小张的直播间为什么既赚到了利润又获得了口碑?

项目小结

在遵循商品选品原则的基础上,根据相关选品依据,按照一定的步骤进行商品选择,旨在帮助学生理解商品选择的基本原则和一般流程,以胜任选品团队岗位的工作要求;了解了直播选品的相关知识后,需要进一步厘清不同商品在直播间中的角色定位,按功能角色的不同规划直播间的商品结构;直播间人货场三个因素互相影响,为了提高直播间的商品转化率,在选品过程中合理配置商品,规划商品价格,对于选品环节至关重要,选品、组品和定价是直播带货的起点,决定了正常直播的方向。本项目的学习,旨在为学生运用专业知识和技能,更好地胜任未来企业岗位打下基础。

知识与技能训练

项目四
拓展阅读1

项目四
拓展阅读2

一、单选题

1. 不是直播选品需要参考的主要方向的是( )。

A. 粉丝画像 B. 粉丝数量

C. 达人内容垂直度 D. 产品定价

2. 直播选品时供应链管理上不需要考虑的是( )。

A. 粉丝数量 B. 供应商的选择 C. 采购渠道 D. 库存管理

3. 套装组合模式的定价策略不包括( )。

A. 降低单品价格 B. 随行就市 C. 提高套装价格 D. 定制套装

4. 阶梯定价策略不包括( )。

A. 阶梯折扣 B. 阶梯优惠 C. 渗透定价 D. 阶梯赠品

5. 直播商品主要来源不包括( )。

A. 分销平台 B. 合作商 C. 自营品牌 D. 线下市场采购

二、多选题

1. 直播选品的依据有(   )。

A. 数据分析和热度趋势   B. 主播意见和观众反馈

C. 测试体验和售后服务   D. 平台规定和供应管理

2. 直播商品配置形式有(   )。

A. 单一款式组货   B. 垂直品类组货   C. 多品类组货   D. 品牌专场组货

E. 平台专场组货

3. 引流款吸引观众和留存观众的策略有(   )。

A. 大众化   B. 大优惠   C. 突出卖点   D. 推荐搭配

E. 完善服务

4. 福利款商品主要特征有(   )。

A. 设置门槛   B. 礼品赠送   C. 专属定制   D. 完善服务

5. 品质款的主要作用有(   )。

A. 吸引观众   B. 塑造品牌形象   C. 增加销售额   D. 提高观众忠诚度

三、实践题

实践活动 1：建立选品标准

活动情境：小强是公司选品人员，主要负责直播商品的选择。根据公司的安排，今晚就要开一场直播，在此之前，需要完成选品的标准。

实践指导：根据直播主题、选品目标和市场调研结果，遵循选品原则制定符合平台规则和实际情况的选品标准，包括产品品质、价格、适用人群、供应链稳定等因素。

实践活动 2：筛选产品、确定货源

活动情境：完成选品标准后，根据选品标准，筛选符合标准的产品，并进行初步评估和筛选，根据直播类型确定商品来源，主要包括分销平台、合作商和自营品牌。

实践活动 3：完成商品测试、提炼信息

活动情境：确定商品和货源后，对筛选出的产品进行实际测试和评估，包括产品的质量、功能、外观和售后服务等方面，同时收集和提炼商品信息，总结商品特点和卖点。

项目五　引流互动

素养目标

1. 具备独立思考、分析问题的能力。
2. 具备勇于探索和尝试新方法的能力。
3. 具备创新的思维。

知识目标

1. 熟悉在不同的平台进行直播预热引流的时机和渠道。
2. 掌握在直播过程中进行恰当互动引流的方法。
3. 熟悉二次引流的方法。

技能目标

1. 能够把握在不同平台渠道引流的时机。
2. 能够熟练运用互动引流的各种方法。
3. 能够基于直播中的热点话题或内容,在直播结束后完成二次引流。

项目思维导图

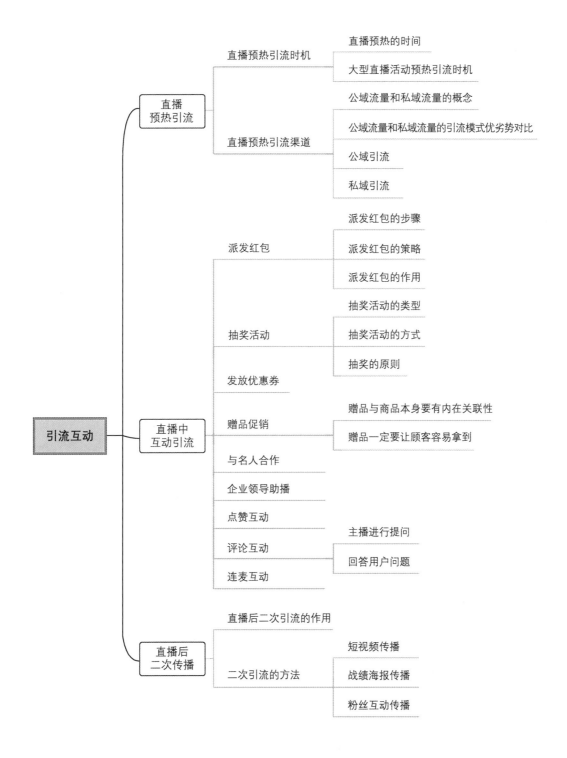

任务一　直播预热引流

　　4月21日上午10:00,总台主持人撒贝宁携手贾乃亮开启一场共同富裕主题的带货直播,引发广大网友驻足围观,直播间人气爆火,短短4小时总销售额超3 438万元,其中,销售额超百万元的商品高达11个。

　　据了解,中央广播电视总台"共建共享,共谋发展——推动共同富裕浙江实践研讨会暨媒体行动"于同日在浙江杭州余杭正式举行。本次活动由中央广播电视总台主办,浙江省委宣传部支持举办,总台浙江总站、总台创新发展研究中心、总台视听新媒体中心、总台新闻新媒体中心、国家(杭州)短视频基地、杭州市余杭区委区政府联合承办。

　　研讨会后,央视新闻、总台浙江总站和遥望科技联合推出《共富行动,"县"在出发》直播带货专场,央视名嘴撒贝宁携手贾乃亮为大家带来浙江省内61个区县和全国多个县域特色产品,带货包含传统美食、电子产品、日化、服饰等多种品类。

　　在直播前,直播团队一般会通过一些方式让用户提前了解直播的内容,等到开播时,对直播间的商品感兴趣的用户就会直接进入直播间。这样的方式被称为直播引流,是提高直播间人气,增加直播间在线人数的有效方法。

一、直播预热引流时机

　　确定了直播间的定位、完成了直播间的布置以及商品的选品后,想要提高直播间的用户人数,就要考虑直播预热引流的时机了。直播预热引流时机的选择,要以用户在各个平台上的活跃时间为基础,并且直播团队还要注意直播预告与直播正式开始时间之间的间隔。

　　(一)直播预热的时间

　　一般情况下,工作日19:00—22:00是直播的人气峰值时间。因为该时间段为上班族和学生的休息时间,他们往往会选择在这个时间点观看直播。因此很多直播团队都会将该时间段作为自己的固定直播时间。而在休息日,各个平台没有特别明确的活跃时间,因为在周末,用户的休息时间比较充裕,很有可能一整天都会在看手机。所以,直播团队在发布预热信息的时候只需要注意避开休息时间和就餐时间即可。

　　与相对固定的直播时间相比,直播预告发布的时间会更加灵活。社交平台、短视频平台等都可以成为直播团队发布直播预告的平台,所以,直播团队需要掌握不同平台上用户活跃的时间段,以此来确定直播预告发布的时间。

　　直播团队在选择直播预热引流时间时要注意以下两点。

1. 直播预告信息发布时间要尽量避开周末

周末是一周信息量最多的时候，很多的短视频、微信公众号、微博创作者都会选择在周末发布自己的作品。因此，如果直播团队选择周末发布直播预热信息，很有可能会被其他信息淹没，导致无法传达给对直播内容感兴趣的用户，从而无法达到为直播引流，增加直播间在线人数的目的。

2. 直播引流信息发布最合适的时间是用户活跃峰值的前半小时

如果直播团队提前太久发布直播预告，那么在开播前，用户的注意力很有可能被别的信息吸引，或者因为其他信息导致用户遗忘，从而影响预热的最终效果；提前半小时发布预告，在吸引用户注意的同时也可以给直播一个合理的缓冲期，让直播团队有充分的时间了解用户的反应，并据此调整直播的计划和方案。

（二）大型直播活动预热引流时机

当直播团队想要进行一场规模较大的直播活动时，其预告引流的时机与普通直播活动是有一定区别的。一般来说，大型直播活动预热有以下几个关键时间。

表 5-1　大型直播活动引流时间安排表

发布时间	发 布 内 容	作 用
直播一周前	与直播有关的图文或短视频	设置悬念，激发用户好奇心，进行直播宣传，给用户留下初步印象
直播前三天	介绍直播的产品信息、优惠信息、直播的时间和平台、直播嘉宾等内容	多平台分发，避免流量流失；整合品牌资源，进一步为直播活动造势
直播前一天	新内容的图文或者视频，邀请观众留言互动，并在图文或视频中再次说明直播的时间和地址	与观众互动，调动用户的参与兴趣，邀请用户进入直播间；对直播间进行持续曝光和引流
直播前半小时	介绍直播的核心内容，并且可以告知用户在直播间有更多福利	通过派发福利的形式吸引用户注意，再次提醒用户进入直播间，并给直播团队应对突发情况的缓冲时间

二、直播预热引流渠道

根据流量的来源，可以将直播预热引流渠道分为公域流量引流模式和私域流量引流模式两种。

（一）公域流量和私域流量的概念

1. 公域流量

公域流量，也叫平台流量，是指商家通过淘宝、京东、拼多多等平台销售商品所获取的流量，它不属于单一个体，而是集体所共有的流量。这一类平台的流量是各个平台商家入驻后通过搜索优化、参加活动、投入推广费以及开展促销活动等多种方式获得的。

2. 私域流量

私域流量是相对于公域流量而言的,是指不用付费就可以在任意时间、任意频次直接触达用户的流量,如 QQ 号、微信号、社群上的粉丝,就属于私域流量。

私域流量的用户属于个体,而公域流量的用户属于平台。

(二)公域流量和私域流量的引流模式优劣势对比

私域流量和公域流量各有优势和劣势,二者之间的优劣势对比如表 5-2 所示。

表 5-2　私域流量和公域流量的优劣势对比

	优　　势	劣　　势
公域流量	① 受众面广,可将信息快速传递给受众人群,形成广而告之的效应。 ② 持久化刺激消费者,有助于塑造品牌形象。 ③ 保持品牌活跃度和竞争规模,增加品牌存活时间	① 没有支配权,需要依靠于平台获取流量,不能完全掌控自己的流量分发,只能跟随平台的发展规律顺势而为。 ② 每次流量的使用需支付高昂的费用,也就是说只能以付费或活动等方式,在满足平台规则的原则下获取流量,且用户留存率较低
私域流量	① 营销成本低,可以直接触达用户。 ② 防止老用户流失,更方便通过活动等渗透,跟用户建立品牌情感关系。 ③ 有助于塑造品牌,用户可近距离感受企业服务,增强对品牌的认知,形成叠加影响	当私域流量池中的用户发展到一定水平以后,稍有不慎,很可能会出现不便于管理的情况,因此私域流量对商家的运营能力要求比较高

个人可以根据公域流量引流模式和私域流量引流模式的优劣势选择合适的引流模式,而直播团队通常会组合使用两种模式引流。

例如,在淘宝平台做直播引流,直播团队通常会在开播的时候通过投放钻石展位引流。这就是一种公域引流模式。直播团队可以引导用户加入粉丝群,这样就可以在下次开播或有活动的时候在粉丝群中通知。粉丝群中的引流属于一种私域引流模式。

(三)公域引流

1. 短视频平台

短视频具有生产流程简单、制作门槛低、参与性强等特点,并且其制作周期较短,内容十分具有趣味性,对于生活节奏越来越快,时间呈现"碎片化"特点的现代人来说,短视频已经成为休闲娱乐、转移注意力的有力渠道。因此,直播团队都非常重视短视频平台的直播预热宣传。短视频平台的预热方式有以下几种。

(1)直播预热信息+常规的视频内容。

采用"直播预热信息+常规的视频内容"的方式进行预热,是指直播团队为直播发布一则视频,这则视频的内容与平常的视频风格一致,可以吸引已经积累的粉丝进行观看,而在视频的后半部分,加入直播预告内容。但是需要注意的是,这种方式对于视频文案撰写团队有较高的要求,要在符合原有风格的基础上进行直播预告,不能太过于生硬和突兀,以免引起用户反感。

（2）纯直播预热引流的视频。

纯直播预热引流的视频，往往都是由主播出镜直接告知粉丝直播的开播时间、商品信息等。这种方式可以充分展示直播的核心内容，是直播团队较常使用的预热方式之一。例如，某企业团队在直播前，在抖音上发布了一则视频，告知用户具体的直播时间和直播的商品清单，吸引对该类商品有兴趣的用户进入直播间观看。

（3）宣传福利内容的视频。

很多用户都有追求高性价比的心理，在直播预热视频中宣传直播间中的福利活动，可以吸引更多的粉丝兴趣，提高直播间的关注度，从而增加直播间的在线人数。

（4）实地考察类的视频。

这一类视频的内容多为主播团队亲自到商品的生产、销售等实际场景中去进行采访和拍摄，将这些真实的过程分享给用户。在直播前，主播分享直播商品的实地考察类视频，可以让用户充分地了解商品的真实信息，增加对直播间的信任感，进而吸引顾客进行消费，提高购买转化率。

（5）测评类视频。

测评类的视频目前也是用户关注度较高的一类视频。这一类视频通常是由主播对某些商品进行使用之后的使用感受分享，或者是按照一定的标准对于商品进行有关商品质量或者功能的检测，分析之后进行评价。对于直播间即将要介绍的产品，主播团队可以在开播之前为产品拍摄测评类的视频并分享给用户，直观地向用户展示商品的特点和优势，以吸引消费者进入直播间进行消费。

（6）直播片段短视频。

在进行直播预告时，可以将上一次直播时的一些有趣内容剪辑成视频发布在短视频平台上，让用户对于正式直播感兴趣，从而达到为直播引流的目的。例如，某知名主播的团队会将之前的直播中的有意思的内容制作成短视频，娱乐粉丝的同时为下一场直播进行宣传。

2. 微博平台

微博作为最有影响力的社交平台之一，很多主播和直播团队都会在微博上开设自己的官方账号并进行直播预告宣传，告诉微博粉丝直播的时间和信息。微博上能够发布的直播预告形式十分多样，可以直接发布直播的时间、主题、商品，可以与粉丝进行抽奖互动，也可以告知粉丝直播间的福利活动，还可以预告将要来到直播间的嘉宾。通过宣传直播间的亮点来吸引有兴趣的用户，从而提高直播间在线人数。

3. 电商平台

一些直播团队拥有自己的电商平台店铺（淘宝店铺、京东店铺、拼多多店铺等），在进行直播引流时，直播团队可以选择在店铺的首页、商品详情页、店铺微淘等页面进行直播信息宣传，以便关注了店铺的用户可以及时关注到直播信息。

（四）私域引流

1. 微信公众号

直播团队通常会注册自己的微信公众号，并通过发布公众号文章的形式将直播信息推送给订阅公众号的微信用户。在微信公众号上，直播团队可以发布长文案来介绍直播信息，包括直播时间、主题、商品清单，同时会插入一些海报或者是图片，强调直播重点信息的同时，提高用户的阅读体验。

2.社群

主播可以组建自己的粉丝群,在直播之前将直播的主题、内容等信息发布在粉丝群内,吸引粉丝观看直播。直播团队也可以在粉丝群内进行互动,提高直播的关注度。在粉丝群里发布直播预告的形式有很多,可以是文字宣传,也可以是图片或者短视频的形式。

3.修改账号昵称

很多主播在进行直播预告的时候,会选择修改自己的账号昵称,并在账号的个人简介的地方,写上将要进行直播的时间。这样一来,看到或者是已经关注了主播的用户,就可以一眼看到主播的直播时间,感兴趣的用户就会进行观看。

思政园地

助力乡村振兴 ×××网络打造数字化助农新模式

2023年5月1日,×××网络开启了助力安徽乡村振兴直播专场。5月1日至3日,×××网络连续三天不停歇地进行直播,累计观看人数超过2 200万人,相关作品播放量超过1.5亿次。这是×××网络助力乡村振兴战略的一部分。在直播中,主播表示,此次助力安徽乡村振兴专场直播精选的优质农品全部来自可追溯的原产地。通过直播,×××网络希望支持安徽本地农业发展,让更多的农民受益。同时,此次直播还同步联动了抖音"萤火计划""山货上头条"项目,共同探索直播助农的平台化、生态化、长效化。

114个新老品牌百余件人气产品,助力乡村振兴安徽馆

据悉,5月1日至3日,共有超百件来自乡村的宝藏好物,从原产地来到直播间。这些主打"以自然调味,绿色天然无添加"的原产地农产品,在直播间引发观众热烈反响,多款产品一经上架就被选购一空,3天直播累计成交订单量超过47万单。此次直播中,×××直播团队保持高品质、高性价比的选品标准,精心挑选了诸多安徽优质品牌,包括"富光""科大讯飞""洽洽""荣事达""三只松鼠"等114个新老品牌的百余件人气产品。助力乡村振兴安徽馆作为×××网络2023年助农的第一站,以主播的家乡安徽为起点。

实现助农直播常态化,跑出乡村振兴的"加速度"

"我们想让安徽和全国各地的优质农产品被更多人知道,让大家能通过我们直播间,品尝到全国各地的特产和农货。"主播在直播中表示。未来,×××网络将不忘公益助农初心,持续探索内容电商新模式下的更多发展路径,让更多地区的优质农产品搭上数字经济的"快车",跑出乡村振兴的"加速度"。助力乡村振兴是×××网络的三大战略之一,今后,×××网络将继续带观众们云游祖国大好河山,共寻品质农产好物,传扬优秀传统文化,逐步实现助农直播常态化。

通过助力乡村振兴直播专场,×××网络打造数字化助农新模式,让更多人了解和支持乡村振兴,同时让更多农民受益,实现共赢局面。

思考:直播对乡村振兴有何帮助?

任务二　直播中互动引流

导入案例

　　3月15日,作为某乳业集团"3·15消费者日"系列活动之一,该乳业集团总裁走进中国乳业首个"总裁厨房"直播间,与消费者线上"面对面"交流互动。活动现场,该总裁使用企业多款产品参与创意美食制作,成功完成30层拿破仑蛋糕制作挑战,得到广大网友广泛点赞和好评。

　　通常拿破仑蛋糕只有3层,为何要在"总裁厨房"直播现场挑战30层? 不怕现场失败吗? 该总裁在直播中表示:"一般买到的拿破仑蛋糕是3层,我们挑战十倍,不光好吃,有仪式感,更要考验原料的品质。"该总裁使用企业旗下的稀奶油、黄油、牛奶等原料挑战30层的拿破仑蛋糕。

　　直播间内,该总裁一改往日职业形象,变身为烘焙大师:"好奶油颜色是白的,带一点淡黄色,非常的细腻,很均匀,倒稀奶油的时候不会有沉淀""30层拿破仑蛋糕最关键的是原料品质,一是要吃起来足够软,另一个是原料有足够支撑力""十斤牛奶一斤酪,钙、蛋白含量更高,更健康的零食辅食"……

　　通过现场实际操作展示,该总裁一边挑战30层拿破仑蛋糕,一边和网友分享烘焙的技巧和知识点,一边介绍各种乳制品的使用方法。主持人同时也拿起了蓝莓口味酸奶,向消费者展示配料表:"蓝莓酸奶,配料表很简单,只有生牛乳、蓝莓,回归酸奶本真的味道"。同时,该总裁还在直播间中多轮派送打蛋器、烘焙工具套装、烤箱等福利。

　　历经47分钟的制作,伴随着"好想吃呀""求把蛋糕抽奖""能快递吗"等刷屏弹幕,30层拿破仑蛋糕终于成功完成,共重15斤,该总裁挑战成功。

　　本次直播,该总裁借助直播平台,以30层拿破仑蛋糕为切入点,向消费者展现烘焙的生活场景:"做烘焙,是陪伴家里人的一个机会,也有一种很强的仪式感。"在直播中边做蛋糕边分享烘焙的技巧和知识点以及各种乳制品的使用方法,直播互动多,效果良好。

知识准备

　　一场直播的时间基本上都在两小时以上,在长时间的直播过程中,如果主播全程只是自己介绍商品,将会使用户逐渐感觉到无聊,直播间的气氛也会变得沉闷,观看人数也会随之减少。为了增加直播间流量,主播在直播时可以通过互动来进行引流,调动用户的积极性和直播间人气,从而吸引更多的用户进入直播间观看直播。

一、派发红包

　　在直播过程中派发红包,是主播与用户互动、调动直播间气氛、聚集人气最有效的方法之一。

（一）派发红包的步骤

向用户派发红包有以下三步。

1. 约定派发时间

在正式派发红包之前，主播要提前告知用户，自己将要发放红包的准确时间。一般提前5～10分钟告知用户即可，避免用户因等待时间太久丧失耐心。此外，主播在预告发放时间时还可以引导用户邀请自己的朋友到时进入直播间，一起参与抢红包的活动。这样，不仅可以活跃直播间的氛围，同时也能够快速提高直播间的流量。

2. 派发红包

到了约定时间后，主播就要准时在直播间派发红包。主播可以在发红包之前，与直播间的观众一起进行倒计时活动，以增强活动的气氛，同时也能让用户产生领取红包的紧张感。

3. 直播平台之外抢红包

为了更好地将公域流量转化为私域流量，除了在直播平台发放红包之外，主播还可以在微博、微信等平台给用户派发红包，并提前告知用户，领取其他平台上的红包必须要加入主播的粉丝群。这样可以实现向站外平台的引流，从而使直播的效果发酵。

（二）派发红包的策略

每个直播间的在线人数不同，所以直播间发红包的方式也不同，因此每个直播间都应该找到适合自己直播节奏的发红包的方式，才能够更好地为直播间增加人气。下面以在线人数不足30人的新直播间和在线人数超过200人的成熟直播间为例，来介绍直播间的红包派发策略。

1. 在线人数不足30人的新直播间

新直播间前期在线人数较少，粉丝量也较少，主播使用派发红包的方式可以快速提升直播间的人气，但是一定要让用户进入粉丝群，在粉丝群中派发红包。

主播在介绍一款产品后，感兴趣的用户将会下单。主播可以等用户下单后邀请用户进入粉丝群，此时，主播可以说："接下来我们将进入派发红包的环节，主播稍后就会在粉丝群发放大额红包，还没有加入粉丝群的宝宝们要抓紧时间进群了，宝宝们直接点击直播间左上角的主播头像，点击加入粉丝群就可以进群了，大家抓紧时间，不要错过这一波大红包！"

在主播讲解加入粉丝群的步骤时，主播或者助播可以拿着手机，对着直播间的镜头展示如何进入粉丝群。接下来，主播就可以进行倒计时，让粉丝群内的用户做好准备。在倒计时结束后按时发放红包，并在红包活动结束后，打开粉丝群，在直播间展示抢红包的画面和参与红包活动的人数。

2. 在线人数超过200人的成熟直播间

直播间的在线人数超过200人，意味着直播间已经有了一定的粉丝和人气基础，这时，主播已经不需要在粉丝群派发红包，直接在直播间派发红包可以增加用户在直播间的停留时长，并提高直播间的转发量。具体方式如下。

首先，主播要避免在固定时间发放红包，而应该选择在直播间的流量节点或者互动点发红包，例如可以选择在直播间点赞数超过1万次时发红包。这样，用户参与互动，进行点赞、评论、转发的积极性会更高，可以快速提高直播间人气，同时也能够避免用户只在指定时间进入直播间抢红包，抢完红包就离开的情况。

其次，在较为成熟的直播间，主播派发的红包金额不能太低，一般不能低于200元，并且要向用户详细地告知红包的最低金额,激发用户兴趣。

最后,主播除了在直播间派发现金红包之外,也可以选择发放口令红包。口令红包是指在红包中设置输入口令,一般为商品或者品牌的植入广告语,用户需要输入口令才能够抢到红包。这样可以加深用户对于商品或品牌的记忆。一般来说,口令红包多采用优惠券的形式。在领取优惠券之后,大多数用户会选择购买商品来使用优惠券,进而提升了直播间的购买转化率。

（三）派发红包的作用

（1）红包对于大多数的用户都有较大的吸引力,因此用户会积极参与直播间派发红包的活动,这样可以快速解决直播间在线人数少、气氛较差的问题。同时,主播也可以通过派发红包的活动与用户建立起信任,增加在用户心中的好感度。

（2）每介绍完一个产品就发起一次红包活动,可以延长用户在直播间的停留时长,激起直播间的互动氛围。

（3）解决关注增量问题。用户要进入直播的粉丝群领红包,就得先关注主播,关注增量能带来绝对的权重,从而可以提高直播间的观看量。

二、抽奖活动

直播抽奖是指为了博停留跟赚互动,合理地安排抽奖环节,引导粉丝留在直播间并随时关注抽奖,从而调动参与直播互动的氛围。有的主播在开场就来一波抽奖,快速引起大家注意,而有的在直播中场大家比较疲乏的时候安排抽奖,重新点燃互动积极性,在实际操作中,主播可以根据当前直播节奏去安排抽奖。

（一）抽奖活动的类型

1. 开场抽奖

在直播刚开始的时候就先发起抽奖,主要目的是让已有的观众帮助转发,积攒人气。一般开场抽奖的规则是:人数达到某数值即开始抽奖,或点赞数达到某数值即开始抽奖。开场抽奖的奖品可以安排一些具有较大诱惑力的产品,以增加观众进入直播间的吸引力。

2. 整点抽奖

整点抽奖主要目的是让观众持续关注,保证人气,避免在抽奖后就离开。整点抽奖的奖品可以稍微平价些,每次抽奖的奖品也可以是不同的产品。

3. 问答抽奖

问答抽奖是指主播提问,观众问答正确即可参与抽奖。一般主播会问与产品相关的问题,这样既能增强互动,也能达到宣传产品的效果。

4. 留言评论抽奖

留言评论抽奖是指观众在直播间的评论区进行评论,直播团队通过截屏进行抽奖,这也是进行互动,提高直播间热度的一种方式。

（二）抽奖活动的方式

1. 福袋抽奖

主播可以采用口令引导的方式进行福袋抽奖。其核心目的是与用户进行互动,从而增加用户在直播间的停留时长,同时也可以达到为直播间拉新流量的目的。主播可以充分利用福袋时间,进行多重引导,与新进来的路人进行互动,从而触发不同的利益点。

2. 红包抽奖

主播可以采用红包抽奖的方式来回馈粉丝,对于一些老客户可以适当增加红包的丰厚程度,而且可以利用红包抽奖来吸引更多的用户进入直播间,提高新进直播间用户的红包参与度。这样的方式不仅可以增加用户的停留时长,调动直播间氛围,也能够提高用户黏性,增加直播间的忠实粉丝数量。

3. 下单抽奖

在直播过程中,主播可以提前公布奖品内容,并限定抽奖的条件,比如,只有下单的用户才能参与抽奖、一次性购买金额满 200 元即可获得 1 次抽奖机会等。主播通过向用户说明抽奖的方式与条件,引导用户下单购买产品,并参与抽奖。最后在下播前,主播要及时公布中奖名单,并认真履行承诺。

4. 签到抽奖

签到抽奖是指主播按照用户在直播间签到的天数进行抽奖。每天定时开播的主播可以在直播间告知用户,如果用户连续七天在直播间进行签到、评论,并将签到截图发送给主播,主播团队确认无误后,即可获得主播送出的礼物一份。

(三)抽奖的原则

(1)奖品最好是主播在直播间介绍过的产品,可以是销量较好和好评较多的爆品,也可以是新品。

(2)主播应当根据直播间实时的点赞数和评论量来调整直播抽奖活动的节奏。

(3)抽奖活动应当分散在直播的各个环节里,避免因为过于集中,用户在抽奖结束后大量退出直播间,导致直播间人气下滑。

三、发放优惠券

优惠券种类较多,常见的有粉丝券、店铺粉丝专享券、达人定向粉丝券等。

粉丝券是指主播在直播间进行发放,仅限粉丝领取的一种定向优惠券。粉丝券本质是商家优惠券,成本由商家承担,需要商家自行创建,与商家创建的其他优惠券不可叠加使用。可以设置店铺官方账号粉丝专享券,或设置达人定向粉丝券。

店铺粉丝专享券是指商家通过店铺绑定唯一账号直播间发放,用户需要关注店铺才能领取的优惠券。

达人定向粉丝券是指商家与达人合作,仅限特定达人在其直播间发放,用户需要关注达人才能领取的优惠券。

粉丝券有助于商家及达人在直播时将直播间的看客转化为自己的粉丝,提升直播间涨粉能力。通过发放粉丝专享福利,增强粉丝黏性。

主播在直播间操作发券后,该主播粉丝用户可以在直播间点击领取,若用户不是该主播粉丝,页面会提示需要关注后成为粉丝才能领取。

用户领取后,需要在使用时间范围内,选购该优惠券可用商品,在符合优惠券使用条件时可使用该优惠券。

四、赠品促销

赠品促销是指主播向购买产品的消费者实施馈赠的一种促销行为。具体实施原则如下。

（一）赠品与商品本身要有内在关联性

赠品设计中有一个基本的原则，那就是尽量送与产品有关联的赠品，譬如买牙膏送小塑料杯，买眼影送化妆刷等。这样能够使消费者在使用这些赠品时随时产生对品牌的联想。主播团队必须要从产品的特征、功用和品牌的属性、内涵等多方面进行斟酌，找出与产品本身、品牌诉求有关联性的赠品。同时更要注重赠品带给顾客的价值感和实用性，只有这样，才能够使赠品赠得有效，达到为直播间宣传引流的目的。

（二）赠品一定要让顾客容易拿到

顾客通常会或多或少地有一种获得赠品的心理。由于直播间数量众多，大多数顾客常常是看一下，如果直播间不够有吸引力，用户就会退出直播间，而有礼品或服务赠送，往往是让顾客停留更久的非常有效的手段。主播进行赠品促销活动，最好减少一些不必要的环节，让顾客更加容易获得，从而建立起用户对主播的信任。

五、与名人合作

为了增加直播间的流量和热度，直播团队会与名人进行合作，将名人邀请到自己的直播间来进行宣传。一般地，只有影响力和商业价值较大的头部主播才能邀请到名人，而且名人进入直播间进行宣传一般与商品品牌方有较大的关系。

邀请名人进入直播间，主播可以利用名人提高自己的粉丝量，增加直播间的在线人数，同时也能够帮助提升主播自身的影响力。名人也会利用自己的影响力帮助主播对所代言的产品进行推广和宣传，帮助产品销售，提高带货能力。这样的方式，可以实现主播和名人的双赢。此外，头部主播邀请名人进入直播间，也是主播进行人脉资源积累的一种方式。

六、企业领导助播

随着电子商务不断发展、物流体系不断完善，企业的实体店销售模式面临新的冲击，一些知名企业的领导纷纷走进直播间进行直播。对于企业来说，直播的深远意义不仅仅在于带货，更多的是为消费者提供一个新的了解企业、了解产品的渠道，让消费者通过新的沟通渠道感知到传统产业的鲜活。

企业领导可以通过直播了解消费者对于产品的看法，直接与消费者进行沟通，将企业最核心的发展理念、品牌概念传达给消费者，同时也可以借助自身的身份为产品质量进行背书，让消费者感受到企业的品牌责任感，增加对于企业的信任。此外，企业领导进入直播间也能够吸引一定的流量，增强直播间的影响力。

七、点赞互动

点赞互动是主播用来激励用户持续停留的一种方式。通过点赞互动，可以让具有一定用户黏性的老客户长时间停留在直播间，同时也可以吸引一些新用户进入直播间。

点赞互动对于主播的控场能力有较高的要求，主播一定要及时关注直播间的点赞数量，达到要求之后及时履行承诺，避免出现用户质疑活动真实性的情况。

此外，在直播间进行点赞互动时，主播一定要向用户说明点赞互动送福利的条件，并邀请用户关注直播间及加入主播的粉丝团，从而达到宣传直播的目的。

八、评论互动

（一）主播进行提问

主播在介绍商品时,可以提出关于商品的一些问题,并告知用户可以在商品详情页找出问题的答案。在评论区说出正确答案的用户,可以参与主播发起的抽奖送福利活动。

由于用户需要在商品详情页找到答案,因此很多用户会打开商品详情页,这样不仅提高了商品详情页的点击率,用户在寻找答案的过程中也加深了对产品的了解,提高了用户购买的可能性,同时也提升了直播间的互动热度。

（二）回答用户问题

对于评论区观众提出的各种问题一定要重视,积极回答评论区的留言,当用户感觉被重视,就会更有参与感,更积极地互动,从而进一步提升直播间氛围。

九、连麦互动

当前大多数的直播应用,使用的是单主播模式,主播与观众主要使用文字、点赞、礼物等方式进行互动。在主播直播时,如果能够与粉丝进行实时的视频互动,给观众连麦露脸的机会,这将大大提高用户的参与感与幸福感,增加用户黏性。连麦互动直播相比传统单向直播,给予观众更直接的参与感以及与主播音视频实时互动的满足感,更能刺激用户消费,对提升直播间的活跃度和黏性有明显作用。

2020年11月,有一条在网上点播量超5.2亿次的短视频,让时任新疆伊犁州昭苏县副县长的贺娇龙一夜爆红。视频中的贺娇龙一袭红衣,在雪地里策马奔驰,飒爽风姿吸引了无数人的目光,这段视频是贺娇龙为了宣传自己家乡而拍摄的。随后这位女县长便经常活跃在网络上,利用自己的名气为家乡代言,甚至还走进直播间做起了带货主播,更是做出了一年带货1.4亿元的好成绩,并且还带动当地2 000多人就业。光靠一个人的能力总是有限的,只有更多的人加入宣传团队中来才能更好地推动伊犁经济、旅游产业的发展。所以,随后伊犁州成立了新媒体联合会,贺娇龙希望把自己做直播摸索出来的经验和大家一起分享学习,从中发掘出有潜质的年轻人和她一起把"贺局长说伊犁"直播间办得更好。

思考：政府官员做直播可以给当地带来哪些益处?

任务三　直播后二次引流

参与"二创"的用户觉得自己"赚到了",而通过佣金获得回报的 MCN 机构和主播同样不亏。

"你的收入来自商品佣金,卖出去后根据商品不同,有的拿几块钱,也有的能达到几十块。卖出商品后你拿佣金的 50%,机构拿另外 50%。"某主播的授权方告诉记者。

"一般的佣金分成比例是 30%~60%。不是指带货流水的 30%,而是指商品的佣金30%。比如 100 元的商品,佣金是 30 元,你就能分到 9 元钱。如果是做得比较好的被授权账号,MCN 机构可能会给一个更高的佣金比例,比如 60%,那么 30 块钱的佣金就能得到 18元,剩余的就给主播所在的机构。"张春松介绍。

各大平台头部主播通常拥有巨大的流量。以某知名主播为例,其在抖音平台拥有 1 亿个粉丝,直播带货月销售额长期稳定在数亿元。基于此,一些从事该知名主播带货视频"二创"的账号,也取得了不错的成绩。

如某被授权账号信息显示,有超过 6.5 万个粉丝跟随该账号购买,其推荐的商品已售超过 10 万件。作为授权方的知名主播公司,自然也能从中获得不菲的收益。此前有媒体报道称,该知名主播直播切片的收益分成高达每月 1 600 万元。

知识准备

一、直播后二次引流的作用

直播时不能只关注直播现场的传播效果,还要做好二次传播。即时性是直播不同于其他传播沟通渠道的差异点,考虑到直播整体时长较长,而用户已经习惯了碎片化接收信息,直播完整视频可通过截取片段进行二次传播,可以进一步扩大影响范围,延长直播内容的生命周期,挖掘潜在消费者和吸引粉丝参与,从而吸引更多的流量,增加曝光度。

二、直播后二次引流的方法

常见的二次引流形式包括制作高质量的视频、制作战绩海报以及通过与粉丝互动进行引流。

(一) 短视频传播

在直播后,团队可以将直播中的一些精彩片段剪辑成短视频投放在主流媒体平台。这样既能够让错过直播的用户了解直播的主要内容,也能够持续地为直播间带来一定的关注度,进而持续为商品销售进行引流。

短视频传播引流想要获得较好的效果,创意和视频质量至关重要,并且对于直播团队的短视频文案撰写、视频标签的设置以及分发平台的选择和分发信息的设置都有较高的要求。制作视频时,可以通过产品的特点来进行剪辑。具体操作上可以在直播前做好传播计划,提前准备好宣传文案,活动结束后第一时间把现场照片、直播视频截图或片段整理成短视频的形式发布在社交媒体上。一些知名主播都是通过直播精彩片段在各大平台的传播引发了热度的进一步提升和影响力扩大。

(二) 战绩海报传播

通过战绩海报将直播的效果以及主播的带货表现进行推广,是直播二次引流的常用方式之一。将直播主题、主播销售业绩等数据通过海报的形式展现,可以达到直播宣传和突出战绩的目的。将直播中合适的数据在海报中进行呈现,并运用恰当的文案进行描述,可以提高直播间的人气和品牌的影响力。

战绩海报中应包括直播平台、直播内容、主播等信息,选择的直播数据一般为销售额、在线人数等。直播团队会将制作好的战绩海报分别发布在微博、微信公众号、头条等不同的平台进行宣传,以此来达到为直播间二次引流的目的。

(三)粉丝互动传播

在直播正式开始前,与粉丝互动可以达到为直播引流的作用;在直播过程中,主播与粉丝进行积极的互动,可以提高直播间的在线人数和热度,同时也能够提高直播间的购买转化率;在直播结束后与粉丝进行互动,则很大程度上会决定粉丝是否能成为忠实顾客。因此,对于直播团队而言,不管是在直播的过程中还是在直播结束后,与粉丝进行互动都是非常必要的。在直播结束后,主播持续与粉丝进行互动交流,是直播团队进行二次引流的有效方法之一。

 思 政 园 地

抖音平台直播切片号风险须知

首先,一定要经过主播的授权,否则容易被平台封号。其次,抖音作为内容平台,如果同质化的内容越来越多,对直播切片带货的监管也会越来越严格。第三,低门槛高收益的直播切片号存在一些问题:首先,流量匮乏是一个问题,因为同质化的竞争很激烈,视频素材有限,许多人都在做这个领域,观众可能会感到厌倦。许多主播已经暂停了授权或提高了标准,一方面是为了防止太多质量不高的账号混入,另一方面是为了保护授权方的权益。其次,直播切片本质上是依靠大主播吸引粉丝来变现,账号上的粉丝并不属于切片账号。一旦主播遇到问题,切片账号也就无用了。简单地截取带货片段然后发布可能被认为是质量不高或抄袭,并会限制流量。考核完播率和互动率等相关数据,挂上小黄车后,平台会额外考核视频的转化指标。如果转化效果不佳,也会影响流量分配。要想做好直播切片,需要提高账号的运营能力和剪辑技巧。

思考: 如何规避直播切片号风险?

 项目小结

本任务围绕直播前、直播时、直播后三个阶段的引流互动知识展开讲解,重点阐述了引流的时机和方法,旨在帮助学生更好地掌握提升直播流量,增加与顾客互动的方法,以胜任企业岗位要求。

  知识与技能训练

一、单选题

1. 不属于公域流量引流渠道的是(   )。

A. 抖音　　　　　B. 快手　　　　　C. 微信朋友圈　　　D. 微博

2.（　　）是主播用来激励用户持续停留的一种方式。

A. 点赞互动　　　B. 评论互动　　　C. 连麦互动　　　D. 抽奖活动

3. 在线人数超过 200 人的成熟直播间,主播在直播间一般应发不低于(　　)元的红包来调动直播间气氛。

A. 50　　　　　　B. 100　　　　　C. 150　　　　　D. 200

4. 战绩海报中应包括(　　)、直播内容、主播等信息,选择的直播数据一般为销售额、在线人数等。

A. 直播时间　　　B. 直播平台　　　C. 抽奖活动　　　D. 直播主题

5. 私域引流的方法不包括(　　)。

A. 微信公众号　　B. 社群　　　　　C. 微博　　　　　D. 修改账号名称

二、多选题

1. 短视频平台的预热方式有(　　　)。

A. 宣传福利内容的视频　　　　　　B. 实地考察类的视频

C. 直播预热信息＋常规的视频内容　　D. 纯直播预热引流的视频

2. 二次引流的方法包括(　　　)。

A. 短视频传播　　B. 战绩海报传播　C. 粉丝互动传播　D. 微信朋友圈传播

3. 粉丝互动的方式包括(　　　)。

A. 举办粉丝活动　B. 抽奖、发放福利　C. 创作优质内容　D. 感谢粉丝

4. 主播进行抽奖活动的方式有(　　　)。

A. 福袋抽奖　　　B. 问答抽奖　　　C. 整点抽奖　　　D. 签到抽奖

5. 与粉丝互动的方式有(　　　)。

A. 发起话题进行讨论　　　　　　　B. 抽奖、发放福利

C. 创作优质内容　　　　　　　　　D. 举办粉丝活动

三、实践题

1. 大型直播营销活动的预告时间通常可以如何安排?

2. 直播前引流短视频的内容形式有哪些?

3. 直播的引流模式有哪几种? 不同模式的引流形式有哪些?

项目六 直播开播

素养目标

1. 具备较强的团队协作和团队互助意识。
2. 具备遵纪守法意识及诚信经营理念。
3. 具备勇于探索和尝试新思路和方法的能力。

知识目标

1. 掌握直播开场方式及技巧。
2. 掌握直播间氛围设计和节奏把握的技巧。
3. 掌握直播产品的讲解方法。
4. 掌握销售促单技巧,进行优惠活动设计与推广,搭配推荐与展示。
5. 掌握直播收尾的技巧。

技能目标

1. 能够进行直播流程规划。
2. 能够应对意外情况。
3. 能够进行有效的实物展示、准确回答观众提出的问题。

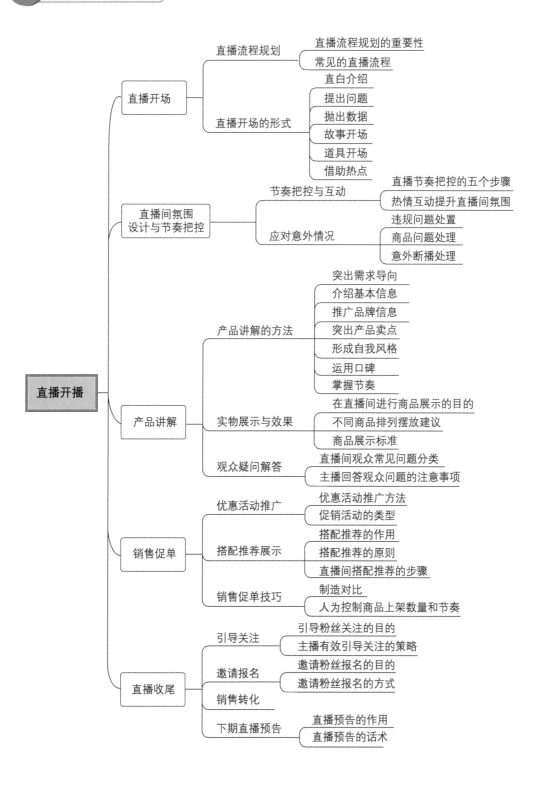

任务一　直播开场

 **导入案例**

　　××优选商贸有限公司是一家经营四川农产品的企业,该公司成立于2022年,由一群返乡创业的大学生组建,这群大学生期望通过直播,带动当地农产品销售,该公司已经申请开通了属于自己的账号,并组建了自己的直播团队,希望通过直播带货带动产品销量,新号开播,直播团队成员不知道该如何开场,不知道如何有效介绍商品,不知道如何掌控直播间节奏。本任务着重解决上述问题。

 **知识准备**

　　在直播过程中,直播的开场至关重要,它决定了直播给观众的第一印象,也决定了观众的去留,开场如何吸引观众的眼球,如何引起观众的兴趣,成为直播的关键。在直播开场阶段,观众的心里通常想的是"这个直播间到底是卖什么产品的",他们进入直播间后一开始都是抱着"随便瞧瞧"的想法。因此,主播在开始直播后,要立刻进入状态,向观众进行自我介绍,话语需要有一定的亲密感,以拉近彼此的距离。接下来,主播需要表明本场直播的活动主题,可以先卖个关子,告诉观众本场直播有哪些亮点,主要目的在于吸引观众注意,让他们停留在直播间。

一、直播流程规划

　　直播活动的时间比较长,所以在直播开场之前要做好直播的流程规划。直播流程规划是指在直播活动中,制定出详细的直播流程计划,以确保整个直播过程有序、高效地进行,并达到预期的效果。直播流程策划是电子商务直播运营中非常重要的一环,它直接关系到直播的效果和效益。

　　(一)直播流程规划的重要性

　　1.提高直播效率和质量

　　直播流程规划可以帮助运营人员提前规划好直播的流程和内容,避免在直播过程中出现混乱和重复的情况,从而提高直播效率和质量。

　　2.增强观众参与度和黏性

　　直播流程规划可以设计出有趣、互动性强的环节,吸引观众参与,增强黏性,提高观众的留存率和转化率。

　　3.提高直播的品牌影响力

　　直播流程规划可以将品牌理念、产品特点和营销策略融入直播中,提高品牌知名度和影响力,增强品牌忠诚度和口碑。

4. 提高直播的销售额和投资回报率

直播流程规划可以根据产品特点和目标受众的需求,设计出针对性强的直播内容和互动环节,提高直播的销售额和投资回报率。

(二) 常见的直播流程

1. "过款式"流程

"过款式"程是指在直播中按照一定的顺序逐个讲解商品的过程。所谓过款就是一场直播里,可能要介绍 N 款产品,一款接一款地介绍,一款产品可能就在直播里介绍一次。具体流程如表 6-1 所示。

表 6-1 "过款式"流程

时 间 安 排	直 播 内 容
20:00—20:10	热场互动
20:10—20:30	介绍本场直播第一款商品
20:30—20:50	介绍本场直播第二款商品
20:50—21:00	与用户互动环节
21:00—21:20	介绍本场直播第三款商品
21:20—21:40	介绍本场直播第四款商品
21:40—22:00	再次将本场直播中所有商品快速地介绍一遍

2. "循环式"直播流程

"循环式"流程是指循环介绍直播间商品的过程,适用于商品数量较少的直播。循环式直播带货流程,比较适合新手主播,因为如果是过款带货,产品比较多,需要主播对产品的了解和前期准备都稍多一些。具体流程如表 6-2 所示。

表 6-2 "循环式"流程

时 间 安 排	直 播 内 容
20:00—20:10	热场互动
20:10—20:40	介绍本场直播中的三款主推款商品
20:40—20:50	介绍本场直播中的一款"宠粉款"商品
20:50—21:20	介绍本场直播中的三款主推款商品(第一次循环)
21:20—21:30	介绍本场直播中的一款"宠粉款"商品(第一次循环)
21:30—22:00	介绍本场直播中的三款主推款商品(第二次循环)
22:00—22:10	介绍本场直播中的一款"宠粉款"商品(第二次循环)

二、直播的开场形式

直播开始前主播应该认真准备,确保自己的介绍能够吸引观众的注意力,并且能够让观众更好地理解直播内容。同时,主播还应该注意直播过程中的语言表达和情绪控制,以便让观众更好地感受到直播的气氛和氛围。直播的开场形式以下有六种。

（一）直白介绍

直白介绍是指直接告诉观众直播相关信息,包括直播主题、直播亮点、主播自我介绍、主办公司简介、直播话题介绍、直播大约时长、本次直播流程等。一些吸引人的环节（如抽奖、彩蛋、发红包等）也可以在开场中提前介绍,促进观众留存。

在直播开场要向观众准确介绍本场直播的活动主题和活动亮点,从而在直播一开场就吸引观众留下来。所谓亮点就是能够吸引消费者停留并下单的活动内容,一般来说直播亮点也叫直播利益点。利益点是什么? 利益点是占便宜的感觉,比如在直播间放的一些低价福利,就是一个利益点;在直播间里赠送的运费险也是利益点。利益点可以让观众有一种占便宜的感觉,这是观众停留下来的强有力的理由,同时也是别人给你点关注、跟你互动的理由。同时直播间推出的秒杀、福袋、抽奖、红包等活动都是利益点,主播一定要在直播开场的时候将整场直播最吸引力的优惠活动、福利活动介绍给粉丝,只有这样才可以尽可能地吸引观众留存。

（二）提出问题

开场提问是在一开始就制造参与感的好方法。一方面,开场提问可以引导观众思考与直播相关的问题;另一方面,开场提问也可以让主播更快地了解本次观众的基本情况,如观众所处地区、爱好、对于本次直播的期待等,便于在后续直播中随机应变。

如:欢迎××进来捧场,看名字应该是老乡,喜欢旅游,对吗?

（三）抛出数据

数据是最有说服力的。主播可以将本次直播要素中的关键数据提前提炼出来,在开场时直接展示给观众,用数据说话。特别是专业性较强的直播活动,可以充分利用数据开场,第一时间令观众信服。

如:"各位观众,今天开场给大家炸一单,出厂价589元的产品今天给你9.9元一单! 如果你们觉得主播的这个价格给力的话,请把'给力'两个字打在我们的公屏上面。"

（四）故事开场

相对于比较枯燥的介绍、分析,故事更容易让不同年龄段、不同教育层次的观众产生兴趣。通过一个开场故事,带着听众进入直播所需场景,能更好地开展接下来的环节。

如:"主播小的时候一到夏天就特别期待放暑假,因为父母都要上班,所以一放暑假父母就把我送到外婆家,到外婆家除了可以每天跟小伙伴一起玩耍,还有一件非常开心的事情就是能吃到外婆做的番茄炒蛋,外婆用地里现摘的新鲜粉色番茄配上自家养的鸡下的土鸡蛋,炒出满满一大盘番茄炒蛋,那是我记忆中最美的味道,每每回忆起在那个明艳的午后自己坐在外婆家院子里,红艳艳金灿灿的菜溢出饭碗,自己狼吞虎咽地吃着,外婆在一边打着蒲扇,一脸宠溺地嘱咐我慢点吃,那是如此的幸福与甜蜜,随着时间的流逝,外婆老了,岁月的皱纹慢慢爬上她的额头,她走路也不再像记忆中那样步态轻盈,但是记忆中的味道却让我回味一生,我永远记得地里现摘的粉果番茄的味道。"

这个故事的价值——引起观众对童年的回忆,引出直播间产品"粉果番茄"。

成功的品牌都是讲故事的高手。做好品牌介绍、讲好品牌故事是打动人心的重要手段。好的品牌故事不仅能够增加观众对商品的认知与好感,而且能够通过主播富有人情味的讲解进一步提高品牌形象。特别是一些自创品牌,可能暂时没有很高的知名度,但是可以通过介绍品牌创始人、企业理念等,树立一个良好的品牌形象。直播开场介绍故事的技巧主要有以下几个。

(1) 寻找适合介绍的角度。为品牌呈现高质量且有趣的内容,首先要寻找一个能充分展示品牌特色的角度,比如介绍发展历程、创新理念、产品展示等。

(2) 做好内容分层。要将上述角度分层,由浅入深,让观众更加容易接受,而非在品牌故事史堆砌大量细节,使其显得杂乱无章。

(3) 让内容感染力更强。为了让品牌故事能够吸引观众,建议在品牌介绍过程中加入生动形象的文字、鲜明的图片、适当的配乐等方式,使品牌特色更形象化、更具感染力。

(4) 恪守真实性。在直播中一定要做到真实,介绍品牌时应该采用客观真实的叙述方式,不可添加虚假信息。

(5) 保持活跃。在直播中介绍品牌故事时,应该保持活跃,多加入个人观点、自己的看法、互动和调侃准备,让观众觉得自己可以参与,以保持整体直播的活跃氛围。

(五) 道具开场

主播可以根据直播的主题和内容,借助道具来辅助开场。开场道具包括企业产品、团队吉祥物、热门卡通人物、旗帜与标语、场景工具等。

(六) 借助热点

参与直播的观众,普遍对于互联网上的热门事件和热门词汇有所了解。直播开场时,主播可以借助当前的热点事件或话题来吸引观众的注意力,让观众更容易对直播内容感兴趣。比如,如果正在直播某个热门游戏,主播可以提及最近发生的游戏事件或新闻,让观众感到与直播内容相关联。

 思政园地

近年来,在电商浪潮中成长起来的国潮品牌,持续加码互联网营销渠道。直播带货成了炙手可热的互联网营销手段。

作为老字号品牌,广东某商家此前就十分重视互联网营销的渠道。据悉,该商家通过电商平台多渠道触达消费者,其线上销售占比每年都在提高,2019 年已经达到 25% 以上;2020 前四个月,该商家线上销售的增幅达到 75%。商家首席营销官表示,我们相信在这一段时间,这个占比还会继续爬高。他说:"我们非常重视直播带货,这是一种新的推广模式,去年我们跟各个平台合作的直播就有 98 次。"早在去年 3 月份,该商家就直播了早茶文化节,成功地把广东饮茶文化推向全国。

企业集团有限公司副董事长兼执行董事在论坛上表示,当有需要的时候,很重要的一件事就是全员营销,无论是一线、二线员工,所有人都拿起手机,通过各种渠道与消费者、客户产生联系。"其中亮点的还是直播这件事情,我们把海洋馆、博物馆这些文旅项目搬到了线

上",他表示,直播是有效的连接手段,企业能够借助直播重塑品牌形象,与消费者重新建立起连接。

对于在电商平台上成长起来的国潮品牌而言,大力追赶直播电商的新风口则是他们的共同选择。

有专家认为,直播的意义在于助力企业,类似于抖音这样的直播平台正成为企业实施"新打法""新战略"的新生产工具。无论对于老字号还是国潮品牌,直播能有效解决流量聚集和品牌塑造这两个问题。

思考: 传统老字号品牌应该如何利用直播达到品效合一的效果?

任务二 直播间氛围设计与节奏把控

唤醒屋直播间经营的主要产品为桌面苔藓微景观,账号开通以来,已收获近10万个粉丝,不少产品已成为平台同类目的爆款,该品牌也被更多人所熟知。该直播间主创团队抓住年轻人的需求,不断设计改良产品,设计出数十款爆款微景观,在抖音上一度冲上平台同品类第一。

但是在直播间开播之初,团队也曾因为直播间人气不足,销量持续低迷而担忧,后来在团队负责人大树和主播小玉的不断努力下,大家积极调整销售策略,不断活跃直播间气氛,精准把控直播节奏,实现了直播销售额的稳步提升。那么对于千千万万的处在起步阶段、粉丝量较少的直播间而言,直播开播后究竟该如何活跃直播间氛围,如何把握直播节奏呢?

大多数主播在一次直播过程中要推荐数十款商品,某些时长较长的主播可能会推荐更多的商品,要想把这些商品都打造成"爆款"几乎是不可能的,此时主播可以合理安排商品的推荐顺序,用商品调动直播间的人气,带动销量不断攀升。同时在直播过程中经常会遇到各种各样的突发与意外情况,这也是对主播和直播团队的考验。

一、节奏把控与互动

(一)直播节奏把控的五个步骤

1. 直播预告互动预热

直播的开场方式会给用户形成对主播及直播间的第一印象,如果第一印象不好,用户就会立刻离开直播间,很有可能再也不会观看该主播的直播。因此,直播开场具有至关重要的作用,不管主播准备了多少直播内容,如果没有一个好的开场,就会事倍功半,甚至劳而无功。

一般来说,开始直播时观看人数较少,这时主播可以通过剧透直播商品进行预热。主播可以热情地与用户进行互动,引导其选择喜欢的商品。用回复口令进行互动的方式很快捷,直播评论区一般会形成"刷屏"之势,从而调动起直播间的气氛,为之后的直播爆发蓄能。

例如,某主播在直播开场时引导用户在评论区回复口令"新来的"参与抢购0.1元的包。该主播特意准备了限量低价包来给用户送福利,用户为了买到实惠的商品,纷纷在评论区留言,形成刷屏之势,使直播间的气氛迅速升温。

2."宠粉"款开局

预热结束之后,直播间的氛围已经开始升温,主播这时可以宣布直播正式开始,并通过一些性价比较高的"宠粉"款商品继续吸引用户,激发其互动热情,并让用户养成守候主播开播的习惯,增强用户的黏性。

在这一步尤其需要注意的是,"宠粉"款商品千万不能返场,销售完以后,即使用户要求返场的呼声再高,主播也不能心软,可以告诉用户第二天直播开始时仍然会有性价比超高的商品,以此提升用户留存率。

3."爆款"打造高潮

在这一步,主播要想办法营造直播间的氛围。这一步所占用的时间可以占到整场直播时间的80%,但只介绍20%的商品。主播可以利用直播最开始的剧透引出"爆款",并在接下来的大部分时间里详细介绍爆款商品,通过与其他直播间或场控的互动来促成"爆款"的销售,将直播间的购买氛围推向高潮。

例如,某主播在销售高跟鞋时,推荐的不再是低价、"宠粉"款商品,而是168元的外贸原单,属于高客单价商品,但互动和想要购买的用户仍然很多,因为只要在直播间停留5分钟,关注主播,并打出3遍"高跟鞋"口令,就可以领取70元优惠券后再用券下单。对于高客单价的商品来说,这种优惠非常让人心动,且每人仅限一双,因此用户们的参与热情很高。

4.福利款提升单场观看量(场观)

在直播的下半场,即使观看直播的人数很多,还是会有不少用户并非主播的粉丝。为了让这些用户关注主播,成为主播的粉丝,或让新粉丝持续关注主播,留在直播间,主播就要推出福利款商品,推荐一些超低价或物超所值的精致小商品给用户,引导用户积极互动,从而制造直播间下半场的小高潮,提升直播场观。例如,某主播为粉丝推出了粉丝福利,新款包包免费送,条件是点击关注,成为主播的粉丝,并踊跃互动,在评论区输入1,倒计时3分钟,最后抽取幸运粉丝送出福利。

5.完美下播为下场直播预热

很多主播经常忽视直播结束时的下播阶段,认为反正都要下播了,自己可以随意一些。不过,"行百里者半九十",主播在临近直播结束时更不能马虎,否则会让用户感受不到被重视的感觉。另外,主播利用好下播阶段,可以有效提升下播时的直播场观,还能提升下次开播时的直播场观。

主播在下播时可以引导用户点赞,分享直播;使用秒杀、与用户聊天互动等方式,在下播之前再制造一个小高潮,给用户留下深刻的印象,使用户感到意犹未尽。同时,主播可以利用这一时间为下次直播预热,大概介绍下场直播的福利和商品等。

(二)热情互动提升直播间氛围

直播时主播不能只顾自己说话,一定要引导用户热情地互动,提升直播间的氛围。直播间的热烈氛围可以感染用户,吸引更多的观众进来观看直播。直播间的互动玩法有很多,如发红包、抽奖、"连麦PK"、促销活动等,除此外还可以有以下方式。

1. 点赞及粉丝互动

在淘宝、抖音等直播平台中,点赞数量多少是直播是否成功的重要指标之一。因此,主播在进行互动时可以带有引导性地鼓励粉丝的点赞行为,如告诉粉丝当点赞数超过一定量之后将有一波促销活动。此外,在抖音平台,无论是娱乐型主播还是带货型主播,刷礼物是粉丝和主播之间极为重要的一种互动。粉丝为主播送礼物后,既可以活跃直播间的氛围,带动其他粉丝,也能建立起粉丝和主播之间的情感联系,同时还可以为主播和平台带来经济收入。因此,实践中我们常看到有主播鼓励粉丝送礼物,或者感谢粉丝送礼物。值得一提的是,直播电商与娱乐型直播有着较大的差别,不同于礼物在娱乐型直播中较高的重要程度,直播电商以销售产品为主要目的。因此,主播不能够为了鼓励粉丝送礼物扰乱产品介绍的节奏,而应做到主次分明。

2. 评论互动

直播间的评论是主播与粉丝互动的主要方式。当主播在评论区与粉丝互动时,不仅可以针对粉丝的提问介绍产品,避免主播无话可说的尴尬,还能够拉近主播与粉丝之间的距离。在通过评论区进行互动的时候,主播可以使用以下方法及技巧。

(1)引导粉丝评论。

为了提升粉丝的活跃度,主播可以通过设计互动话题引导粉丝在评论区进行评论。比如邀请老粉丝对店铺口碑或者以前买到的产品质量进行反馈,鼓励粉丝分享他们的购买体验。

(2)耐心在评论区回答粉丝问题。

在粉丝评论区,主播常会遇到粉丝提出各种各样的问题。主播需要对涉及产品的典型问题进行回答,例如产品材质、触感、价格、链接等方面的问题。有时候一个问题可能会因为粉丝进入直播间的时间不同而被反复问到,在此过程中,主播要在脚本允许时间内有耐心、有条理地回答粉丝提出的问题。

(3)积极对待粉丝质疑。

在实践当中,并非所有粉丝的态度都是积极友善的。有时,对之前购买经验不满意的粉丝会特意回到直播间直接向主播进行投诉。由于粉丝的评论是公开可见的,负面口碑对其他粉丝的影响甚至会超过正面口碑。对待这样的情况,主播在直播中对于粉丝反映的问题,需要尽量及时提供解决方案。但如果直播时间不允许详细解释,也不宜过度纠结,以免打乱直播节奏,这时运营团队中的专职人员可以接手将问题落实。

(4)鼓励粉丝参与直播剧情。

直播的脚本是经过精心设计的,但并不会详细到主播的每一个动作。此时,应该鼓励粉丝通过评论区的评论稍微参与直播间的剧情走向。例如,在主播试穿衣服时,有粉丝评论要求把衣服扎起来看看效果;当要求的人数较多时,主播响应评论做出相应的行动会大大活跃直播间的氛围。

(5)安排专职客服。

一场成功的直播,粉丝的数量和粉丝的评论数量是很大的。单凭主播一己之力去回复粉丝的海量评论容易出现疏漏。如果粉丝的反复提问并没有得到主播的及时回复,主播在粉丝心目中的形象会受到一定的负面影响。而设置专职的客服人员在评论区负责回答主播遗漏的问题能够在一定程度上解决这个问题。

二、应对意外情况

直播过程中难免会遇到各种突发情况,通常当意外发生时需要主播能够迅速反应,将损失降到最低。直播中的意外情况也是对直播团队的重要考验。

直播中过程中常见的意外情况主要分为以下三类:违规问题、商品问题、意外断播。

(一)违规问题处置

当一场直播出现违规的时候,会在各个大屏中收到相应的弹窗提醒,包括直播伴侣屏幕和直播大屏基础版的主播视角大屏,需要注意的是,主播视角大屏中的违规提示是默认关闭的,这时就需要手动去开启。

(1)当出现违规情况时,要迅速调查违规原因。

(2)重点了解违规内容和违规原因。

① 如果是违规警告和一般性违规行为,视情况考虑是否有必要提醒主播。

② 如果是较为严重的违规行为,应立即通知主播改正,并且告知主播具体的违规原因;若不是非常必要,下播后再考虑申诉。

(二)商品问题处理

在直播中商品出现问题主要是折扣价格错误、赠品设置错误、库存信息错误、SKU 信息错误,遇到这些情况时,运营要及时通知主播换品,把问题产品下架之后再去调整。

在收到场控给出的调整指令之后,主播要马上行动,在话术上做出调整,比如"姐妹们,在给大家讲这件衣服之前,我先给大家上一波福利吧。"通过这样一个承接的话术,把用户的注意力转移到福利品上面去,这样既能保住现在的用户,又可以给场控调整商品信息提供时间。

当一个商品出现问题时,运营人员还要检查一下同款或者同类商品是否也有同样的问题,比如一些批量设置的折扣和赠品等。

(三)意外断播处理

当直播电脑死机、网络、电力出现故障时,运营人员的头脑一定要非常清醒。首先第一时间下播,因为当直播画面出现黑屏卡滞时,平台给直播间的推流还没有停,这个时候数据会突然掉得很差,如不及时停播,就会影响下一场直播的推流速度。

要迅速用登录直播账号的手机,进入任意他人直播间,这样就可以自动被迫下播,然后等直播环境恢复后,按照恢复直播预案执行复播工作。

在断播期间,可以拍摄视频或者在粉丝群发布消息,向粉丝告知断播原因和恢复直播的时间;调整恢复付费流量计划,采取福利任务、主播发放代金券、复播福利等方式,迅速拉升人气,观察数据变化,下播后再及时复盘。

"这款虎头鞋,采用 28 道工艺纯手工打造,点击视频右下角链接可直接下单。"近日,在

"蒋奶奶虎头鞋"直播间,浙江万里学院学生徐灵双手拿着虎头鞋,满怀激情地向屏幕前的观众介绍。当天,短短两个小时的直播,观看人次过千,直播间成交额突破5 000元。

在慈溪,虎头鞋是婴儿呱呱坠地之后,寓意喜气吉祥的必备用品,已被列入省级非物质文化遗产。去年以来,"蒋奶奶虎头鞋"创始人、省级非遗传承人蒋建飞受邀在一直播平台开展公益直播,她将所得的款项悉数捐给浙江省微风公益基金,开展捐资助学、慈善救助等公益活动,帮助更多困难人群。这次暑假,浙江万里学院物流与电子商务学院"慈见非遗·溪寻文化"暑期实践团队的学生们走进古塘街道"蒋奶奶虎头鞋"非遗工作室,利用自身专业优势,以公益直播的形式,为非遗传承和乡村振兴贡献青春力量。

直播现场,童子拜佛鞋、翘胡须鞋、连袜鞋等各式各样的虎头鞋吸引众多网友评论点赞。除虎头鞋外,同学们还介绍了甲鱼、茭白、梅干菜等本地特色农产品,担任主播的大学生唐帅表示,早在活动开始前一个星期,团队就已经做好了直播的准备工作,希望通过这次直播可以为"非遗"技艺传承和农产品销售贡献力量。在他看来,参加活动也是锻炼自身专业技能、检验学习成果的好机会。

近年来,随着电商平台直播带货日渐红火,专业化、职业化的直播人才也成为紧缺的人才资源。"大学生凭借专业的技术以及独特的感染力,能够将我们的非遗技艺和特色农产品推广出去,让更多的人知道。"古塘街道团工委副书记徐一说。

思考: 非遗文化是人类的宝贵财富,如何通过直播讲好中国故事,并实现经济效益?

任务三　产品讲解

2023年6月东方甄选直播间开展了"东方甄选四川行"直播专场,将四川专场直播现场选在都江堰岷江江畔,此次专场共计56款巴蜀好物的销量突破1万单,20款产品实现销售额突破100万元。带货期间,东方甄选主播团队为全国网友深度讲解四川的人文民俗、历史文化、地理地貌,充分展现农特产品背后的四川智慧。如何在直播中有效对产品进行讲解是重中之重。一位合格的主播应该了解产品介绍时的哪些技巧和方法呢?

产品讲解是每一场直播中的重要环节。主播对产品的讲解方式、讲解内容会直接影响直播的效果。因此,一位合格的主播应该掌握介绍产品时的技巧和方法。

一、产品讲解的方法

(一)突出需求导向

确定和了解顾客的需求是销售一款产品最重要的一步。因此,可以以"突出需求"作为产品简介的第一步。例如,当干燥的秋季来临,不少女性粉丝都存在给肌肤补水的需求。主播在介绍一款产品时,率先点出这个需求,会引起粉丝对接下来将要介绍的产品的注意。值得一提的是,"潜在需求"是需求导向中的一个重要概念。许多粉丝并没有带着明确的产品需求观看直播,但如果主播的前期介绍能够激发出粉丝的潜在需求,让粉丝意识到自己也存在类似的问题,也有类似的需求的话,主播的产品介绍工作便成功了一半。潜在需求的开发会直接影响产品的销量。例如某主播在介绍一款剃须刀时,不会先告知粉丝"你可以为自己的丈夫购买",而是提醒粉丝"这款产品很适合买给自己的父亲,因为父亲为了养育我们,可能很长时间舍不得换剃须刀,那这时候就是我们回报父亲的机会"。这样的思路本质上是激发出了许多单身女性购买剃须刀的潜在需求,大大增加了剃须刀的适用人群。

(二) 介绍基本信息

产品的基本信息是产品介绍环节必备的要素。准确、全面的产品基本信息介绍能够体现主播的专业性,以及直播团队的正规度。产品的基本信息包括产品的性能或功能、厂商、品牌、原材料、规格等,若是美妆及服装类产品,还包括颜色、质地等。主播在制定直播脚本时,最好将相应的信息统一记录,以免凭借记忆不断补充。值得一提的是,产品介绍时,此类基本信息按照规定认真介绍一次即可,不必反复强调。

(三) 推广品牌信息

虽然有的品牌商认为,通过直播电商以低价的方式快速销售产品对品牌会产生一定的伤害。但也有不少业内人士认为,直播电商的主播担任品牌的"品宣官"是未来品牌传播的渠道之一。因此,在主播介绍产品时,加强向粉丝介绍品牌故事、品牌文化、品牌历史、品牌价值观等信息,不仅能够让粉丝进一步了解品牌、了解该品牌的其他产品、建立起对该品牌的认知和信任,同时还可以减轻粉丝认为直播只是大甩卖的廉价感。更重要的是,这能够提升品牌方从直播电商获取到的无形资产,增强品牌方的合作意愿。

(四) 突出产品卖点

产品卖点是产品介绍环节中另一个重要部分,是一个较为专业的环节。突出产品的卖点能够提升粉丝的购买意愿,这需要主播具备一定的专业知识和总结能力。实际操作中,主播可以罗列出产品存在的优势,并用生动的语言进行描述,加深观众对产品的印象和认知,提升产品成交率。

(五) 形成自我风格

主播在介绍产品时,可以在实践摸索中逐渐形成一套自己的风格。这套风格包括整体文本结构、语速、语气、常用语句,等等。文本结构一般选取"基本信息+品牌推广+主要卖点+使用体验"的模式,其中 FAB 销售法是较为常用的一套介绍特定产品的模式,F 是指属性或功效(feature 或 fact),即产品有哪些特点和属性;A 是指优点或优势(advantage),即自己与竞争对手有何不同;B 是指客户利益与价值(benefit),即自身的优势带给顾客的利益。语速、语气方面,粉丝基础薄弱的新手主播模仿头部主播的类似风格在涨粉上会有一定效果。但主播有一定的粉丝基础之后,最好不要模仿他人的风格,模仿只会增加被模仿主播的光环效应,对模仿者的帮助有限。

(六) 运用口碑

早在半个世纪以前,美国的传播学家卡茨与拉扎斯菲尔德就已经发现,口碑传播是人们购买家庭日用品最重要的信息渠道。随着互联网和移动互联网的发展,伴随着海量用户生成内容而来的网络口碑会对消费者的购买意愿产生直接且强有力的影响。因此,在主播介绍某个产品时,可以巧妙地运用部分粉丝的口碑对其他粉丝产生影响。例如淘宝某知名主播在介绍护肤品时经常会说"用过的姐妹们可以在评论区说一下自己的感受,真的很好用"。

（七）掌握节奏

根据直播脚本,介绍一件产品的时间长度是有限的。但这段时间内介绍产品的节奏需要靠主播把握。如何突出在产品的卖点的同时又不是给粉丝造成一种你是推销员的感觉是节奏把握的关键点。在功能性讲解中穿插趣味性的使用经历是一种较好的办法,但也要考量趣味性的个人经历占比多少才会让粉丝觉得你风趣而不会觉得你只是个"段子手"。

二、实物展示与效果

直播间的商品展示旨在为消费者提供更直观、全面的产品信息,增强购买决策的准确性和满意度,同时也为商家创造品牌曝光和销售机会。

（一）在直播间进行商品展示的目的

（1）提供视觉体验。通过直播镜头展示产品的外观、大小、颜色等细节,让消费者可以直观地看到商品的真实面貌,从而增加对产品的兴趣和好感。

（2）展示产品特点。通过直播示范或演示,向观众展示产品的功能、性能以及独特之处,使消费者更全面地了解产品,并理解其与其他类似产品的差异。

（3）解答疑问。在直播过程中,消费者可以提出问题或需求,主播可以及时回答并提供详细解释,以消除消费者的疑虑,增强购买信心。

（4）建立信任。通过直播形式展示产品,消费者可以感受到主播的真实性和专业性,建立起信任和亲近感,增加对产品的信赖程度。

（5）互动交流。直播间可以提供实时互动的平台,消费者可以与主播进行即时的互动交流,提出问题或提供反馈意见,使整个购物过程更具参与性和个性化。

（6）促进销售。通过直播展示产品,激发观众的购买欲望,并提供购买渠道和限时优惠等促销措施,从而实现销售转化,增加销售量和业绩。

（二）不同商品排列摆放建议

（1）美妆日化。建议放在显眼的位置,烘托抢购的气氛。可以将口红依次整齐地摆放在透明的口红收纳盒里,需要展示色号的可以将口红盖都拿掉,方便用户直观地看到口红的色号。而且颜色鲜艳的不同口红色号会让大家产生强烈的了解欲望。

（2）食品饮料。要放大量各式各样的产品,让买家觉得产品很丰富。可以把所展示的产品放在前景陈列台或者陈列桌上,方便主播展示所销售的美食。在展示美食时,尽量展示产品的样态,注意要拆除包装袋。

（3）服装配饰。可以配置衣架、鞋架等,但是要在画面中摆放有序,让直播间看起来整洁。珠宝类的前景陈列是很重要的,可以将珠宝放在首饰盒或者收纳盒中摆在前景陈列台上集中展示。

（三）商品展示标准

1. 商品摆放视觉角度

直播场固定机位后,一定要注意直播时用户端手机内商品展现角度及直播时是否能展现,注意用户观看体验,避免出现互动区挡住产品的情况出现。

2.呈现商品的高级感

借助质感的材料及工具,或主播的亲身试用、试穿,来突显商品的高级感。

3.展现商品的递进性

从消费者心理学角度出发,先展示正品,再一件件展现赠品及福利来刺激消费者眼球。

4.商品展现的全面性

主播身后要借助KT板、礼盒包装等道具让助播举起让用户所见即所得。

三、观众疑问解答

(一)直播间观众常见问题分类

主播在直播间直播带货时,常被问到的问题可以分为多个种类,常见问题分类如表6-3所示。

表6-3　直播间观众常见问题分类

	价格、折扣和促销活动
	产品特点、优势和用途
1.产品相关问题	产品成分、材质和产地
	产品的使用方法和效果
	产品的适用人群和适用场景
	产品的售后服务和保修政策
	如何购买这个产品
	可以在哪里购买这个产品
2.购买方式和支付问题	线上和线下购买的区别
	支付方式和支付安全性
	是否支持分期付款或货到付款
	运费和免邮条件
	发货时间和配送范围
3.物流和配送问题	物流公司和物流方式
	货物是否可以追踪
	如何处理商品退换货

续　表

	退换货流程和规定
4.售后服务问题	售后联系方式和渠道
	售后服务时间和响应速度
	商品质量问题的解决方案
	退款方式和周期
	直播时间和频率
5.其他问题	主播个人对产品的使用体验
	提供其他版本或款式的选择
	直播间和产品的互动活动
	主播的合作品牌和推荐理由

（二）主播回答观众问题的注意事项

主播在直播间回答观众提出的问题时,需要确保回答信息准确、真实,并符合相关法律法规及平台规定。主播回答观众提问需要注意以下几点。

（1）认真倾听和理解问题,确保准确了解观众的问题内容。

（2）简明扼要地回答,尽量用简洁明了的语言回答问题,不要过度冗长或复杂。

（3）提供清晰的信息,给观众提供准确、具体的信息,以满足他们的需求。

（4）专业知识和经验,依据自己的专业知识和经验给出有用的建议和解答。

（5）积极向上的态度,保持友善、积极的态度,对待观众的问题和反馈。

（6）避免敏感话题,避免回答与敏感话题相关的问题,以免引发争议或违反平台规定。

（7）接纳不同意见,尊重并接受观众的不同意见和观点,并能够妥善处理各种情况。

谁都无法阻拦我下单

2020年4月12日,央视《新闻联播》主播欧阳夏丹与演员王祖蓝联手,以"谁都无法祖蓝(阻拦)我夏丹(下单)"组合,又一次在直播平台上开始了带货之旅。这次直播除了有带货组合,还有"大咖"助阵。比如湖北省十堰市副市长、快手电商达人等人倾力参与,以及蔡明等艺人热情推介,使得这次直播更热闹,更有人气。

直播一开始,欧阳夏丹就用自己的名字开起了玩笑:"我的名字起得好呀,我叫夏丹,我天生应该是干这个的吗?"一招"谐音梗"迅速俘获了观众的心。

在整场直播中,王祖蓝发挥老本行,吆喝、试吃双管齐下,将直播间的氛围炒得火热。而欧阳夏丹则展现出与平时播新闻时不同的俏皮的一面,更充分展现了自己的文化底蕴,用商品的背景解读和文化内涵吸引了大量网友。

思考： 如何在直播过程中发挥主播自身擅长的文化力量，而不是一味拼低价、抢秒杀？

任务四　销 售 促 单

2023 年 7 月 5 日，淘宝头部主播陈某在济南开展"山东好品溯源"专场直播活动。直播设在济南大明湖南丰戏楼，持续 7 小时，选取 100 余款产品，蒙阴黄桃、周村烧饼、东阿阿胶等具有山东特色的产品亮相直播间。陈主播在直播间熟练运用直播促单技巧，带货山东特产，最终本场直播观看人数 764 万人，商品交易总额约 1 400 万元，福牌阿胶、福瑞达胶原蛋白肽饮、章丘铁锅、北海湾青岛大虾等成爆品。

对于普通主播而言应该掌握哪些销售促单技巧，从而提高直播间的销量呢？

销售促单是指在直播过程中，主播通过一系列策略和手段，以促进观众购买产品或服务为目的的推销行为。它是直播销售中重要的一环，通过巧妙地呈现和引导，让观众更加积极地参与购买活动。在直播带货时，主播的本质角色就是销售人员，其最大的目的就是把商品销售出去。对于电商直播来说，开展促销活动是提升直播间销量的有效方式。

一、优惠活动推广

（一）优惠活动推广方法

1. 提前宣传

在直播之前通过社交媒体、电子邮件、短信等渠道预告活动内容和时间，吸引观众的关注。比如一个美妆品牌准备进行一场直播促销活动：提前一周通过社交媒体平台发布了活动的预告，制作了一张精美的海报，介绍了即将上线的限量版眼影盘，同时强调该产品的独特设计和高品质，鼓励用户登录直播间参加活动。这样，通过社交媒体的传播，提前宣传成功地吸引了许多潜在消费者的关注，并引发了期待。

2. 特价促销

针对某些热门或季节性商品，提供优惠价格，吸引消费者购买。对于电商直播来说，开展特价促销活动是提升直播间销量的有效方式。

（二）促销活动的类型

1. 纪念促销

现在很多人都崇尚仪式感，纪念促销是指满足人们对于特殊日期或节日的仪式感心理促进销售。纪念促销的形式大致有 4 种，如图 6-1 所示。

节日促销	会员促销	纪念日促销	特定周期促销
•春节、六一儿童节、情人节	•VIP特价、会员日活动、满xx成为会员	•生日特惠、店庆特惠	•每周二上新、每月一天半价

图6-1　纪念促销的形式

2.举例式促销

举例式促销是指在促销时重点介绍商品的优势、功能和特色,或对商品的使用效果进行介绍,并对比使用前后的效果。在介绍新品时,主播往往会以折扣价销售,如"新品九折""买新品送××"等。

3.限定促销

限定促销是指利用人们"物以稀为贵"的心理,为用户创造一种该商品比较稀少的氛围,使用户认为该商品与众不同,或限定购买的时间,使用户产生紧迫感,从而尽快做出购买行为。

限定促销的形式大致有3种:限时促销、限量促销、单品促销。

4.组合促销

组合促销是将商家可控的基本促销措施组成一个整体性活动。用户作为消费者,其需求是多元化的,要满足他们的需求可以采取的措施有很多。因此,主播在开展促销活动时,必须把握住一些基本措施,合理地组合商品,充分发挥整体性优势和效果。

组合促销的形式大致有3种,如图6-2所示。

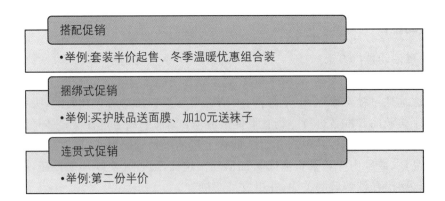

图6-2　组合促销的形式

5.奖励促销

奖励促销是指主播在做直播促销时,让用户在接收营销信息的同时获得奖励,他们在获得奖励以后,心理上会产生一种满足感和愉悦感,对主播的信任度和购买欲望也会大幅度提升。

奖励促销的形式大致有3种,如图6-3所示。

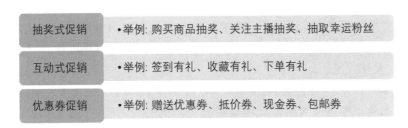

图 6 - 3　奖励促销的形式

6.时令促销

时令促销分为两种,一种是季节性销售,在季节交替间隙清仓进行一波大甩卖,或针对滞销款商品,以"甩卖""清仓"的名义吸引喜欢占便宜、凑热闹的用户。另一种是反时令促销,季节性商品有旺季和淡季之分,消费者往往会按时令需求购买商品,缺什么买什么,而商家也基本上按时令需求供货,所以很多商品在旺季时销量非常高,但在淡季时销量惨淡。但是,有些商家反其道而行之,会在盛夏时节销售滞销的冬季服装,这就是反时令促销。主播在直播时可以与这些商家合作,推广商家的反时令商品,很多用户往往会因为商品便宜而购买。

促销的方法不止以上 6 种,还有悬念式促销(不标价、猜价格)、通告式促销(规定销售日期、×月×日新品首发)等其他类型的促销方式。只要有效,任何促销方法都可以试一试,主播要学会不走寻常路,这样才可能出奇制胜。

二、搭配推荐展示

直播间搭配推荐展示是一种销售促单的方式,是指通过直播平台上的主播向观众展示不同商品的搭配推荐,以促进消费者对相关产品的购买。

(一) 搭配推荐的作用

搭配推荐的作用是多方面的。首先,它能够提供给消费者直观的搭配参考,帮助他们更好地了解产品的使用方式和效果。其次,搭配推荐可以激发消费者的购买欲望和兴趣,增加他们对产品的关注度。此外,主播的专业知识和个人品位也会在搭配中得以展现,建立起观众与主播之间的信任和认同感,从而增加购买的可能性。

(二) 搭配推荐的原则

(1)了解目标受众。了解观众群体的特点、喜好和购买习惯。针对不同的年龄、性别、职业等分析他们的需求,提供符合他们喜好的搭配推荐。

(2)把握当前流行趋势。时尚变幻无常,了解当前的流行趋势对于搭配推荐至关重要。跟踪时尚杂志、社交媒体等渠道,保持对流行单品和搭配的更新,以提供具有时尚感的推荐方案。

(3)强调多样性和选择性。不同人有不同的风格和喜好,主播应提供多样化的搭配推荐,涵盖不同的风格和场合。同时,提供多种选择,使观众能够根据自己的需要进行选择,增加购买决策的可能性。

(4)突出产品亮点和优势。在介绍单品时,突出产品的独特之处、优势和价值。可以强调其剪裁、面料、工艺、设计等方面的优点,让观众更加信服并增强购买意愿。

(5)提供实用性建议和穿搭技巧。主播可以分享关于如何搭配单品的实用建议和穿搭技巧。例如,讲解颜色搭配原则、身形比例平衡等,帮助观众更好地理解如何将单品与其他商品搭配,提升整体效果。

(6)提供真实参考。在展示搭配推荐时,尽可能提供实物展示或真人示范,以便观众更好地了解产品的效果和搭配效果。让观众更有直观的感受,并减少可能的误导或不符合实际的情况。

(7)互动和反馈。鼓励观众进行互动和提问,及时回答他们的问题,并根据他们的需求进行个别推荐。通过与观众的互动,增加观众的参与感和信任度,提高搭配推荐的有效性。

(三)直播间搭配推荐的步骤

(1)搭配效果展示。将相关商品进行巧妙的搭配,并展示搭配效果,帮助观众更好地理解如何搭配使用产品。

(2)推荐搭配套餐。结合不同商品的特点,推出搭配套餐,以更实惠的价格同时购买多个产品。

(3)用户评价分享。分享用户对搭配组合的评价和使用心得,增加观众对产品搭配的信心和购买意愿。

(4)使用场景演示。展示商品在不同场景下的使用效果,引导观众将产品与自己的生活、工作等实际需求相结合。

三、销售促单技巧

(一)制造对比

价格的优势都是"比"出来的。例如卖燕窝,对比咖啡的价格,一下子觉得吃燕窝也很划算,无非就是一杯咖啡的钱;卖小家电,对比大平台的价格,竟然还更划算。还可以用一招"链接法放大价值",比如卖价格稍贵的化妆棉,可以说:"你们在用一些大牌化妆品的时候,一定要用这个化妆棉。"把它直接和大牌挂钩,让用户觉得虽然稍贵,但用大牌化妆品时可以更省或者效果更好。

(二)人为控制商品上架数量和节奏

在直播过程中必须营造火爆销售的场面,比如采用逐步上架的方式,A商品备货可能有1万套,但是第一次上架1 000套,秒光了再上2 000套,再秒光,再上。试想如果直接上架了1万套,1分钟内卖掉1 000套,相当于只卖掉了10%;而如果先行上架1 000套,则变成了上架1分钟全秒光。从感觉上,是不是后者火爆了很多?另外,调动了用户"抢"的心态,唤醒人大脑中关于安全的本能。"怕失去""怕错过"的优先级,远远高于"这个东西到底对我有多大用""这个东西到底划算不划算"这类的理性思考,所以饥饿营销屡试不爽。

思政园地

2022年9月23日,抖音电商发布《2022丰收节抖音电商助力乡村发展报告》(以下简称"报告")。报告显示,过去一年共有28.3亿单农特产通过抖音电商出村进城、卖向大江南北。该平台"三农"电商达人数量同比增长 252%,农货商家数量同比增长 152%,成为连接品质农特产和全国消费者的重要纽带。

(一)全域兴趣电商带动农特产销量翻番

抖音电商里丰富多元的乡村类短视频和直播内容,生动展示了农特产特色及原产地风貌,吸引更多有需求的消费者下单购买。报告显示,从 2021 年 9 月至今,该平台"三农"电商短视频播放了 2 873 亿次,电商直播间里讲解农产品的时长累计达到 3 195 万小时。

此外,该平台还发挥全域兴趣电商特质,拓展商城、搜索、店铺橱窗等多个渠道,为各地农产品提供增量市场。据报告,商城带动的农特产销量同比增长了 527%,搜索和店铺橱窗带动的农特产销量同比增幅也都在 300% 以上。

丰饶的物产受到了广泛关注与认可。在抖音电商,销量领先的农产品种类分别为大米杂粮、鲜花绿植、橘橙类、茶叶、花生及制品。此外,苹果、芒果、腊肉香肠、猕猴桃和石榴等产品也颇受欢迎。

一线城市消费者农货购买力强劲,从购买量看,来自上海、北京和广州的消费者下单的农特产居全国前三,重庆和深圳消费者紧随其后。

(二)"山货上头条"助力地标农产品打造品牌

为了更有针对性地开展助农活动,抖音电商"山货上头条"溯源农产区,一年内重点覆盖 8 个省份 146 个县市,以专项扶助、培训指导、长期规模化运营等方式帮助农货商家及新农人优质经营,扶持了 69 个地标农产品产业化发展。"山货上头条"助农话题累计点赞、评论、分享了近 9 000 万次。

兴趣电商在推动乡村产品多元价值展现的同时,也加速了区域农产品品牌不断发展和焕新。吉林的延边大米、辣白菜、福建的平和蜜柚、连城的红心地瓜干,广西的柳州螺蛳粉、北海的海鸭蛋,陕西的猕猴桃、洛川的苹果等地标农产品在销量增长的基础上,不断拓展品牌知名度。

在"山货上头条"的定向扶持下,贵州都匀毛尖在抖音电商的销量同比增幅高达 1 082%,重庆火锅底料、云南普洱茶、四川会理石榴和湖北来凤藤茶同比增长也分别达到了 899%、832%、721% 和 532%。

(三)未来一年扶持 200 个地标农产品 GMV 破百万

扎根在田间地头的新农人们,成为推动乡村发展的坚实力量。在湖北恩施,燕窝湾村支部书记徐志新做起了助农主播,推广罗田板栗、红安苕、茶叶等农产品,月销六百多万元;四川泸州的吴秋月将小小高山萝卜干做到月销十多万斤;@张同学转型电商,希望大众关注到的不仅是他一个人,还有家乡的农特产和企业;"95 后"的田小宇在福建大山里卖菌菇,带动了村里菌菇种植户收入翻番;不惑之年扎根大西北,李春望把优质的猕猴桃、红枣、苹果带给了更多人。

在农人们的共同努力下,品质农货的出村路被拓得更宽更广。报告显示,"90 后"已经成为抖音电商"三农"带货达人里的主力军,占比达 45%。"80 后"和"70 后"电商新农人占比分别为 32% 和 10%。

还有超 10 万名创作者通过抖音电商实现了农资转化,焕发出新光彩。据报告,该平台每天售出的蔬果花卉种子,长大后可铺满 3.5 个标准足球场。

未来一年,抖音电商将通过"山货上头条"持续覆盖 160 个乡村振兴重点县域,深度助力

100 个山货助农产业发展。该项目还将重点扶持 20 个农产品区域公用品牌 GMV 破千万元,200 个地标农产品 GMV 达百万元。

抖音电商相关负责人表示,平台将持续专注于农产品产销对接,让优质农产品受到消费者和市场认可,让农产品区域公用品牌借力兴趣电商不断发展,进而助力乡村发展。

思考: 除了直播带货,短视频直播平台还可以如何助力乡村发展?

任务五　直播收尾

淘宝某头部主播每次在直播结束时都会抽取本场的幸运粉丝赠送福利产品,这种模式使得直播间在直播结尾时依然人气满满,同时该主播也总会在直播结尾时预告下场直播主题和亮点产品,为观众制造期待。据统计该主播凭借优秀的带货能力,多次实现单场直播销售额破亿的销售成绩。作为普通主播,如何在直播收尾时最大化创造直播效益呢?

直播收尾是指直播活动结束前的一段时间,直播者对直播进行总结、道别和感谢观众的环节。在直播收尾阶段,直播者会对整场直播进行总结和回顾,再次强调重要信息,并感谢观众的支持和参与。

直播收尾的主要目的是给观众一个完整的观看体验,同时加深观众对主题或内容的印象,增加观众的满意度和参与度。具体的直播收尾形式可能因不同直播平台、活动类型和主题而有所不同,但常见的做法如下。

一、引导关注

(一) 引导粉丝关注的目的

(1)提高互动率。引导粉丝关注可以增加观众与主播之间的互动,促进直播的参与度和留存率。粉丝关注后,他们会收到关于直播的通知和更新,方便及时了解到主播的最新动态。

(2)建立忠诚粉丝群体。通过引导粉丝关注,主播可以逐渐建立起固定的、忠诚的粉丝群体。这些粉丝会在主播的直播中积极参与、购买产品,并在社交媒体上分享主播的内容,从而为主播带来更多曝光和粉丝增长。

(3)推动销售转化率。引导粉丝关注后,主播可以将更多的产品信息、优惠活动等推送给关注者,进而提高销售转化率。关注者收到主播的消息后,可能会更倾向于购买产品或参与相关活动,从而增加收益和销售量。

(4)维护用户关系。通过引导粉丝关注,主播可以与观众保持更为紧密的联系,不仅能传递产品信息,还能提供售后服务、解答用户疑问等。这有助于建立良好的用户关系,增强用户黏性和用户满意度。

（二）主播有效引导关注的策略

（1）总结直播亮点。回顾直播过程中的亮点和重要内容,让观众对整个直播有个印象深刻的总结。

（2）表达感谢。向粉丝表达真诚的感谢之情,感谢他们的支持和陪伴,让他们感受到被重视和认可。

（3）强调福利和优惠。提醒粉丝关注直播间,告知他们可以获得更多的折扣、优惠信息和独家福利。这样能够吸引他们继续关注并参与购物活动。

（4）互动。鼓励粉丝互动,留言、点赞、分享直播内容等,增加互动的参与度。可以设立一些小游戏或者抽奖活动,奖励那些积极参与互动的粉丝,激发他们的兴趣和参与意愿。

（5）推荐其他平台。如果带货主播在其他社交媒体平台上也有粉丝基础,可以在直播结束前提及,并邀请观众关注或订阅,这样可以将粉丝流量引导到其他平台,扩大影响力。

（6）提醒下次直播。告知观众下次直播的日期、时间和内容,建议他们设置提醒。这样可以帮助观众记住并准时参与下一场直播,持续保持他们对直播的关注。

二、邀请报名

通常在直播收尾时主播会邀请粉丝报名下次直播或报名其他活动,通过邀请粉丝报名,带货主播可以更好地把握直播的商业机会,与粉丝建立更紧密的联系,提升销售效果并实现长期的品牌价值。

（一）邀请粉丝报名的目的

（1）统计意向购买者。通过邀请粉丝报名,可以了解观看直播并有购买意愿的粉丝人数,有助于评估直播的受欢迎程度和潜在销售机会。

（2）精准后续营销。邀请粉丝报名可以收集他们的联系方式,如手机号码或电子邮件地址,便于带货主播进行后续的精准营销。可以发送商品促销、优惠活动、新品上架等信息,提高粉丝的转化率和购买意愿。

（3）提前准备资源。通过粉丝报名,带货主播可以提前准备好足够的商品库存和相关资源,以满足粉丝的购买需求。这样可以更好地应对潜在的购买热潮,避免库存不足或供应链问题导致客户流失。

（4）扩大影响力。邀请粉丝报名不仅可以促进直播的销售,还可以扩大带货主播的影响力和品牌知名度。报名者可能会分享活动信息和直播回放给自己的亲朋好友,进一步拓展观众群体和潜在客户。

（二）邀请粉丝报名的方式

（1）强调活动福利。在直播结束前提及即将举行的活动,并突出活动所提供的福利和奖励。向粉丝解释参与活动的好处,例如有机会获得限量礼品、折扣优惠或独家体验等,吸引他们的兴趣。

（2）清晰说明报名流程。简明扼要地介绍报名的具体步骤和要求,确保粉丝能够清楚理解,并能够顺利完成报名过程。可能需要提供报名链接、指导他们发送私信或在特定平台上提交相关信息。

（3）设立截止时间。明确告知粉丝报名的截止时间，以便他们在规定时间内完成报名。强调活动名额有限或时间紧迫，可以增加粉丝的参与度和紧迫感，促使他们尽快行动。

（4）提供咨询途径。如果粉丝在报名过程中有任何疑问或困惑，建议在直播中提供相关的咨询途径，例如联系客服、发送邮件或私信主播等，以便为他们提供及时的帮助和支持。

（5）鼓励互动和分享。在报名环节中鼓励粉丝之间的互动和分享，例如要求他们在社交媒体上转发活动信息、邀请好友参与或留言分享个人故事。这样可以拓展活动的影响力，并提高报名的数量。

三、销售转化

在直播结尾时进行销售转化是带货主播的一种常见策略，这样可以最大限度地利用观众的购买意愿和直播的热度，提高销售转化率。常见的销售转化方法有以下几种。

（1）限时优惠。带货主播可以在直播结束前宣布一段时间内的特别优惠，如限时折扣、赠品或其他促销活动，以刺激观众快速下单购买。

（2）售后服务承诺。主播可以强调商品的质量保证和售后服务，提供安心购买的承诺，消除观众购买的疑虑，增加购买的信心。

（3）强调商品优势。主播在销售转化环节应重点强调商品的独特卖点和优势，清晰介绍商品的功能、特点和适用场景，吸引观众对商品产生兴趣。

（4）拉新推广。主播可以在直播结尾时邀请观众参与拉新推广活动，如分享直播回放或邀请新用户注册购买，并给予相应的奖励或优惠，同时扩大销售和观众群体。

（5）打造紧迫感。主播可以在直播结尾时强调库存有限、热门商品即将售罄等信息，制造观众购买的紧迫感和冲动。

四、下期直播预告

直播结束时主播一定要进行下期直播预告，通过下期直播的预告，带货主播可以有效地提前营造关注和期待的氛围，增加观众参与度，并为下期直播做好充分准备，提供更好的直播体验。

（一）直播预告的作用

（1）提前引发观众兴趣。通过预告下期直播的主题、内容或特别活动，可以提前引发观众的兴趣和期待，吸引更多观众参与下期直播，并提高观看率和互动效果。

（2）维系观众关系。直播结尾时预告下期直播，是带货主播与观众之间的沟通方式。这种预告不仅让观众了解下一次直播的时间和主题，还传递出主播对观众的关心和重视，增强观众的黏性和忠诚度。

（3）提前做好准备。通过直播结尾的预告，主播可以提前计划和准备下期直播所需的内容、商品和资源等。这有助于提高直播质量，避免临时抱佛脚，确保下期直播顺利进行。

（4）扩大观看范围。直播结尾时的下期预告可以通过观众的转发、分享等方式，帮助扩大直播的观看范围和影响力。观众可以将预告信息传播给自己的亲朋好友，吸引更多人观看下期直播。

（二）直播预告的话术

主播进行下期直播预告时，可以使用以下一般话术：

"亲爱的观众们,感谢大家对本期直播的支持!下期直播将于(日期)的(时间)准时开始。"

"别忘了关注我们的直播频道,在下期直播中,我们将为大家带来更精彩、更有趣的内容。"

"下期直播将围绕(话题)展开,我们已经准备了丰富的内容和惊喜等着大家,敬请期待!"

"在下期直播中,我们还会有特别嘉宾的加入,共同探讨和分享更多有价值的信息。敬请留意!"

"记得设置提醒并订阅我们的频道,及时获取最新的直播通知,不要错过与我们互动的机会哦!"

思 政 园 地

直播带货作为互联网新经济业态,已经成长为我国电子商务市场最大增长点之一。尤其是2020年以来,直播电商因其特殊优势呈现爆发式增长。与此同时,直播电商更高的流量吸引力与流量变现能力也带来一些问题,如虚假宣传、不退不换、假冒伪劣,等等。这些行为及其背后的诚实信用缺失,成为影响行业健康长远发展的重要因素,亟待规范和引导。

习近平总书记强调:"对突出的诚信缺失问题,既要抓紧建立覆盖全社会的征信系统,又要完善守法诚信褒奖机制和违法失信惩戒机制,使人不敢失信、不能失信。"不久前,《直播电子商务平台管理与服务规范》向社会公开征求意见。征求意见稿提出"对直播营销人员服务机构、主播以及商家等建立信用评价体系,信用评价信息宜在平台进行公示",从而引导和促进电子商务平台经营者依法履行主体责任,营造良好的电子商务消费环境。

近年来,国家相关部门对直播行业陆续出台了一系列规范,对维护消费者权益、规范直播电商市场发挥了重要作用。在此基础上,征求意见稿拟建立信用评价体系,有利于为直播电商筑牢诚信之基。

随着直播电商的日益发展壮大,信用应该成为行业的准入门槛。一些电商主播拥有大量粉丝,"收割"流量、"赚快钱"等行为时有发生。将信用与直播权限相结合,是相关制度设计的一个出发点。征求意见稿针对互联网虚拟性特点,明确提出直播主体"不应是曾在虚假广告中作推荐、证明受到行政处罚且未满三年的自然人、法人或者其他组织"。这将对直播电商行业中存在夸大宣传和虚假宣传等问题的相关主体起到极大震慑作用。

信用的公开和共享是诚信联合惩戒机制的基础,主播、商家和直播服务机构的失信行为既要让社会大众看到,也要通过信用共享机制被各个平台看到。一方面,应让消费者的口碑和评价成为直播行业的指针。另一方面,有必要建立联合惩戒机制。对直播平台来说,应结合主播的信用等级,提供与之相适应的监管等级和权限,确保消费者的正当评价权利并纳入直播评价系统,同时在技术上确保信用等级和消费评价公开透明。

直播电商的健康发展,有助于培育壮大新型消费。只有进一步规范和明确直播电商中"人、货、场"等之间的权责关系,才能促进直播电商健康发展,让大众真正享受到互联网带来的红利。

思考:如何营造良好的电子商务消费环境?

项目小结

本项目围绕直播开播相关知识展开介绍,重点介绍了直播开场、直播间氛围设计与节奏把控、产品讲解、销售促单与直播收尾等方法和技巧,详细讲解了主播与品牌介绍、直播主题与亮点的知识,介绍了主播和观众互动的方式,直播间节奏把控的步骤,调动直播间氛围的互动方式,直播间意外情况的应对策略,直播间产品讲解的方法,直播商品展示的目的、商品摆放建议、商品展示标准,直播间观众常见问题及主播回复的注意事项,旨在帮助学生更好地讲解并展示商品卖点,提升直播间转化率,以胜任企业岗位要求。

知识与技能训练

项目六
拓展阅读1

项目六
拓展阅读2

一、单选题

1. 派发红包在直播间中的作用包括(   )。

A. 提高直播间的观看量　　　　　　　　B. 延长用户在直播间的停留时长

C. 增加用户与主播的互动　　　　　　　D. 以上都是

2. 直播中常见的意外情况主要为(   )。

A. 违规问题、商品问题、服务器问题　　B. 违规问题、商品问题、网络问题

C. 违规问题、直播平台问题、意外断播　D. 直播间装饰问题、商品问题、意外断网

3. 当出现(   )时,运营应该及时通知主播换品,并调整商品信息。

A. 折扣价格错误　　　　　　　　　　　B. 赠品设置错误

C. 库存信息错误　　　　　　　　　　　D. 以上所有情况

4. 主播对抽奖效果不满意的原因不包括(   )。

A. 抽奖不能调动直播间氛围　　　　　　B. 用户抽奖后几乎不购买商品

C. 主播对抽奖的理解有误　　　　　　　D. 抽奖影响了卖货节奏

5. 不是抽奖环节的具体设置形式的是(   )。

A. 签到抽奖　　　　　　　　　　　　　B. 点赞抽奖

C. 随机抽奖　　　　　　　　　　　　　D. 秒杀抽奖

二、多选题

1. 纪念促销的形式有(   )。

A. 节日促销　　　B. 会员促销　　　C. 纪念日促销　　　D. 特定周期促销

2. 组合促销的形式有(   )。

A. 一般促销　　　B. 搭配促销　　　C. 捆绑式促销　　　D. 连贯式促销

3. 奖励促销的形式有(   )。

A. 抽奖式促销　　B. 互动式促销　　C. 优惠券促销　　　D. 满减促销

4. 时令促销的形式有(   )。

A. 季节性清仓销售　　　　　　　　　　B. 反时令促销

C. 旺季促销　　　　　　　　　　　　　D. 淡季促销

5. 直播间搭配推荐的步骤包括（　　　　　　）。

A. 搭配效果展示　　　　　　　　　　　B. 推荐搭配套餐

C. 用户评价分享　　　　　　　　　　　D. 使用场景演示

三、实践题

1. 运营人员要具备良好的职业素养，在直播过程中掌握销售促单技巧，能够通过设计并宣传优惠活动，展示并搭配商品促进产品销售。

问题1：优惠活动推广方法有哪些？

_____

_____

问题2：促销活动的类型有哪些？

_____

_____

2. 直播开场是直播中非常重要的部分，好的开场能够迅速吸引粉丝，提高直播间人气，吸引流量。

实践活动1：打造主播形象

活动情境：小丽是直播团队的新晋主播，根据团队的安排，今晚就要开一场农产品直播，请你为小丽设计直播形象。

实践指导：根据直播内容做好妆容设计、着装设计。

实践活动2：开场脚本撰写

活动情境：团队今晚的主题是"助农有我，甜蜜同行"，目的是帮助四川省蒲江县销售当地水果耙耙柑，水果口感甘甜，产地现采现发，价格实惠。请你编写直播开场的脚本。

实践指导：紧扣主题、介绍亮点、积极与粉丝互动营造气氛。

实践活动3：直播开场

活动情境：脚本完成后，作为主播小丽，请你开始模拟直播，热情开场。

实践指导：主播情绪饱满，表达流畅，思路清晰，能够营造良好直播开播氛围，突出直播亮点。

项目七 | 数据分析

 素养目标

1. 具备遵纪守法的意识。
2. 具备严谨的工作态度。
3. 具备吃苦耐劳、脚踏实地的精神。

 知识目标

1. 掌握直播间数据获取的方法。
2. 掌握直播间数据处理与分析的方法。
3. 掌握直播间数据常用指标分析的方法。

 技能目标

1. 能够使用相关平台软件对直播间数据进行分析。
2. 能够根据数据对直播间进行优化。
3. 能够对数据变化提出应变措施。

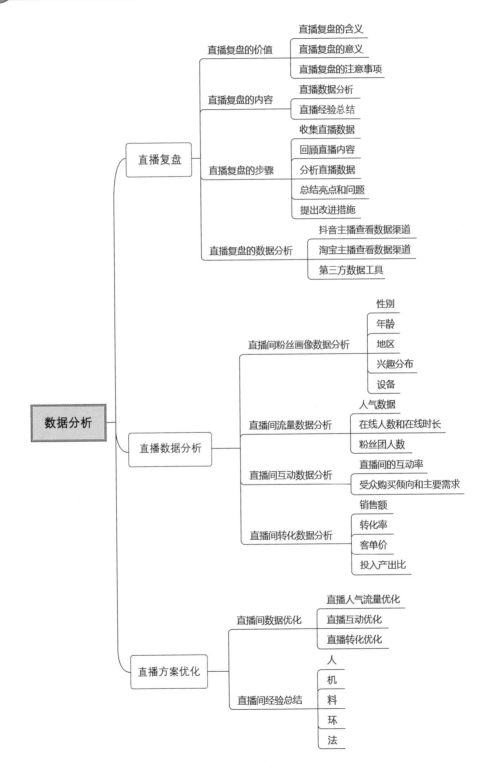

任务一　直播复盘

2023 年 6 月，即将毕业的小杜已经找好了实习公司，从事直播运营的工作。

小杜所在的公司位于郑州，成立已有十年之余，主要以中老年女性为目标用户，在抖音和视频号平台上进行中老年套装和连衣裙等服饰的直播销售，该直播间每个月都会有 100 万元左右的销售额。

凌晨四点，小杜已经起床准备前往公司，他要在五点的时候到达公司，去检查直播设备，打开直播的软件和网页，为六点钟的开播做好准备。"其实直播不只是上链接。"小杜说。数据复盘是直播工作中重要的一部分。

在直播结束，数据定型后，小杜就要开始今天的数据复盘的工作。其中比较重要的几个指标每天都需要对比分析，像千次观看销售额（GPM）、流量趋势、成交金额等。正常情况下小杜所在的直播间 GPM 会稳定在 3 000 元左右，但是有一次在复盘直播数据时小杜发现一个很重要的问题，GPM 下降到了 1 500 元。

直播间所卖的衣服、主播的话术，甚至直播间的灯光都没有变化，但是 GPM 却下降了一半。对比以往的各项数据后，小杜发现问题出现在开播时间比以往推迟了一个小时。以往的直播时间是从早上 6 点到 11 点，但是当天因为主播身体不舒服，直播时间便推迟了一个小时，从早上 7 点到中午 12 点。虽然直播时长没有变化，但是开播时间变晚也会导致 GPM 的下降。

小杜所在直播间的用户是小镇中老年女性和都市银发，她们的上网时间会比青年群体早一些，在六点到八点是一个流量高峰，在这个时间段每个小时的成交额能达到 1 万元左右，在这个流量高峰过去后，成交额会逐渐递减，在下播结束的那一个小时只有 3 000 元左右。在复盘完 GPM 下降的原因后小杜说："直播间里的任何一个数据变化，都是由某些现实生活中的变化导致的。"

直播复盘旨在帮助商家复盘每个账号一段时间内的直播表现，盘点不同直播场次的 GMV 分布，直观了解成交、转化和拉新情况。同时，直播复盘不仅包含数据分析，还包括直播活动的全面分析和总结。

一、直播复盘的价值

（一）直播复盘的含义

直播复盘即在直播结束后分析直播数据、总结直播经验，目的是优化下一场直播。在直播领域,复盘是一项非常重要的工作,能够有效提升直播的质量和效果。

(二)直播复盘的意义

直播间复盘帮助商家了解每个账号每天、每周、每月的整体直播汇总数据,快速识别较好/较差的直播间。提高直播电商转化率的有效方法就是进行直播复盘,而且在每一场直播后都要进行复盘。

(1)复盘能够让下一场的直播工作更加流程化,摸索更适合自己的直播方式。

直播复盘的过程中,会将整个直播过程进行回顾、盘点、总结,判断相关的直播策划及脚本是否合理,能够帮助主播团队优化直播流程和方式。

(2)复盘能够及时发现错误,并对出错的环节进行改正和优化,避免同样的错误再次发生。

下播并不代表直播的结束,还需要对本次直播进行复盘——对直播的全过程进行回顾,总结发现哪些行为提升了数据,哪些不足影响了数据,从中发现并总结这次直播的优点和不足,并针对问题制定解决方案,完善和优化直播脚本及整个流程。

(3)复盘可以使在直播过程中解决突发状况的经验转变为个人能力。

复盘是直播营销中重要的一环,主播只有不断地复盘和总结,才能提高自己的直播技能和水平,使自己更快地成长。

(三)直播复盘的注意事项

1. 深入了解观众需求

直播复盘要深入了解观众的需求,因为观众的需求是直播的核心。在直播复盘中,需要注意观众的反馈和提问,尤其是那些经常观看直播的忠实观众。通过对观众需求的了解,可以更好地优化直播内容和互动方式,提升直播的质量和效果。

2. 把握直播的节奏和排品

直播的节奏和排品是直播复盘中需要关注的重点。需要注意的是,直播的时间和频率、节目的选择和安排,都会直接影响观众的观看体验和满意度。因此,在直播复盘中,需要对这些方面进行全面的评估和调整,以保证直播的顺畅和精彩。

3. 加强主播的培训和管理

直播的主持人是直播的灵魂,直接关系到直播的效果和质量。在直播复盘中,需要加强主播的培训和管理,帮助他们更好地掌握直播技巧和互动方式,提升直播的流畅度和趣味性。

4. 强化直播的品牌价值和影响力

直播的品牌价值和影响力是直播复盘中需要重点关注的方面。直播不仅仅是为了满足观众的需求,更是一个可以提升企业品牌价值和影响力的重要手段。因此,在直播复盘中,需要加强直播的品牌塑造和宣传推广,以增强直播的影响力和竞争力。

5. 持续关注直播的发展趋势和新技术

直播技术和互动方式在不断地发展和创新,直播复盘也需要持续关注直播的发展趋势和新技术。需要不断地学习和尝试新的直播方式和互动方式,以保持直播的新鲜感和创新性。

二、直播复盘的内容

从整体上来说,直播复盘不仅包含数据的复盘,还包括经验的总结,经验的总结主要是对客观效果进行评定。

（一）直播数据分析

随着直播电商企业规模的不断扩大，管理数据日益复杂，运营数据分析者如果仅依赖于传统的管理手段已经很难匹配现代化的电商企业管理要求。因此，为了实现现代化的科学管理以及对复杂化的管理数据的识别和分析，满足企业快速成长的需求，运营者就必须充分认识数据分析对直播电商发展的重要性，重视数据分析工作，提高数据分析的质量，保障数据分析的精准度。要进行数据分析，首先要明确数据分析的目的。

1. 直播数据分析的目的

（1）通过数据分析发现问题，找到问题症结所在；

（2）通过数据分析有针对性地找到解决问题的方法；

（3）通过数据分析挖掘用户需求；

（4）寻找直播间数据波动（数据上升或下降都属于数据波动）的原因；

（5）通过数据分析寻找优化直播内容、提高直播效果的方案；

（6）通过数据规律推测平台算法，然后从算法出发对直播内容进行优化。

直播数据是直播情况的真实反映，直播数据有很多，商家需要挑选能反映整场甚至整月直播情况的数据来进行复盘分析。

2. 直播数据分析的指标

直播数据分析的指标包括销售额、客单价、转化率、受众留存时长、累计观看人数、人气峰值、平均在线人数、平均停留时长、新增粉丝数、受众数据、互动率与互动数据等。

（1）人气峰值和平均在线人数决定了直播间的人气，是直播间能否带动货的大前提。一般平均在线人数稳定在 50 人，直播就有基本的带货能力，能够赚到钱。

（2）观众平均停留时长。平均停留时长是内容吸引力指标里最重要的一项，停留时长数据越好，说明主播的留人和选品技巧越高。

（3）带货转化率。直播间的用户下单比例＝下单人数÷观看总人数，这个数据可以衡量直播间的真实购买力，也反映主播的带货能力。一般带货转化率达到 1% 以上算合格，优秀的主播的带货转化率通常在 3% 以上。

（4）独立访客（Unique Visistor，UV）价值。即单个用户给直播间贡献的价值，数值越高，说明用户在直播间的付费意愿更强。有些主播的一场 UV 价值高达 30，说明粉丝消费力极强，销售额肯定高。

3. 直播数据分析的方法

（1）对比分析法。对比分析法又称比较分析法，是指将两个或两个以上的数据进行对比，根据数据之间的差异，从而揭示其背后隐藏的规律。对比分析中包括同比、环比和定基比分析。

同比：一般情况下是指今年第 n 月与去年第 n 月的数据之比。

环比：指报告当期水平与其前一期水平之比。

定基比：指报告当期水平与某一固定时期水平之比。

通过对比分析，主播可以找出异常数据。异常数据并非指表现差的数据，而是指偏离平均值较大的数据。例如，某主播在某场直播中，因为投放了一条较为创新的短视频引流，新增粉丝远高于平时，主播需要对此数据进行仔细分析，查找造成异常数据的原因，分析短视频的特点、内容等,做好相关的后续工作。

（2）分类法。分类法是指将数据库中的数据项映射到某个特定的类别。它可以应用于用户分类、用户属性和特征分析、用户满意度分析、用户购买趋势预测分析等。

（3）特殊事件分析法。直播数据出现异常可能与某个特殊事件有关,如淘宝直播首页或频道改版、主播变更直播标签、主播变更开播时间段等。因此主播在记录日常数据的同时,也要注意记录这些特殊事件,以便在直播数据出现异常时,找到异常数据与特殊事件之间的关系。

（二）直播经验总结

除了数据分析,直播中还有很多不能用数字来判定和衡量的事件。数据分析与总结只能体现直播的客观效果,而流程设置、团队协作、主播的台词等主观层面无法用数据获取,需要直播团队通过自我总结、团队讨论等方式进行总结,并记录总结结果,整理成经验手册,便于后续直播营销参考。

评判主播团队表现的维度如表7-1所示。

表 7 - 1　主播团队直播表现关注维度

角　色	复盘方向	关　注　维　度
主播	直播状态	脚本、开场话术、互动话术、促单话术、产品话术、控场能力
场控	直播效果	选品、组合、流程、节奏、视觉效果、人气、转化
运营	投放效果	视频发布、投放时机、投放金额、投放目标、投放效果
中控	后台操作配合	上下架产品、库存、优惠券、进店、点击、下单
客服	粉丝需求	中奖粉丝、高频问题、粉丝需求

三、直播复盘的步骤

直播复盘可分为5个基本步骤,即收集直播数据、回顾直播内容、分析直播数据、总结亮点和问题、提出改进措施。

（一）收集直播数据

直播复盘的第一步是收集直播数据,包括观众人数、观看时长、弹幕数量、礼物数量等各项指标。这些数据能够直观地反映出直播的效果和受众反应,对于后续的分析和总结非常有帮助。将直播的实际结果与目标进行对比,直播团队就可以明白一场直播的营销成绩究竟如何。在复盘的过程中,结果与目标的对比有3种情况:结果比目标好、结果与目标一致、结果不如目标。

回顾目标的目的,是为了发现存在的问题,为后续的分析提供方向,因此,直播团队在后续的分析中就需要重点分析结果与目标不一致的地方在哪里,为什么会出现这样的差距。

（二）回顾直播内容

在收集了直播数据之后,接下来要回顾直播的内容。此时需要仔细观看直播录像,回忆主播讲解和互动,以及观众的反馈和提问。在这个过程中,需要特别注意直播中出现的亮点和问题,并进行记录。在回顾直播过程时需要遵循以下3点原则。

(1) 真实、客观。直播团队需要对直播的整个工作过程真实、客观地进行记录,不能主观地美化,也不能进行有倾向性的筛选。

(2) 全面、完整。直播团队需要提供直播过程中各个方面的信息,而且每一个方面的信息都需要描述完整。

(3) 细节、亮点。直播团队需要描述在什么环节,谁用什么方式做了哪些工作,产生了什么结果。例如,在直播开播前,哪些人在什么时间、什么平台发布了什么引流内容,这些引流内容分别是什么类型,观看量有多少,反馈评论有多少,评论回复有多少等。整个直播过程的细节、亮点并不需要全部描述,对于各种有因果联系的细节、亮点,直播团队才需要详细描述。

需要说明的是,文字记录虽然比口述的操作麻烦一些,却是最合适的描述过程的方法。因为通过文字记录,直播团队的每个人都可以轻易地检查出遗漏的信息、不完善的信息或虚假的信息,并对记录内容进行修改和完善,从而为后续的复盘工作提供较为可靠的分析依据。

(三) 分析直播数据

收集了直播数据,回顾了直播内容之后,接下来就要对数据进行分析。可以使用一些数据分析工具,更加深入地理解直播数据。需要注意的是,对于不同的直播平台和直播内容,可能需要针对性地选取不同的数据指标进行分析。

(四) 总结成果和问题

在分析了直播数据之后,接下来就可以总结直播的成果和问题了。成果是指在直播中表现优秀、受到观众喜爱的部分,可以作为后续直播的重点突出;问题则是指在直播中出现的不足或需要改进的部分,需要进行具体的分析和解决。然而,这样归纳出来的经验和问题并不能直接使用,任何一个结论都还需要进行逻辑推演,看看是否符合因果关系。只有符合因果关系的结论,才是可以参考的,归纳出来的经验和法也才是有指导价值的。

可见,直播复盘的核心,就是要从一场具体的直播中提炼出经验和方法,从而解决直播工作中出现的一个问题甚至一类问题,从而提升直播营销的成绩。

(五) 提出改进措施

针对直播中出现的问题,需要提出具体的改进措施。这些改进措施可以涉及内容的优化、互动的改进、直播的时间和频率等方面。需要注意的是,改进措施要具体可行,同时也要考虑直播的整体效果和用户体验。直播团队应将直播复盘过程中发现的问题、原因,以及得出的经验和改善方法,以文字的形式固化下来,编写在册,有利于直播团队进行对比学习。

直播团队不断地将刚刚完成的直播与过去存储的经验文档进行对比,可以提升对事情本质的认识,甚至提炼出新的认识事物的方法。

四、直播复盘的数据分析

开展数据分析首先要有足够多的有效数据,主播可以在直播过程中或直播结束后通过账号后台、平台提供的数据分析工具以及第三方数据分析工具来获取数据。下面介绍抖音主播、淘宝主播查看数据的后台、平台渠道及第三方数据平台。

（一）抖音主播查看数据渠道

可以通过四个板块查看数据：第一个是巨量百应里的数据参谋；第二个是电商罗盘里包含的商家视角、达人视角以及机构视角的数据；第三个是数据主屏，它是用来查看单场直播的详细数据的；第四个是创作者或者企业服务中心，点击进主播中心里面查看。下面选取两种方法为大家展示。

（1）登录巨量百应，进入数据参谋，可以看到每一场直播的列表，从右侧实时大屏点击进去，可以看到直播的详细数据：累计观看次数、支付 GMV、订单付款率、实时支付 GMV 等，巨量百应的 dou＋投放效果数据如图 7-1 所示。

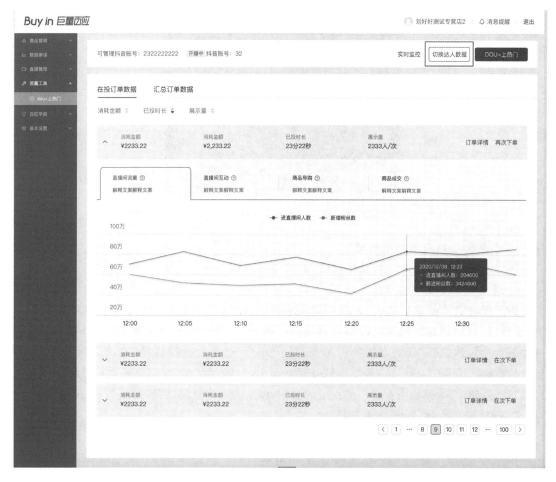

图 7-1 巨量百应后台数据

（2）进入账号后台创作者服务中心，点击数据中心，就可以查看到粉丝画像数据，包括粉丝活跃度分布、粉丝流量贡献度、性别分布、年龄分布、地域分布、设备分布及粉丝兴趣分布，还可以了解视频数据、分析作品热度和监控实时动态等，创作者服务中心的数据总览如图 7-2 所示。

图 7 - 2　抖音创作者服务中心后台数据

（二）淘宝主播查看数据渠道

淘宝主播可以通过淘宝直播中控台、淘宝主播 APP、生意参谋三个渠道获得直播数据。

1. 通过淘宝直播中控台查看数据

对于正在直播的主播来说，若要查看实时直播数据，可以在 PC 端直播中控台首页点击"查看详细"按钮查看。对于已经结束直播的主播来说，若要查看直播数据，可以在 PC 端直播中控台中依次选择"我的直播"→"某条直播回放"→"查看数据详情"选项，然后进入本次直播的数据详情分析页面。在数据详情分析页面中，主播可以在"指标总览""实时趋势""流量运营""产品分析"等模块中查看不同维度的数据，以全面掌握直播情况，如图 7 - 3 所示。

2. 通过淘宝主播 APP 查看数据

对于正在进行的直播，主播只需向左滑动直播推流页面，即可查看直播数据。对于已经结束的直播，主播可以在淘宝主播 APP 上登录账号，在"我的直播"中找到想要查看数据的直播，然后点击进入查看直播的数据，如图 7 - 4 所示。

3. 通过生意参谋查看数据

生意参谋是阿里巴巴打造的首个商家统一数据平台，面向全体商家提供一站式、个性化、可定制的商务决策体验。一方面，商家可以跟踪商品的推广引流效果，观测实时数据，发现问题并及时优化策略；另一方面可以实时查看商品的推广效果，如果转化率和点击量较少，可以及时调整优化策略，如图 7 - 5 所示。

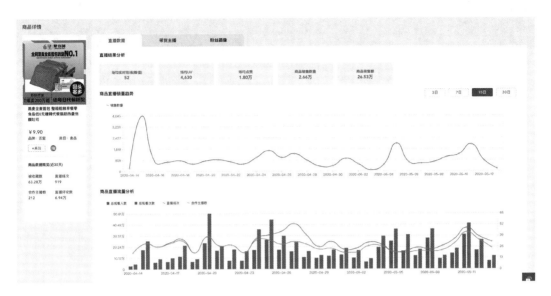

图 7 - 3　淘宝直播中控台

图 7 - 4　淘宝主播 APP 后台

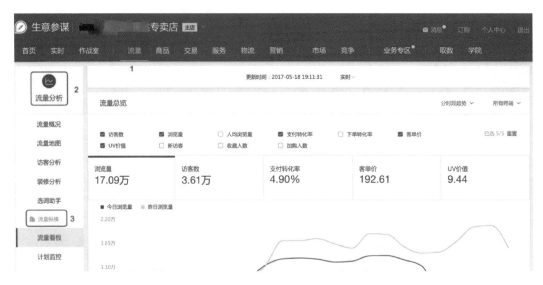

图 7-5　生意参谋直播数据

(三)第三方数据工具

1.飞瓜数据

飞瓜数据是一款短视频及直播数据查询、运营及广告投放效果监控的专业工具,提供短视频达人查询等数据服务,并提供多维度的抖音、快手达人榜单排名、电商数据、直播推广等实用功能,如图 7-6 所示。

图 7-6　飞瓜数据平台

(1)热门视频包含抖音平台最新热点视频。

(2)行业排行榜、涨粉排行榜、成长排行榜、地区排行榜、蓝 V 排行榜等,快速寻找抖音优质活跃账号,了解不同领域关键意见领袖(Key Opinion Leader,KOL)的详情信息,明确账号定位、受众喜好、内容方向。

（3）分析账号运营数据，定位用户画像以及粉丝活跃时间，更好了解用户的观看习惯，并同步列出近期的电商带货数据和热门推广视频，大数据分析账号带货实力。

（4）账号实时数据监控，实时记录抖音播主 24 小时内粉丝、点赞、转发和评论的增量情况，纵向对比近期 2 天的运营数据趋势，快速发现流量变化情况，更好把控视频运营的时机。

2. 蝉妈妈

蝉妈妈是国内知名的抖音、小红书数据分析服务平台，致力于帮助国内众多的达人、机构、品牌方和商家通过大数据精准营销，实现"品效合一"，如图 7-7 所示。

图 7-7　蝉妈妈数据平台

（1）今日直播榜。

今日直播榜分为今日带货榜、带货小时榜、直播实时热榜、抖音官方小时榜，主播可以在每个细分榜单下选择与自己相同的垂直领域，按照直播销售额、直播销量、带货热度、人气峰值、粉丝数等维度排序并查看相应的数据。

（2）寻找爆款商品。

在"商品"库中，主播可以找到直播间爆款商品，选择自己所在行业，根据自己对佣金的需求选定佣金比例，在"高级"栏中选择"有直播带货"，在"带货"栏中选择"直播带货为主"，按照总销量排序商品，选择排名靠前的商品，寻找爆款商品。

（3）判断潜力。

点击某个商品查看其销量，当 7 天和 30 天的销量拉近时，说明该商品在近 7 天销量有较大增长；当商品销量高且关联达人数量较少说明其带货竞争较小。

3. 灰豚数据

灰豚数据作为专业的短视频、直播数据分析平台，为用户提供即时、高效、准确的数据分析服务，致力于帮助用户加速流量变现，实现账号精细化运营，现在已经涵盖抖音、小红书、快手，如图 7-8 所示。

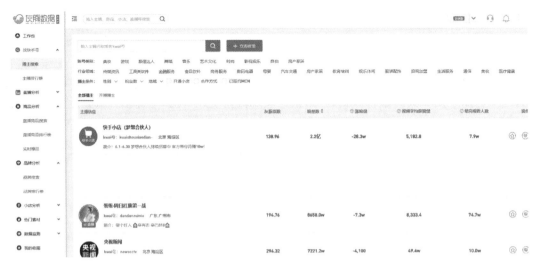

图 7 - 8 灰豚数据平台

（1）实时流量大盘。

分钟级更新频率，抖音实时直播数据汇总，根据留存与流量等级划分大盘，可以查看不同层级中具体账号数量与流量情况，帮助商家快速对标同水平优质直播间进行学习。

（2）选品罗盘。

可查看每日、每周、每月的各行业爆款商品，并且可以按照销售额、销量、价格、佣金比例等指标进行排序，大图样式展示商品信息，适合商家选品以及观察竞品数据变化。

（3）直播退货数据。

支持查看每场直播间整体、单品退货情况，快速筛选优质主播，助力商家带货。

（4）直播间流量变化。

实时监测直播间在线人数、进场人数、销售额、销量动态变化，多维度监测分析流量变化。

（5）视频播放量、互动率。

查看达人作品播放量、评论量、点赞量、分享数、互动率数据，帮助商家或者广告主快速筛选优质达人，实现精准对接。

（6）数据监测。

高频率监测抖音号、商品、直播、视频，掌握各维度实时数据变化，随时随地导出数据。

（7）实时直播大屏。

直接查看直播带货情况，实现最高秒级频率监测。

（8）多维度排行榜单。

直播达人榜、涨粉榜、实时爆品榜、直播商品榜、抖音商品榜、小店排行榜、品牌榜，各行业日榜周榜月榜多维度展现行业现状，帮助商家快速了解抖音热门直播、商品以及达人。

（9）达人详情页。

进入达人详情页可以查看近 90 天的新增粉丝数、新增直播数、直播销售额、音浪收入、新增作品数以及作品点赞、评论、分享数；粉丝画像可查看粉丝性别分布、年龄分布、地域分布；还可以查看达人直播历史记录以及作品，多维度分析达人数据，帮助账号精确目标人群，快速找到对标账号的同时实现精细化运营。

（10）直播间详情页。

通过查看单场直播流量等级与成交等级定位直播间水平，支持查看直播间留存趋势，研究进场人数与在线人数，确定直播间留存情况。商品列表中可以看到单品销量，直播优惠价，讲解时长等关键数据。直播间流量来源和观众画像也是重要数据之一，方便用户预测该场直播投放引流情况。

（11）商品详情页。

可以查看近 90 天的抖音订单数、视频销量、直播销量、直播销售额及对应指标的数据趋势；近 90 天的带货直播场次；显示直播带货达人信息，包括直播间最低价、直播销量以及直播销售额；显示带货视频内容以及对应播主信息，根据商品数据分析可查具体合作达人有哪些，观众画像方便选品用户判断是否适合自己推广。

陕西非遗数据：超六成主播通过特色展演创收

秦腔、老腔、眉户、线戏、汉调桄桄，你是否听过？这些陕西戏曲非遗，现在每天在抖音演出。

2023 年 6 月 6 日，抖音"非遗主播沙龙"在陕西广电大剧院举办，《陕西非遗数据报告》（下称《报告》）发布。《报告》称，过去一年，64%的陕西非遗主播获打赏支持，获得的金额与获赞数同比增长 100%和 215%。上述 5 个项目，便是当地特色戏曲剧种中获得打赏金额的前 5 位。

近年来，秦腔、陕北民歌、商洛花鼓等秦派非遗，通过直播、短视频屡屡"出圈"。2022 年陕西地区非遗短视频播放达 141 亿次，是 2017 年同类播放量的 300 多倍；非遗直播观看量达 5.4 亿次，是 2019 年同类直播的 50 多倍。《报告》显示，截至 2023 年 5 月，陕西地区非遗直播超 57 万场，用户观看 3 185 万小时。仅过去一年，陕西地区非遗直播超 24 万场，共 6.5 亿人次观看；1.9 万名陕西非遗主播在抖音开播，带来超 264 万小时技艺演出。

不只戏曲，民歌、曲艺等陕西非遗也纷纷在直播间获得"新票房"。据统计，在抖音获打赏前 5 名的陕西非遗项目为秦腔、陕北民歌、眉户、陕北说书、陕北窑洞。通过直播进行特色文化展演，借由打赏扩宽创收渠道，已成各地非遗在现代"自发造血"的方式之一。

思考： 直播带货帮助非遗传承人实现市场增收，如此才能激活传统文化的内生动力，真正实现代代相传。你对非遗在直播间的表现如何评价呢？

任务二　直播数据分析

2023 年 5 月 6 日，港股上市公司"世纪睿科"通过子公司全资收购了"北京交个朋友数码科技有限公司"。5 月 10 日，世纪睿科再次发布公告表示，已经建议将公司名称改为"交个

朋友"。

换句话说,罗老师的"交个朋友"已经脱胎换骨成为了安安的上市公司。

2020年4月,罗永浩在抖音开始了自己第一场直播,恰逢中国直播带货爆发的前夜。

开场10分钟,直播间观看人数已经飙升至218万人,最高达270万人同时观看。开场5分钟,老罗收获155万人音浪,5秒后,音浪就飙升到了162万人,全场共收获音浪3632.6万人,折合人民币360余万元。

此次,罗永浩总计销售额达1.7亿元,累计观看人数4875.4万人,成交订单84万个,如图7-9所示。

图 7-9　罗永浩抖音直播首秀数据

网经社数据显示,2020—2022年中国直播电商市场交易规模分别为1.29万亿元、2.36万亿元、3.5万亿元。以抖音为例,2022年直播电商业务GMV同比增长达80%。

对于一次直播,数据分析的常用指标包括观看人次、新增粉丝、平均在线人数、平均观众停留时长、成交订单、转化率、销售额、弹幕总数等,可以分为直播间粉丝画像数据、直播间流量数据、直播间互动数据和直播间转化数据。

一、直播间粉丝画像数据分析

受众数据包括受众性别、年龄、地区、兴趣分布、设备等。掌握了这些数据,无论是选品还是直播间的优化,都能找到切入点。

(一)性别

粉丝画像中的性别主要对应的就是商品类目,比如说,男装和女装对应的就是男性和女性,还有一些化妆品和护肤品也是需要区分男女类别的。所以在选品之前分析主播粉丝的男女比例是非常重要的。如果主播的粉丝是以女性群体为主的话,那么商品类目就应该针对女性进行选择。

(二)年龄

年龄一般决定着粉丝的需求以及产品的客单价。不同的年龄群体,所能接受的客单价范围也是不一样的:一些年龄较小的粉丝经济能力普遍一般,对于这些粉丝来说所能接受的客单价也相对要低一点;而对于那些已经经济独立的青年群体来说,他们所能接受的消费水平相对也会较高一些,所以可以选择客单价较高的一些商品;如果粉丝画像的年龄群体是偏大的人群,这些人很可能上有老、下有小,很多人在生活当中也养成了精打细算的习惯,对于这些人群,在进行客单价选择的时候也是有一定限制的。

(三)地区

对于粉丝来说,不同地区的粉丝所喜欢的商品也不一样,所以在进行选品的时候应该针对不同地区粉丝的喜好去选择更适合粉丝所在地区的产品。比如说在粉丝画像中,某主播的湖南地区粉丝明显要高于其他地区,主播在进行选品的时候就可以优先选择湖南地区的特产,或者是湖南当地钟爱的一些商品。

(四)兴趣分布

兴趣分布就是指粉丝在日常生活中所喜爱的一些事物,比如说一个主播平时是做玩具类直播和视频的,那么关注该主播的人群大多数也都是喜欢玩具类目的。商家在选品的时候也需要多多关注粉丝的兴趣分布,以便更好地促进订单的成交。

(五)设备

设备指的就是粉丝日常观看主播直播所使用的设备,通过查看这些设备的型号可以间接地了解粉丝的经济能力和消费水平。在选品的时候主播就可以将此水平作为参考,尽量不要选择远超消费者承受能力的产品。

【案例分析】 **用直播的方式卖春联——了解人群画像**

春联及春节挂饰,属于特殊节日用品,一次性消费。理论上说,中国人过年都会贴春联,春联属于老少咸宜的商品。通过对目标商品的解析,缩小了数据检索范围,某直播策划团队从以下维度勾勒出用户画像。

1. 性别分布

谁是春联的主力购买人群呢?是男性,还是女性呢?

如果看综合数据(春联和挂饰),男女比例相差并不大,男女比例为58%比42%;而单看春联,男性购买比例高达64%,女性只占36%,如图7-10所示。

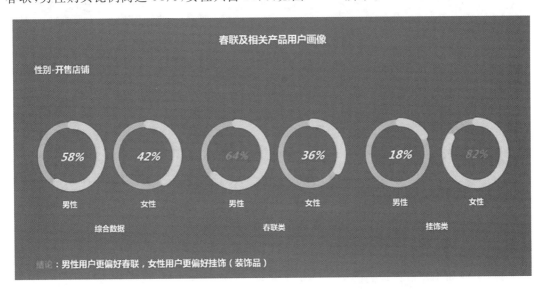

图7-10 春联用户画像数据(性别分布)

2. 年龄分布

在开售店铺中,综合数据、春联类、装饰类三项数据的结构基本一致。31—40 岁群体是相关商品的主力购买人群,而且所占比例处于绝对优势。春联的主要使用场景是家庭,而31—40 岁的群体正是家庭的主力,如图 7-11 所示。

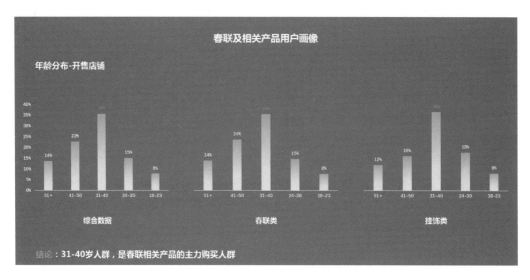

图 7-11　春联用户画像数据(年龄分布)

3. 省份分布

在开售店铺中,山东、广东、江苏、河南、河北、山西,是春联类商品的消费大省,如图 7-12 所示。

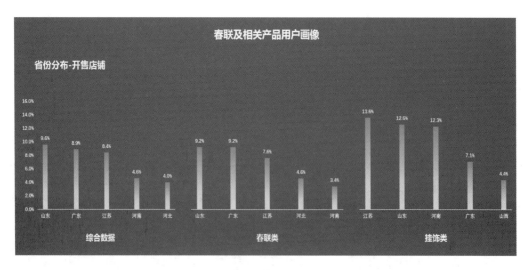

图 7-12　春联用户画像数据(省份分布)

4. 城市分布

春联类商品用户占比最高的城市依次是北京、烟台、深圳、天津、广州,都是大城市。除了一线和新一线城市,就是东南沿海城市,如图 7-13 所示。

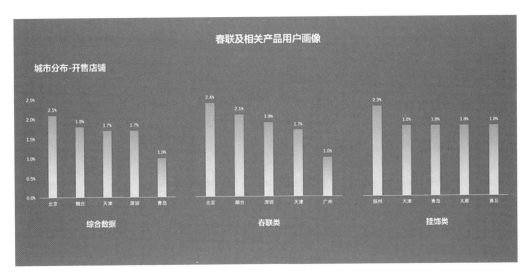

图 7－13　春联用户画像数据（城市分布）

5. 关联需求 & 视频喜好

在投流时,可以选择相应的关联需求标签和视频喜好标签,更精准地吸引潜在购买者。较为集中的关联需求有:女装、童装/婴儿装/亲子装、古董/陶瓷/杂项/收藏、零食/坚果/特产。较为集中的视频喜好有:餐饮美食、影视娱乐、文艺,如图 7－14 所示。

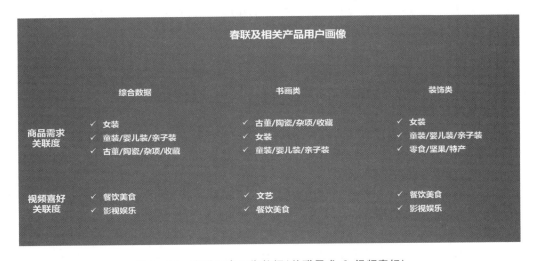

图 7－14　春联用户画像数据（关联需求 & 视频喜好）

总结:

(1) 开发商品时,最好结合渠道先了解同类商品的基本信息,知己知彼。

(2) 开售之前,做一份用户画像分析,为后期投流或分销做参考。

二、直播间流量数据分析

(一) 人气数据

人气数据包括浏览人数、点赞数、在线人数、热度、聊天内容,如图 7－15 所示。

图 7-15　人气数据

1. 浏览人数

浏览人数越多,代表这个主播的受欢迎程度越高。这和主播的分类、头像等关系也非常大,因此除了积极宣传自己的直播间外,还要设计好自己的头像和名字。

2. 点赞数

点赞数也表明了该直播间的活跃程度、粉丝支持等。因此前期可以让朋友或粉丝、副播进行点赞,这对直播间也是很重要的。

3. 在线人数

在线人数越多则表明直播间的内容越好,所以设计一些留住粉丝的方案,重要的是有内容,比如才艺展示、聊天内容等。直播间平均在线人数体现了直播间的平均人气,是衡量主播某个阶段内人气的重要指标。

影响直播间平均在线人数的关键因素有：直播间曝光率、点击率、直播间粉丝基数、主播表现力等,一般来说,直播间在线人数会随着直播间粉丝数量的积累而逐步增长。

4. 热度

热度表明了直播间的受欢迎程度,多个粉丝刷礼物后站榜人数越多,表明直播间的粉丝越有效。

5. 聊天内容

即与粉丝的互动,屏幕刷屏的速度,都表明了直播间的活跃程度,鼓励粉丝多说话沟通,对于主播也是非常有用的。

(二) 在线人数和在线时长

1. 累计观看人数

这是一个很重要的数据,是指本场直播来自所有渠道的观看人次。受众如果看到观看人数比较少,可能就会直接走掉。同时,相关的指标包括累计观看人次,也就是进入直播间

的次数。想要提升直播间观看人数,应该从以下几方面入手:

(1)优化用户预览直播间时的画面内容,重点关注场景搭建,商品摆放技巧、主播镜头距离与穿着,不断替换做测试。

(2)优化直播间设备,保证直播画面的清晰度、稳定度、整洁度、色彩曝光,建议使用专业的相机及灯光设备。

(3)优化直播间声效,应该保证人声清晰,无杂音无回音无爆音。

(4)搜索自己直播间,浏览展现的标题是否有较强的吸引力,提升与直播动态内容的关联度。

2.人气峰值

人气峰值是指最高在线人数,这个指标也很重要。关注人气峰值的前后片段,进行录屏复盘,可以帮助主播逐渐掌握卖货节奏、积累直播金句,了解自己直播间的人气规律。学习成为一名优秀的主播,从复刻自己的高光时刻开始。

3.平均停留时长

受众在直播间停留的时长越久,说明直播间的内容越有趣、直播间的人气越高,平台就会把直播间推荐给更多的人看。所以,延长受众留存时间对于直播间是有很大帮助的。通常来讲,受众在直播间停留时长在30秒是及格的,20分钟以上则是非常好的数据。用户在直播间平均停留的时长,是衡量主播控场能力的重要指标之一。直播间人均在线时长越长,直播间商品转化率就越高。

影响直播间人均在线时长的关键因素有主播表现力、控场节奏、促单话术、定时福利、互动状况等,主要和主播能力有关。想要提升人均在线时长,可以从以下四个方面入手:

(1)调整直播排品节奏与商品活动等,适当增加引流款/爆款商品的直播时间,或完善福利品的话术,提升商品吸引力。

(2)优化整体直播场景,强化直播间主播/背景的内容力,提升整体直播间场景的可看性,也可加入才艺/故事环节,提升内容留人能力。

(3)调整直播节奏,高频化互动,如福袋抽奖/限时秒,突出本场重点福利信息。

(4)提升主播的讲解留人能力,提升讲解专业度,配合主播/场控强化氛围感,商品的讲解需生动丰富吸引用户停留。

4.留存率

留存率是指在一定时间内曾经使用直播平台的用户,在未来的某一段时间内再次使用直播平台的比例。衡量用户对直播间的黏性和忠诚度,为用户黏性提升提供参考。

(三)粉丝团人数

粉丝团人数包括本场新增粉丝数、粉丝团增量峰值和峰值时间。

1.新增粉丝数

新增粉丝数指本场直播新产生的关注直播间的粉丝人数。新增粉丝数的多少,可以衡量直播间是否能够吸引粉丝。

2.峰值时间

峰值时间是指系统单位阶跃响应曲线超过其稳态值而达到第一个峰值所需要的时间。主播可以运用一些优化技巧来提高直播间的流量指标,包括多上一些引流款商品、提升自己讲解商品的感染力、提高选品的精准度、提升用户的观看体验。

三、直播间互动数据分析

互动指标包括互动情况、关注情况及弹幕热词。互动情况包括累计点赞数、累计评论数;关注情况即累计关注数;弹幕热词包括弹幕总数、弹幕人数、观众互动率。

(一) 直播间的互动率

互动率是一个很重要的权重指标,一般来说互动率在3%～10%是正常的,也就是说,如果一场直播有1 000人看,评论数至少要达到30条,才算正常。直播间可以多设置一些互动问题,让受众在评论区回答;也可以发一些福袋,发福袋的时候要配合关键词指令,只有在评论区输入了正确的指令,才有机会获得福袋。

(二) 受众购买倾向和主要需求

例如,通过弹幕数据,可以知道受众都喜欢聊什么,以便下次直播的时候多准备一些相关的话题,调动直播间气氛;通过弹幕数据,还可以知道受众对哪些产品的兴趣比较高,以便在之后的直播中可以持续进行推广。某直播间弹幕热词如图7-16所示,可以看出该直播间主播与观众的互动性较高,以及在直播中对主播试穿、视频观看的关注。

图 7 - 16　直播间弹幕热词

四、直播间转化数据分析

转化数据在直播中处于重中之重的位置,对成交量有直接的影响。转化数据包括销售额、转化率、客单价、投入产出比等。

(一) 销售额

销售额是最能体现直播带货能力的数据指标之一,可以反映一场直播的带货效果,但是要分析一段时间内的销售额才能更真实反映直播间的带货能力。一旦销售额出现下滑趋势,就要找到原因,尽快调整策略。直播间受众如果对产品感兴趣,就会点击购物车、查看产品详情,这一点可以通过直播界面中出现的"正在购买人数"弹幕来体现,通过查看分析直播间正在购买人数的变化趋势,可以快速了解哪一款产品的购买人数较多,然后可以侧重推广该产品,提高销售额。

(二) 转化率

直播间商品转化率=直播间的成交量÷浏览量。直播的最终意义是促成转化。某种意义上,转化率比点击率更为重要,因为它反映了有多少观众真正有意愿付费购买商品。想要提高转化率,可以从下面几个角度来进行:

(1)提升主播的商品专业度,完善对商品卖点的讲解,提升用户对商品信息的了解,增加商品转化率。

(2)设置优惠促销活动,常见有红包、福袋等方式。

(3)增设直播中的购买演示流程,辅助新用户进入直播间对相中商品做快速下单。

（4）调优直播中的排品逻辑，设置场景消费中的关联商品，提高用户的重复下单率。

（5）在直播间强化购物氛围，可展示合适的道具，同步引导点赞、关注、下单等，烘托直播间热闹购物的氛围，提升粉丝购物兴趣。

（6）围绕账号定位、粉丝诉求及主播调性进行选品调整，提升主推款的曝光占比和讲解深度。

（7）对商品进行合理组货，调整客单价及性价比，通过商品质量及包装的改良提升商品档次，提升商品客单价。

（8）提升与用户购买相关的答疑互动，让助理或者客服对观众所提问题进行充分解答，帮助观众应知尽知，充分了解商品。

（三）客单价

客单价往往与所售卖商品以及直播间观众人群有关。定期关注客单价的波动，可以帮助主播了解客户的购买力，从而调整卖货话术、直播选品、带货节奏和商品组合。

例如：高客单价直播间往往面对高端客户群体，主播可以更多强调品质、财富标志等；低客单价直播间往往面对下沉市场消费群体，主播可以更多强调性价比。如图 7-17，某直播间客单价为 99.90 元，属于中客单价。

图 7-17 直播间转化数据

（四）投入产出比

投入产出比（ROI）＝销售额÷单场投入成本费用。举个例子来说，假设单场直播成本为坑位费 1 万元＋投放 3 万元，要想 ROI 实现 1∶2，产品销售额至少要达到 8 万元。直播间的 ROI 比例越高，盈利空间就越大。

直播电商美 ONE 引领高质量增长

在 2023 年双十一期间，直播电商行业表现不俗，直播平台累计销售额达到了 2 151 亿元，而整个行业的销售额更是达到了惊人的 11 386 亿元，创造了历史新高。这一增长数据有力地反驳了市场上的各种唱衰论，证明了直播电商行业充满生机和活力。

在双十一前夕的活动上，美 ONE 合伙人蔚英辉特别强调了用户服务的重要性。蔚英辉认为，货真价实、物美价廉是支撑消费行为的决定性因素。因此，美 ONE 提出的高质量保障不仅在于为消费者提供感知质量和客观质量的双重售前保障,更在于提供涵盖售前、售中及售后的全周期消费者权益保护。

值得注意的是,今年的增长并不仅仅局限于数字的增长,更体现在质量上的提升。市场监管总局在"双十一"网络集中促销期间适时发布了合规提示,为直播带货行业的有序运行提供了有力保障,确保了今年双十一活动的顺利进行。事后复盘发现,早年直播带货行业所备受诟病的以次充好、虚假促销、玩法复杂等问题,在今年双十一期间得到了有效解决。这一改变不仅提升了行业的口碑,也表明了行业正在逐步走向成熟和规范。

思考: 直播电商美 ONE 直播数据增长的原因有哪些?

任务三　直播方案优化

8月24日,云南省某单位区域市场部开展直播"回头看"活动,认真总结面向零售客户开展的直播活动,切实提升服务水平。

活动中,区域市场部认真对照此前组织的27场面向零售客户的直播会,从直播全盘策划、画面设计、直播内容、直播互动、团队协作互助、传达公司政策方向等方面进行全面回顾、总结,并借此重新评估客户服务效果。

"我建议,下一场直播我们把如何吸引顾客进店的内容再丰富一点,这样客户学到的营销干货会更多。"客户经理姜璐提议。

"增加互动环节""增加零售许可证办理相关要求"……直播"回头看"活动现场,相关部门工作人员从客户需求、业务知识普及等方面提意见、出主意,开展了一场激烈的头脑风暴。

区域市场部主任胡艳明介绍:"从筹备到直播,从一个人到一群人,这不仅仅是直播数字的变化,也是整个营销团队不断学习和提高的过程。"

今后,区域市场部将陆续通过"开年投放政策宣讲""以创新服务为动力,以服务质量求发展"等系列直播活动,为零售客户带来更加专业、可靠、贴心的服务。

直播不仅是线上娱乐内容的生产工具,而是与商业业务场景结合越来越紧密,逐渐演变为基础的业务工具。针对每一次直播总结复盘,不仅包含数据的优化,还要包括经验的总结,才能将直播方案优化。

一、直播间数据优化

(一) 直播人气流量优化

直播人气流量优化的主要目标是解决直播间在线人数少和在线人数不稳定等问题。一般来说,直播间人气流量数据不佳的主要原因包括主播经验不足或状态不佳、直播间场景布置不妥当、用户留存策略不当等。具体的优化方案如下。

1. 提升主播经验或调整主播状态

主播是直面用户的第一人,其在直播时的状态、临场发挥情况会对直播间的人气产生直接的影响。如果主播经验不足或状态不佳,则可能出现商品介绍缺乏吸引力、直播节奏掌控不当、无法及时回答用户问题、无法与用户形成有效互动等问题。如果以上某一方面存在问题,主播就需要及时调整状态,加强商品讲解能力、话术表达的训练,并做好直播脚本和话术的准备工作,以免在下一场直播中出现类似的情况。

(1) 制定直播目标,直播的过程中朝着目标努力。

(2) 每次下播后可以进行自我总结,今天表现如何,有哪些不足,争取下次直播改进。

(3) 了解平台内的其他主播以及工会的一些情况,历史背景,甚至可以多关注全网主播的一些事件,以免被粉丝问到,避免无话可以聊的尴尬场面。

(4) 才艺技能拓展,比如唱歌、跳舞、弹琴或其他才艺,都可以活跃直播间气氛,提升主播魅力。

(5) 直播话题拓展。直播话题拓展可从以下两个方面进行:① 关注网络热点事件。积极关注社会热点、娱乐八卦、网络潮语、热门视频等,以便与粉丝聊天时能够制造或引导话题,引发粉丝讨论,增强普通粉丝参与感。② 尝试打造直播每日话题。根据当下热门的话题或者趣味性强的话题,打造每日直播小话题。

2. 优化直播间场景布置

直播间环境不够美观、整洁,背景过于杂乱,也会影响直播人气。直播的场景只影响用户停留的前3秒,如果画面和氛围不够打动用户,用户就会立刻划走,所以要在布景上下功夫,给人新鲜感。针对该问题,主播及其团队需要调整直播间的场景布置,将物料摆放整齐,搭建与主播个人形象相匹配的直播间场景。

(1) 直播环境和布置。直播环境最好是独立的,安静的,面积不用特别大,能陈列直播间的产品即可。

(2) 直播间背景。直播间背景一般不建议用一面大白墙,最好能和直播风格、直播产品相符合。而且直播间一般会用灯光补光,纯白色的背景容易反光,长时间看直播的人会视觉疲劳。用深灰色或者浅棕色的背景墙,能够更好地突出主播。

(3) 直播间灯光。直播间灯光非常重要,好的灯光效果能让主播的气色看起来更好,直播间的整个光线效果也更舒适,让观众进入直播间的第一眼就觉得舒服。

顶灯可以把直播间整个场景照亮,左右灯光负责增加人物和产品的立体感,卖什么产品,设置相应的灯光。

(4) 直播道具。搭建直播间常用的道具包括KT板、窗帘、货架、多台手机等。还有一些小的道具用来制造氛围,例如小黑板、秒表、电脑屏幕。

(5) 直播产品排列。新手如果不知道怎么排列产品,可以参考同行。如果有大牌产品,可以放在显眼的位置来吸引用户眼球。如果是卖零食,可以多放一些产品,看上去很丰富。记住一个原则:最有分量、重点的产品放在最显眼的位置。

(6) 直播设备。新手如果没有太大的预算,直播设备可以简单一点,熟悉整个直播的流程之后,可以根据自己的需要再调整直播设备。

3.改善用户留存策略

用户留存策略是指吸引用户停留在直播间的策略。对于大多数主播而言,常用的用户留存策略有抽奖、发券、发红包等。同时,主播和商家应该掌握一些涨粉技巧,在开播前进行宣传,与顶流主播直播时间错开等方法也较为有效。

在线人数不稳定还与粉丝占比(粉丝占观看用户的比例)有关,一般情况下,直播间粉丝占比越高,在线人数相对越稳定。因此,主播还可以采用两种方法提高直播间的粉丝占比。

(1)固定直播时间,主播需保证直播的规律性,培养粉丝观看直播的习惯。

(2)增加粉丝专属礼环节,主播可以在直播过程中增加参与的优惠活动,以增强粉丝的黏性。

(二)直播互动优化

直播互动优化的主要目标是解决直播间用户互动率低、气氛不活跃的问题。在直播过程中,主播与用户的互动渠道主要是弹幕。就直播销售而言,主播可以采用以下方法引导用户发送弹幕,提升直播间互动率。

1.设置带关键词的抽奖或发红包活动

为了引导用户发送弹幕,主播可以使用利益引导的方式,将抽奖或发红包的条件设置为发送特定关键词的弹幕。

2.提问或引入话题

提问或引入话题是很好地引发用户互动的方法。例如,主播可以询问"有没有来自安徽地区的家人们""有没有爱吃榴梿的小伙伴",引导有相同特征的用户发送弹幕。

3.互动引导

强化直播间运营人员的互动引导,让进入直播间的新用户可以快速参与互动;调整参与互动的方法,避免新用户不知道如何参与互动;连麦调动用户的积极性;利用福袋互动提高直播间的留存率和互动率。

(三)直播转化优化

直播转化优化需要解决直播间商品转化率低的问题。直播间的商品转化率与商品选品、价格、引导下单话术等紧密相关。如果直播间的成交率持续走低,商品选品、价格不合理,就需要针对问题进行优化。

1.商品选品

如果直播间商品的成交数量少、转化率低,主播及其团队就应当考虑选择的商品是否符合用户需求,或商品品质是否有问题,进而优化播间的商品配置。商品的性价比应该与目标人群相匹配。

(1)直播带货选品与账号定位属性相关联。视频内容与账号定位垂直,系统才会根据你的垂直内容贴上精准标签,将视频推荐给更精准的粉丝。直播带货选品也一样,直播账号如果主攻美妆,直播带货选品尽量选择美妆相关产品。一方面主播对产品的熟悉度高,另一方面也符合粉丝对账号的预期,更有助于提升产品转化。

(2)亲自试用产品。自己使用过产品,才能知道它到底是不是一款好产品,是不是适合粉丝消费群体需求,有哪些特性,该怎么使用,直播时怎么给粉丝讲解和推荐。

例如,直播卖一款洗面奶,主播得事先知道这款产品适合油皮还是干皮,自己是什么肤质? 使用后是什么感觉? 主播身边其他肤质的人使用后是什么感受? 粉丝对洗面奶有哪些需求？这款洗面奶能否满足他们的需求？这些都需要主播亲测后才能得出结论，才能在直播间根据实际使用感受，向观众、粉丝推荐你的产品，产品才会更有说服力。

（3）按粉丝需求选品。账号上的粉丝一定是因为主播的特定属性能满足他们的需求才关注，所以主播选择直播带货产品时一定要了解直播账号上粉丝用户属性和需求，例如粉丝的年龄层次、男女比例，对产品的需求等。

要了解自己的账号粉丝画像，可以借助数据分析工具。以飞瓜数据为例，在飞瓜数据播主详情的"粉丝数据分析"中可以了解到主播的粉丝性别、年龄、地域分及星座布情况，通过对粉丝画像进行解读，从而明确自己账号的目标用户画像。根据这些需求，及时补充产品品类，满足粉丝需求。

（4）选择高热度直播带货产品。与发视频蹭热点的逻辑一样，直播带货产品的选择也可以蹭热度。例如，端午节要吃粽子，中秋节要吃月饼。夏天的小风扇、冬天的暖手宝，又或者是当下某个时间网红、明星带火的某款产品，都是可以蹭热度的产品。不管人们是不是需要这件东西，在特定时间，人们对它们保持了高度关注，就算不买，也可能会在你的直播间热烈讨论相关话题，提升直播间热度。

当然，还可以根据短视频数据分析工具上的抖音热门产品排行榜以及抖音人气好物榜来确定直播带货选品。

（5）选择高性价比直播带货产品。不管是哪个平台，高性价比低客单价的产品都会在带货中更占优势。给粉丝"全网最低价"且"无条件退换"的福利是把粉丝留住的诚意所在。一方面最大限度地保证了粉丝的权益，另一方面也让粉丝对主播产生了极高的信任，回头率高。在选品的时候，客单价最好不要高于100元，100元是用户对一个价格区间的心理底线，而且根据相关统计，抖音上60%的爆款产品价格区间都在10~50元。比如洗碗纸巾、钢化膜等抖音爆款产品，领券之后的价格都是低于50元的。

（6）借助工具选择直播带货产品。例如，可以使用飞瓜数据平台，分析直播商品中哪些产品的销量好？哪些产品在直播峰值的时候销量最高？哪些产品被点击的次数最多？哪些产品交易量最大？

根据这些数据，能够获得高销量产品的名称、品类、单价、来源等各项信息，然后根据这些信息结合账号定位、粉丝需求，选择合适的直播带货产品。

（7）选复购率高的直播带货产品。直播带货，粉丝群体相对稳定，不容易快速增加新客户。所以，产品的购买频次一方面影响收益，另一方面影响粉丝的活跃度，处理不当还会掉粉。选一些快消品，复购率高，会有更好的效果。

2. 价格

直播间商品的价格会影响直播商品的转化率。一般来说，价格越低的商品，转化率可能越高，反之则越低。合理的定价策略配合主播巧妙的话术，能够更好地促进用户下单，起到良好的带货效果。

（1）打折促销。打折促销是直播电商中惯用套路之一。打折促销可以吸引消费者的购买欲望，让消费者更愿意购买商品。打折促销的时机很关键，打折促销的商品都是刚上市或者库存积压的商品。打折促销的优点是可以帮助电商快速清库存，并获得更多的收益和利润。

（2）搭配销售。搭配销售是指将几个商品进行组合销售，以实现整体利润的提高。搭配销售的商品一般会有一定的相似性或者互补性,让消费者更愿意购买。搭配销售的优点是可以帮助电商提高销售额和利润率,同时也可以满足消费者的需求。

（3）捆绑销售。捆绑销售是指将商品与服务绑定在一起销售,可以提高产品的附加值。捆绑销售的商品和服务有一定的关联性,让消费者更愿意购买。捆绑销售的优点是可以帮助电商提高销售额和利润率,同时也可以提高产品的附加值和客户黏性。

（4）限时抢购。限时抢购是直播电商中常用的套路之一。限时抢购可以增加消费者的购买欲望,让消费者在短时间内做出购买决策;限时抢购的时限一般比较短,一般只有几个小时或者几天,让消费者感到紧迫感,从而更愿意购买;限时抢购可以帮助电商快速售出商品,并获得更多的利润。

（5）赠品促销。赠品促销是指在购买特定商品的同时,赠送与之匹配的小礼品,以提高产品的附加值。赠品促销的优点是可以提高产品的附加值和客户黏性,可以吸引消费者的购买欲望。赠品促销的礼品一般会与商品有一定的关联性,让消费者感到更有价值。

3. 强化互动元素

在活动策划上强化互动元素,不要让用户在直播间只"看戏"。

（1）互动形式。在增加互动元素时,需要选择合适的互动形式,以便更好地吸引观众的关注和参与。例如,可以采取问答、抽奖、互动游戏等多种形式,提高观众的参与度和忠诚度。

（2）互动奖励。在增加互动元素时,还需要设置相应的奖励,以便更好地吸引观众的关注和参与。例如,可以设置虚拟礼物、现金红包、实物奖励等多种奖励形式,激励观众参与互动,提高直播的曝光度和用户黏性。

（3）互动频率。在增加互动元素时,还需要适当控制互动的频率,以避免观众疲劳和失去兴趣。例如,可以根据直播的内容和时间,适当控制互动的频率,以保持观众的兴趣和参与度。

（4）互动效果。在增加互动元素时,还需要关注互动的效果,以便更好地评估和调整互动策略。例如,可以通过数据分析工具,了解观众的参与度和反馈,评估互动的效果和效益,调整和优化互动策略,提高直播的效果和用户满意度。

二、直播间经验总结

直播间经验总结可以从"人""机""料""环""法"五个角度来分析,并进行经验的总结。

（一）人

新媒体团队需要对直播过程中涉及人的因素进行总结,尤其是在团队协作过程中,不同性格的团队成员会呈现不同的做事风格。作为一支完整的团队,需要将成员的优势充分发挥、成员劣势尽量避免,在团队沟通环节尽量减少人为失误。总结过程中,除了需要对新媒体团队成员进行总结外,对于主播、嘉宾等也需要进行总结。

（二）机

新媒体团队需要对直播硬件设施进行总结,对场地的布置、直播设备的性能、电池的耐用程度、道具的尺寸设计等进行讨论与总结。

（三）料

直播活动不涉及原材料或半成品加工,此处的"料"主要指直播台词、直播环节设置、直播互动玩法、直播开场与收尾方法等提前设计好的内容。虽然这些内容已经提前设计好,但是需要分析内容是否有效发挥、有无未考虑到的环节而导致现场混乱等。

（四）环

新媒体团队需要对直播环境进行总结。主要是针对现场声音清晰度、灯光亮度、现场屏幕流畅度等方面进行讨论与回顾。除此之外,还需要重新在直播网站进行环境评估,尤其是直播现场画面在网页及移动端的适配程度。

（五）法

新媒体团队需要对直播前的方案正文、项目操盘表、项目跟进表等进行总结,尤其是重新评估项目操盘表是否具有实际指导价值、项目跟进表是否有效地引导团队成员进行直播相关的运作等。

2023年6月,由农业农村部办公厅、体育总局办公厅共同发布的关于举办全国和美乡村篮球大赛（村BA）的通知,将"村BA"的火热之情推向全国,以举办全国性、群众性且富有农趣农味的乡村篮球比赛为契机,不仅可以带动篮球运动深入到广大基层,推动全民体育进入一个新高潮,而且还有利于加强农村精神文明建设,提高农民群众的健身意识。

在"村BA""村超"的赛场上,没有专业的球员,他们来自基层的各行各业,有人是卖鱼的,种田的,开货车,比赛场地也都是现有的水泥地,黄牛、香羊、麻鸭、鲜鱼……奖品全靠"就地取材",但就是这股子质朴和对体育运动纯粹的热爱将大家汇聚到一起,为了梦想和荣誉奋力拼搏,挥洒汗水,这也是大众体育发展的重要意义。

那么,从"村BA"到"村超",村字头的体育赛事是如何火遍全国的,这源于直播方案的优化?

1. 短视频平台打造大IP热词,引爆社交流量

通过发布各类与赛事相关的短视频,提高曝光,吸引更多流量,最终创造了"村BA""村超"等爆款大IP热词,成为了全民讨论的焦点。在"村BA""村超"火爆出圈的背后离不开抖音、快手等短视频平台的助推。据统计,相关话题在抖音分别创造了14.3亿次、5.8亿次以及4.0亿次播放量。

2. 直播优化线上观赛体验,提供技术驱动力

除此之外,直播分流优化线上观赛体验也发挥了重要作用,直播分流是指将视频直播信号同时推送到多个不同的媒体平台或渠道,使更多的观众能够在不同的平台上观看直播内容。这样做可以扩大直播的覆盖范围,增加观众数量,并提升直播的曝光度和影响力。

以"村BA"为例,包括人民日报、新华网、环球网等几十多家媒体都对比赛进行了平台分流直播,总的直播时长达70多个小时,累计观看超8亿人次,赛事期间连续多次霸榜全网热搜,丝毫不输几个月前的世界杯。而利用直播平台分流的优势在于不仅完美延伸了"村BA""村超"活动的影响力,也给线上观众带来了更加身临其境、丰富多元的观赛体验。

思考: 如何借助直播的优化来激活乡村新文旅、新农业?

项目小结

　　本项目包含三个任务。第一个任务对直播复盘进行了详细的介绍。主播通过数据复盘回顾并不断优化直播的整个过程,总结直播中的各种不足,然后在下一场直播中改进,以获得更好的直播效果。第二个任务围绕直播带货的四类数据展开,旨在帮助学生更好地掌握分析直播带货效果的方法和落脚点,为直播优化奠定基础,找到适合自己的粉丝维护管理策略,胜任企业岗位要求。第三个任务对直播方案优化进行了详细的介绍,包括数据的优化及经验的总结。基于直播复盘,对相关数据进行处理和分析,同时结合"人""机""料""环""法"五个因素的提升,直播效果的提升势在必得。

 知识与技能训练

项目七
拓展阅读

一、单选题

1. 直播数据分析不需要分析(　　　)。

A. 品牌口碑数据　　　　　　　　　　B. 目标用户比例

C. 设备磨损情况　　　　　　　　　　D. 直播效果数据

2. 想提高直播数据,直播间重点考核的指标是(　　　)。

A. 停留时长、转化率、互动率　　　　B. 停留时长、互动率、转粉率、商品点击率

C. 观看量、停留时长、转粉率　　　　D. 观看量、互动率、转化率、转粉率

3. 抖音直播后,手机端查看直播数据的路径是(　　　)。

A. 抖音—创作者服务中心—数据概要

B. 抖音—创作者服务中心—作品数据

C. 抖音—创作者服务中心—主播中心—数据中心

D. 抖音—创作者服务中心—直播间攻略

4. 投入产出比是(　　　)。

A. ROI　　　　　　B. UV　　　　　　C. CPC　　　　　　D. GMV

5. 直播间背景的主要颜色应为(　　　)。

A. 白色　　　　　　B. 绿色　　　　　　C. 深色　　　　　　D. 灰色

二、多选题

1. 直播数据分析的主要目的是(　　　　　)。

A. 了解直播间观众的喜好和行为　　　B. 优化直播间的内容和流程

C. 提高直播间的曝光度和流量　　　　D. 增加直播间的销售量和收入

E. 降低直播间的运营成本

2. 直播数据分析过程中,必要的步骤包括(　　　　　)。

A. 数据收集　　　　　　　　　　　　B. 数据清洗

C. 数据分析　　　　　　　　　　　　D. 数据可视化

E. 策略制定

3. 直播数据分析团队在工作中需要具备的能力包括(　　　　)。

A. 数据分析和处理能力　　　　　B. 直播运营能力

C. 用户研究和市场分析能力　　　D. 沟通和协作能力

E. 领导和管理能力

4. 直播数据分析过程中,重要的指标包括(　　　　)。

A. 观看人数　　　B. 互动次数　　　C. 购买转化率　　　D. 用户留存率

E. 流量来源

5. 直播数据分析过程中,可以帮助我们更好地了解观众的方法包括(　　　　)。

A. 用户画像　　　B. 观众行为分析　　　C. 弹幕分析　　　D. 评论分析

E. 礼物赠送分析

三、实践题

1. 情境:你是一家电商平台的数据分析师,近期平台上举办了一次线上直播促销活动,推广了多个商品。你收集到了相关的直播活动数据,并需要进行分析以评估活动的效果和商品的受欢迎程度。

直播活动数据:

直播日期:2023 年 11 月 1 日

直播时间:晚上 8:00—9:30

主播:时尚博主小玲

观看人数:10 000 人

点赞数:800 次

评论数:150 条

分享次数:70 次

在线提问数:50 次

直播内容:多款秋冬季新品服饰和配饰的介绍与搭配示范

商品数据(部分商品):

男士羽绒服(A 款)

点赞数:120 次

评论数:20 条

加入购物车次数:15 次

成交订单数:10 单

女士毛呢大衣(B 款)

点赞数:180 次

评论数:25 条

加入购物车次数:30 次

成交订单数:12 单

时尚围巾(C 款)

点赞数:60 次

评论数:10 条

加入购物车次数:25 次

成交订单数：8 单

问题：

（1）计算直播活动的点赞率（点赞数与观看人数的比率），并将结果保留两位小数。

（2）根据商品数据，哪个商品在点赞数方面表现最好？是什么款式？

（3）根据商品数据，哪个商品的加入购物车次数占比最高？是什么款式？

（4）计算直播活动中的互动次数总和（点赞、评论、分享、在线提问的总和）。

（5）哪个商品的成交订单数最多？成交订单数是多少？

回答问题，并附上详细的计算过程。

2. 打开抖音进行开播，最低直播一个小时，直播结束后对此次直播的数据进行分析和复盘。

项目八 综合运营管理

素养目标

1. 具备较强的团队协作、沟通交流能力。
2. 具备认真踏实、细心耐心、积极上进的工作作风。
3. 具备遵纪守法意识及诚信经营理念。

知识目标

1. 掌握直播间和直播平台粉丝维护与关系管理的方法。
2. 掌握下播后粉丝的引导关注方法。
3. 熟悉直播危机的处理方法。

技能目标

1. 能够进行粉丝的维护。
2. 能够提升社群活跃度。
3. 能够进行直播危机的处理。

项目思维导图

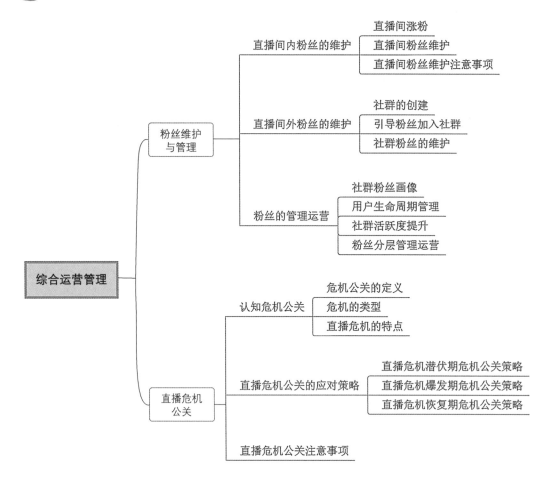

任务一   粉丝维护与管理

　　某公司是一家主营安徽黄山特色农产品及小吃的食品加工销售企业,主要业务为食用农产品初加工、批发、零售、初级农产品收购、农副产品销售。该公司拥有自己的食品加工厂,线上开了一家淘宝店进行网上销售。经营5年来线下生意仅仅局限于周边地区,而线上淘宝店铺销量惨淡,且支付着高昂的运营费用,该公司想扩大品牌影响力,开拓网上市场,打造徽州美食第一旗号,近年来听说短视频和直播正值风口期,该公司申请开通了属于自己的抖音账号进行线上直播带货,但新手账号运营初期遇到了很多困难,运营半年,粉丝数量才300多人,而且涨粉速度慢、直播间没流量、直播间没人进、直播营销互动混乱等问题频频出现,这种情况下该公司应该如何进行直播的综合运营管理?

知识准备

　　直播的火爆吸引了很多人入驻直播平台成为主播,直播平台之间的竞争也越来越大。主播开通直播权限之后,就会想方设法去提高粉丝量和人气。主播通过直播吸引用户关注并不是最终目的,而是促进直播转化的一个重要途径。主播的粉丝数量增加可能会提升直播带货的数据,但要想一直维持下去,保持良好的运营效果,就必须做好粉丝运营,维持粉丝的黏性,给粉丝继续关注主直播间理由。

　　在传统电商领域,运营的核心是商品,粉丝是否继续关注店铺或者复购,首先要看的是粉丝对商品的满意度。而直播电商除了要注重商品品质以外,更重要的是以人为本,主播要直面粉丝进行一对一或一对多互动,这是留住粉丝并加深粉丝信任的过程。从维护粉丝层面来看,直播就是一个"进新人—留新人—长久维护"的过程,粉丝关系维护分为两类,一是直播间内粉丝关系维护,二是直播间外粉丝维护。

一、直播间内粉丝的维护

　　直播间内主要是与粉丝的互动、产品讲解、才艺表演等,在这个过程中与粉丝建立联系、加深感情,可以有效进行粉丝的维护。

　　(一) 直播间涨粉

　　做直播,如果粉丝多,就意味着迈进了成功的门槛,所以,直播涨粉很重要。

　　1. 制作有吸引力的直播标题和封面

　　直播封面和标题需要先声夺人,激起用户进入直播间并专注直播间的欲望。

　　(1) 直播间封面。人是视觉动物,遇到好看的风景,会停下来观看。特别是有吸引力的画面,会让人产生忍不住想停留下来多看几眼的冲动。所以,直播封面选择是关键,能够增加直播间人气。直播封面图要求高清、有视觉冲击、色彩明亮,最好找到视频里最夸张、最戏剧化的一帧作为封面。以某直播间的封面为例,黄山是安徽省旅游风景区,徽派特色、古色古香,所以该直播间封面设计贴近黄山的风格,如图8-1所示。

　　(2) 直播标题。标题尽量控制在5至15个字之间,一句话概括直播的核心内容,尽量从用户最感兴趣的角度入手。例如,可以将产品亮点、促销亮点放在标题上,激起用户对产品的好奇心。文字简洁不啰嗦,戳中部分用户"痛点",让用户感觉自己与直播内容有关,产生共鸣,有代入感。

　　主播开播前通常要做一些准备工作,比如直播话题的收集、歌单的更新、粉丝预告通知等,最后一步,就是填写设置直播间封面照以及直播间标题,直播运营人员甚至是主播本人,要对直播标题有深刻的认知。一个好的直播标题,能起到有效的流量导入、强化主播人设和定位、传达直播内容的效果。直播间的观众大部分是游客,游客从哪些入口可以进入直播间? 以抖音为例,从直播广场同城附近的人可以看到直播间标题,以及附近的人也会看到标题,标题能让陌生人感兴趣是第一要义。例如徽味直播间,可以设置直播带货的标题为:黄山特色小吃正在特惠直播,您不进来尝一下?

图 8 - 1　直播间封面

2. 直播预热、宣传引流涨粉

（1）开播前发布短视频预告。开播前主页上添加直播时间,提醒粉丝即将开播,吸引感兴趣的粉丝和路人进入直播间。开播前发布的视频按照平台的算法推荐机制,每位用户在发布视频作品之后,都会先获得一小部分的流量。只有短视频的数据反馈优秀时,才会继续推荐给更多的人看,所以这个短视频作品需原创并且非常优质,以争取获得更多流量。在开播前半个小时可以把这个短视频发布出去,并进行付费推广,如在抖音平台投放 DOU＋或者直播 DOU＋,可获得更多的权重和流量扶持。

注意开启同城定位。平台除了平时常见的推荐页和关注页,还有一个经常被忽略的同城页,是指根据当前的定位,针对同城用户引进的流量池。例如有的用户可能会经常到同城页逛逛,看看附近都有什么有趣的事情,要是看到有人直播,说不定会进去看看。所以开启同城定位,也会增加曝光度,能够吸引更多的粉丝。

（2）站外分享和宣传。

开播前可在其他社区平台分享直播时间和内容,包括微博、朋友圈、QQ 空间、微信公众号、微信群、QQ 群、社群等;尽可能地吸引观众进入直播间。还可以选择一些相关平台进行合作,利用第三方平台宣传。例如,美妆产品可以和美妆相关的直播平台合作,通过他们的宣传吸引更多观众进入直播间。

直播宣传吸粉一般步骤如下:第一步,提前 3～5 天在会员社群传播预热;第二步,提前1～2 天公众号推文宣传;第三步,开播后社群再次分享邀约。

3. 提升主播素养

主播素养提升包括外在和内在素养。如果主播的外在形象一般,那么就提升内在素养,例如知识渊博、唱歌好听,跳舞好看,又或者手艺很巧等,都是能够吸引粉丝的内在素养点。出镜的主播一定要保持容貌干净自然,穿着大方,口齿伶俐,思维清晰,精神饱满。素养佳的主播更能吸引粉丝停留,提升直播间粉丝数量。

4. 保证直播频次,持续涨粉

直播要保证频次,保持更新的时间和规律,才能持续涨粉,不然容易被人忘记,最好养成固定的直播时间。可以在主页的个人简介上,添加直播前的预告,这样做的好处就是可以涨粉,以及更好地培养粉丝,让粉丝养成固定的习惯,一到时间点就来看直播,有助于提高粉丝黏性。

所以,尽量保证每天或者每周2～3次直播,每次直播的时间尽量一致。例如,每周一三五晚上八点直播,保证直播频次,固定时间直播,不仅可以持续涨粉,还有助于提升直播间权重。

(二)直播间粉丝维护

1. 满足粉丝的合理需求,分享有亮点的内容或者产品

直播带货是为了让粉丝喜欢直播的产品,又或者是因为喜欢主播才信任主播推荐的产品,喜欢在直播间购物的粉丝,基本是有购买需求的,他们希望通过直播更好地了解产品或者是享受更多的优惠,所以,在直播的过程中,主播需要把控这些要点,满足粉丝的合理需求,通过情绪的渲染,将这类用户转化成自己的粉丝客户。

观众进入直播间是对直播心存好奇,如果能满足他们的期待,就容易涨一波粉丝。例如,直播带货时唱歌,至少唱歌要好听,或者唱歌的风格比较有趣,如方言唱歌,或者搞怪类唱歌等,让用户觉得在直播间待得有意思。而如果直播带货介绍产品,产品就要有突出的特点。例如价格优惠,或者该款产品为特色产品,且只有你的直播间才有。例如,某公司在直播间就曾推荐过一款高端产品蜜汁参片,这个从不打折的商品,在该公司的直播间购买不仅能打七折,还买一送一,也就是3.5折!

2. 活跃气氛,重视与粉丝互动

能够刺激粉丝购买的前提,一般是粉丝对主播的信任和关怀度,这激发了粉丝的潜在购买需求,而直播需要做的是加强与粉丝的联系,在直播的过程中,多与粉丝互动,尽量照顾到每一位粉丝,拉近关系,热心为粉丝解答问题,记住粉丝的ID等。细节上,简单的一句打招呼,就会让粉丝们有"家"的感觉,有被关怀、被重视的感觉。

不要让直播间冷场,要随时能够找到话题来和粉丝互动分享,提升粉丝的参与度。可以在直播开场就给粉丝送礼物,并提醒粉丝整点有抽奖,鼓励将直播间分享给更多的用户。如果直播时间过长,可以设置多个送福利时间,将粉丝留在直播间,同时积极和粉丝互动,调动直播间氛围。如果是刚进入直播间的用户,没有关注直播间,可以引导他们点击直播间上方的头像关注。

3. 售后保障

一场直播结束以后,主播的任务完成了,创造了暂时的销售额,这时售后问题至关重要,很多粉丝因为受到直播间的气氛感染而下单,事后冷静下来,可能会出现退单的举动,所以好的售后与沟通渠道可以减少这类现象的发生。同时,主播也要承担起责任,作为一个产品推荐者和售卖者,需要与商家对接好售后问题。

(三)直播间粉丝维护注意事项

1. 直播内容有价值

每一场直播都有它的价值。例如,直播卖货,就要让粉丝知道所售货品哪里好,为什么比别人好。如果是衣着商品要教人穿搭,要针对不同的身高体重适合的穿搭风格给出建议等,提供有价值的直播内容,粉丝才会长期关注你。

2. 直播环境干净整洁

直播间就如同实体店的店铺,好的环境有助于交易的完成。必须在比较干净、安静的环境里直播,设备齐全,声音画面高清,直播间陈列与账号定位或者产品相关联。

3. 尽量固定主播人选

主播就像是品牌的 logo,粉丝会因为熟悉了 logo 而有亲切感和信任感。所以不要随意更换主播,以免老粉丝流失。

4. 保证产品质量

最终让粉丝不离不弃的根源在于直播的"货品",不管是"内容"还是"商品",质量有保证才能让粉丝留下来。

二、直播间外粉丝的维护

直播间外粉丝维护的主要场地是微信、QQ 等社群。建立社群来维护粉丝更有效果。

(一) 社群的创建

1. 社群的含义

社群是指由具备共同爱好或需求的人组成的群体。社群的承载空间可以是微信群、QQ 群、圈子,也可以是微博群等。将粉丝聚拢到社群,有两个好处:一是能提升粉丝黏性,扩展忠实粉丝的数量;二是能进行深度营销和多次转化。

需要注意的是,普通群≠社群,社群必须要具备以下三要素:明确的共同目标、相同的标签属性以及明确的运营制度。

(1) 明确的共同目标就是用户都因为同一个原因聚在一起,例如,想要学习社群运营的同行,大家在一个群里互相探讨运营方案,分享自己的运营经验,共同目标都是做好自己的社群运营,这就是明确的共同目标。

(2) 相同的标签属性就是都有着相同属性,比如直播带货同行们的标签属性就是直播带货。

(3) 运营制度是每个社群必不可少的,运营制度包含但不限于社群群规的制定、社群价值的输出等。

2. 社群的创建步骤

要打造一个合格的社群,需要经历三个环节:明晰社群定位、制定群规则、设定组织结构。

(1) 明晰社群定位。明确创建的是什么群、提供什么,群的使命是什么。在给社群起名的时候,应当结合社群定位,如"宝妈 30 天瘦身训练营"。如果是单纯的主播粉丝群,群昵称可以是"×××粉丝后援群"。

(2) 制定社群规则。一般有 5 种类型:加人规则、入群规则、言行规则、分享规则、惩罚规则。

① 加人规则:

加人前要有一个明确定位,需要"设门槛",只有符合条件规则的人才可以邀请入群,否则后期不精准或者运营有偏差,还需要花费精力对其进行筛除。加人常用的方式有:邀请式(管理员及以上级别邀请才能入群)、推荐式(需要群内成员推荐方可加入)、任务式(必须要完成相关任务才能进群)、审核式(加群时需要回答问题,通过后方可加入)、付费式(需要付给一定的费用才可加入)。

② 入群规则:

一般来说,入群规则将直接影响新人对该群第一印象。入群规则一般包含以下方面:

第一，统一群名称格式。大部分社群都会有这种规则，一个原因是让新入群的人能直观感受到自己是群内的一分子，建立归属感，第二个原因是方便群员间的相互辨认，最后一个原因是方便管理。

第二，设置好进群欢迎语、群公告。一个好的欢迎语可以给社群加分不少，让新人感受到群的热情与亲切，充分体会人性化，更容易打动人心。设置好群公告告知群成员群内规则，避免不清楚而违反群规则。

第三，自我介绍模板。相当于一个简化的破冰仪式，让新加入的成员按照模板进行自我介绍，可以帮助新人快速降低陌生感，迅速建立社交关系。

③ 言行规则：

设置言行规则的目的很简单，为了规范群成员言行，防止一些不利于群发展的事情发生，给群造成损害。主要可以围绕以下几点来建立言行规则：

第一，群内不争吵，不语言暴力。

第二，不发布违法乱纪、扰乱秩序信息。

第三，不频繁讨论与本群无关话题（这里需要注意，不能完全禁止群内聊无关话题，易招致反感，可以适当进行善意的提醒）。

第四，不能为群内其他博主或同行打广告。

④ 分享规则：

群内定期制定分享活动有利于提高社群质量。分享有价值、有意义的内容，可以提高群成员的活跃度及积极性。一般常用的分享规则有：

第一，群主、群管理定期分享干货，大部分愿意进群的成员，也是冲着领头人来的，希望领头人可以分享更多的干货，大家从中获得更多知识。这种分享模式，对运营者要求就会高一些。运营者必须是货真价实的领域精英。

第二，邀请大咖定期进行群内分享。很多社群会与互补的社群合作，互相邀请进行分享，或者直接邀请行业内大咖进行分享，较多人是因为这个因素加入社群中来的。

第三，群内轮流分享。这种模式社群比较少见，因为人数众多，较难掌控，但如果真的希望社群活跃度高一些，并且有一些有质量的话题讨论，这种模式还是很好的。但要控制分享主题，尽量与社群定位相关。

⑤ 惩罚规则：

第一，定期移除长期潜水的成员。社群成员数量已满后，对于长期潜水的成员，进行定期筛选，移出社群。移除一个群成员，才可以进入一名新成员，这样确保进入的成员倍加珍惜这个社群。

第二，不遵守规则的成员，进行惩罚。社群规则在最初就已经颁布，所有群成员包括管理员都应该遵守，凡是违规者，可以根据犯规次数进行相应惩处，如果性质不严重，可以只作口头警告，提醒下次不要再犯；如果性质严重，像多次故意刷屏、多次群内打广告、发布违规言论等，应当毫不留情直接踢出群。

第三，积分淘汰。积分最低的被淘汰，积分淘汰可以帮助社群提高质量，那些不在群里发言的人，也不进行分享的人，自然没有什么积分，自然也应顺应优胜劣汰的模式，淘汰掉。

（3）设定组织结构

群内每个人都扮演着不同的角色，有群主、管理员、消费者领袖（KOC）、核心活跃成员，也有普通成员、不同性格和特长的人等。群主负责群公告管理、内容分享等,管理员负责社群规则的执行,消费者领袖维持群活跃、回答问题等。各种各样的人聚集在一个社群里,当社群形成闭环或金字塔结构时,每个人都找到了合适的角色,到了缺一不可的时候,这个社群就成功了。

在社群正式运营后,要将以上三个环节的内容告知用户,并在新用户加入过程中不断重申,同时要在群公告里进行说明。

粉丝和主播之间是相互促进的关系,"主播持续提供价值,粉丝持续形成依赖",这个关系原则贯穿了整个社群运营的过程。因此在管理社群时,凡是破坏这种关系的行为或人,都要及时清理,比如:竞品截流、恶意拉人、恶意刷屏、广告、长期沉默用户、发布不良信息等。

（二）引导粉丝加入社群

对于主播来说,社群的主要用户就是粉丝,因此在社群创建完成后,该考虑的是如何将粉丝导流到社群里,以及采用什么方法?

1. 导流渠道

社交媒体和电商平台是主播经营的主阵地,将这些平台积累的粉丝导流至社群,是主播为社群增加用户的主要方式。

将粉丝从社交媒体和电商平台导流到私域流量池的方法,比较常见的有下面几种:主页简介留微信个人号信息,添加成功后发送群链接给粉丝;在宣传海报附上个人或社群二维码;主页背景图引导用户私信,在私信里发送社群二维码引导粉丝加入社群。

在实际操作过程中,有几个雷区需要注意:不要主动添加用户,尽量被动获取;多数平台会屏蔽引流词,因此某些关键信息要用符号代替;不能在直播间出现二维码、联系方式,严重的会将直播间封禁;在评论区留联系方式同样也会被屏蔽。

2. 导流方法

基于社群导流渠道与方式,运营人员在实际操作时,可以结合以下几种方法:

（1）创造利益点。常见的利益点创造方式,如:私信领取优惠券/礼包/福袋等,私信免费领取免费资料、签名照等。

（2）营造归属感。通过营造归属感的方式来进行社群引流,更多的是吸引忠诚度很高的粉丝,"铁粉"的目的是找到更多的"志同道合的人",社群则正好满足。例:私信我,一起做拔草不吃土,省钱囤好货的精致女生。

（3）售后引导。这种方式常见于带货主播,通过账号简介或直播间提示观众加客服号,再将粉丝导流至社群。例:有关产品及退换货问题加客服号处理:××××。

（三）社群粉丝的维护

1. 新人进群流程设计和成长引导

让新用户体验仪式感(进群前审查申请,进群后有欢迎仪式、自我介绍环节等)、参与感(让用户参加活动,积极听取意见和需求)、组织感(分工、合作完成某个项目或活动)、归属感(鼓励他人提供价值,让用户知道自己很重要,感受到组织的需求)。

2. 打造人格化IP

在运营自己的私域流量时,主播要为粉丝树立正面的形象,打造个性化人格,并不断强化人格属性,如展示自己的真实生活,进行自我包装等。

人格化IP通常更容易让粉丝产生亲近感和崇拜感,有利于加强粉丝的信任和依赖,这时粉丝会为主播进行口碑宣传,这是成本最低、最有效的宣传方式。

3.提供优质内容

粉丝进入主播的私域社群后,其实并不希望看到主播一直刷屏卖东西,所以主播要转换思路,用优质内容代替刷屏销售。创造优质内容是指给粉丝持续提供有价值的内容。例如,某主播主营美妆,其目标受众为年轻女性,主播在社群内每天定时发布一些与美妆相关的知识,时间一长,粉丝就会形成观看习惯,同时增加了对主播的信任。

除了创作优质内容外,主播还要学会对粉丝进行分层运营,也就是对粉丝进行分类,根据粉丝的购买习惯和特征给粉丝添加标签,对不同标签的粉丝分发适合其阅读和观看的内容。

4.高效互动

不管是在直播中还是在直播结束后,主播与粉丝之间的互动都很重要。主播在直播中与粉丝互动,是为了增加粉丝的停留时长,提高购买转化率,而直播结束后的互动是决定粉丝是否会成为忠实粉丝的关键因素。因此,主播在把粉丝引流到私域流量池以后,要经常与其进行互动。

5.延长社群生命周期

(1)洗粉。定期淘汰成员,任何事情都要新陈代谢,去除陈旧的,并注入新鲜血液。这个规则会给群内某些成员带来一定的危机感,让群里粉丝自觉地遵守群内规则。

(2)创新。玩法、规则不变的话容易失去新鲜感。发挥创新精神,设置不同的互动规则能提高群成员的参与感。

(3)建立多种连接。在加入的众多社群中,存在最久的就是一到过节发个红包就能很快热闹起来的家庭群吧。因为群里大家互相都很熟悉,相互都有除了微信以外的其他联系方式,群员间的连接是多元的。

基于共同兴趣和目标建立的群体,不仅可以聊天,还可以互相解决问题,团队合作完成某件事,线下组织活动,最终成为良师益友,因此,社群建议定期开展线下活动。

(4)创造社群的核心福利。粉丝加入这个社群,就能得到在其他群内得不到的东西,可以是商品直播优惠、某种技能,职场成长,也可以是友谊。

三、粉丝的管理运营

(一)社群粉丝画像

1.社群粉丝画像的作用

尽管粉丝具有个体性、独特性的特点,但在某种程度上存在相似性、共性,在社群运营过程中,运营人员要根据粉丝特征,对粉丝进行分门别类的整理,将具有共性的粉丝归类,并打上相对应的标签,形成用户画像,以此实现个性化服务,完成精准营销。

清晰的社群粉丝画像,能帮助社群运营人员在工作中做好以下三点:

(1)加深对粉丝的认知,在沟通时更易产生共情。

(2)更准确地判断社群内容的输出方向。

(3)精细化推荐用户需要的产品。

2.社群粉丝画像五维度

社群粉丝画像包含五个维度:兴趣、个人、行为、社会、思想。进行社群粉丝画像只需对这几个维度进行细化即可,兴趣维度细化指标包括购物、运动、美食、阅读、游戏;个人维度细化指标包括年龄、学历、地域、收入、婚育;行为维度细化指标包括日常起居、出行、生活习惯;社会维度细化指标包括资历、地位、社交;思想维度细化指标包括人生观、价值观、金钱观、需求。

例如:张××,女,30岁,宝妈,孩子刚过周岁,现居湖南长沙,喜好追剧,喜食辣,无辣不欢,普通员工,月工资3k,晚上活跃。

由以上资料可以确定这些信息:该粉丝感兴趣的话题包括"孩子""电视剧""辣味美食",制造这样的话题是不是更容易吸引该粉丝,提高其参与度?孩子刚过周岁,正是需要婴孩用品的时候,推荐奶粉、0—3周岁玩具等更容易促成营销。根据收入情况来看,更多时候推荐物美价廉的商品更受其青睐。

3. 构建社群用户画像的步骤

构建社群用户画像一般经历三个步骤:挑、看、试。

(1)挑:设置门槛,挑选用户。一般社群的人数规模是有限的,不可能一次性将所有用户都设置成服务对象,也无法服务所有人。要为社群定位,确认用户类型,根据社群的定位,确定进群用户,精准度越高越好,共性特征也会更多,虽然人数可能会对应减少,但是极大便利了后续操作。

(2)看:多看多聊,采集信息。构建社群粉丝画像最关键的步骤是采集粉丝数据,通常采集数据的方法有:问卷调查、一对一沟通、粉丝参加社群活动时填写的信息,以及粉丝过往产生的消费记录。另外,查看粉丝朋友圈内容也可以大致了解一些基本信息,比如喜好、风格、性格等。

(3)试:不断尝试,逐渐完善。社群粉丝画像不是一成不变的,成熟的社群用户画像是一次又一次不断尝试与更新的结果,刚开始收集到的信息可能是片面、不完整甚至有误的,随着运营人员对粉丝的了解、沟通逐渐深入,要不断修正、完善粉丝画像,为用户提供触及其痛点、痒点的内容。

(二)用户生命周期管理

用户生命周期是用户从开始接触产品到离开产品的整个过程。社群的生命周期是"导入期(也称萌芽期)→成长期→成熟期→休眠期(也称衰退期)→流失期(也称沉寂期)",它与用户生命周期相对应,如图8-2所示。

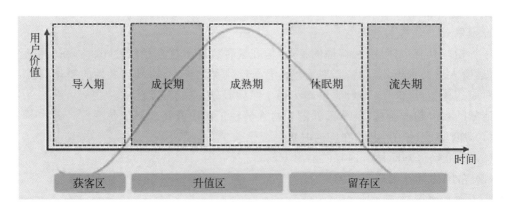

图8-2 用户生命周期图

用户生命周期管理的主要目的是让群内用户（粉丝）停留更长的时间，产生更多的价值，运营人员需要重点关注的指标如表 8-1 所示。

表 8-1　生命周期关注指标

阶　段	核　心　指　标	关　注　重　点
导入期	新增数	如何高效引入用户到私域
成长期	留存率	如何提高用户活跃度
成熟期	转化率、复购率、客单价	如何实现用户转化
休眠期	活跃数、沉默率	分析客户沉默原因
流失期	流失率、召回率	如何避免流失，如何召回流失客户

（三）社群活跃度提升

提升社群活跃度，短期目的是让用户关注社群信息，拉回注意力；长期目的是培养用户对主播或品牌的信任感和忠诚度，挖掘用户的价值。

在实际工作过程中有两个关键点：一是遵循底层逻辑不变；二是灵活使用促活手段。

1. 底层逻辑

社群促活的底层逻辑，就是在运营过程中塑造"四感"：

（1）仪式感，如入群欢迎语、打卡。

（2）参与感，如有组织地进行讨论、分享等，以此保证群内有话说、有事做，保证社群质量。

（3）组织感，如通过对主题事务的分工、协作、执行等，以此保证社群战斗力。

（4）归属感，如通过线上线下的互动、活动等，以此保证社群凝聚力。

2. 促活手段

要提升社群活跃度，增加互动，光靠底层逻辑还不够，还要结合有效的促活手段。从促活技巧类型来看，大体可以分为以下三种：

（1）内容，如每日话题讨论、干货分享、疑问解答等。

（2）利益，如活动抽奖、限时秒杀、打卡送礼、红包、积分兑奖等。

（3）活动，如定期活动、成语接龙、线上沙龙、群友链接等。

促活手段是多变的，要懂得结合时下互联网热点与流行元素，并且要根据社群发展的不同阶段，灵活使用，各阶段社群促活手段如图 8-3 所示。

（四）粉丝分层管理运营

当社群发展到一定阶段，运营人员需要对社群用户进行分层，并通过针对性的运营策略，用更少的资源和成本挖掘更大的用户价值。

社群用户分层的典型路径如下：

首先，用价值金字塔模型对整个社群用户进行层次划分；

其次，对不同层次的用户进行分群管理；

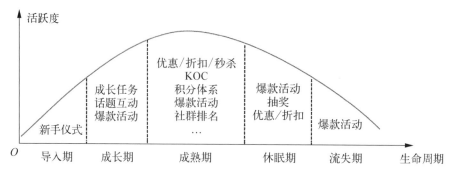

图 8 - 3 各阶段社群促活手段

最后,用 RFM 模型判断不同群用户的价值,进行精细化运营。

1. 用户划分

价值金字塔模型是以用户身份价值或影响力大小作为依据的用户划分方法。站在主播或品牌社群运营角度上,将用户分为以下五类:新用户(刚加入私域社群的用户)、普通用户(发言次数较少的用户)、活跃用户(互动频率高的用户)、成交用户(单次购买的用户)、老用户(多次购买、复购率高的用户)。用户价值金字塔模型如图 8 - 4 所示。

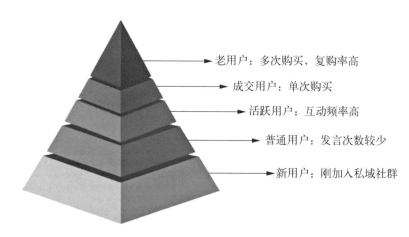

图 8 - 4 直播社群价值金字塔示例

按照金字塔划分好的用户类型,将社群用户进行归类,并分别建立新群,引导用户加入,并进行针对性运营。不同企业对于金字塔不同层次的判定是不同的。另外,用户分群除了按照用户金字塔模型外,还可以按照地区、广告点击、年龄段等维度进行划分。

2. 用户价值判断

分群运营后,就要持续跟踪群内成员动态,做出价值判断。对于价值的判断方法有很多,RFM 模型是最为典型的一种,它用以衡量消费用户的价值和创利能力,由 3 个核心指标构成:Recency(最近一次消费)、Frequency(消费频率)、Monetary(消费金额),通过三个维度,给 R、F、M 3 个指标按价值打分,可以将用户分到 8 个不同的区间。打分标准参考如表 8 - 2 所示,分值从小到大为 1~5 分。需要注意的是,分群后,不同群的打分标准是不同的,层次越低,标准要求越低。

表 8 - 2 RFM 打分标准参考

按价值打分	最近一次消费(R)	消费频率(F)	消费金额(M)
1	20 天以上	2 次以内	≤300 元
2	10~20 天	2~4 次	300~650 元
3	5~10 天	4~6 次	650~800 元
4	3~5 天	6~10 次	800~1 000 元
5	3 天以内	10 次以上	≥1 000 元

(注:表中所示的数值可根据自己的业务进行调节,非固定。)

根据打分结果,计算出 R、F、M 的价值平均值,如表 8 - 3 所示。

表 8 - 3 RFM 打分标准参考

用户 ID	最近一次消费(R)	消费频率(F)	消费金额(M)	R 值打分	F 值打分	M 值打分
1	2	4	240	5	2	1
2	6	2	580	3	1	2
价值平均值				4	1.5	1.5

最后按照价值平均值,就可对不同用户的价值高低做出判断。如果用户数值低于平均值,则记录为"低",高于平均值,记录为"高",如表 8 - 4 所示。

表 8 - 4 用户价值判断

用户 ID	R 值打分	F 值打分	M 值打分	R 值高低	F 值高低	M 值高低
1	5	2	4	高	高	低
2	3	1	1	低	低	高

结合记录情况,将用户按照如表 8 - 5 所示规则进行分类,然后针对不同价值的用户制定相应的运营策略,公司具体业务不同,方法也不一样。

表 8 - 5 用户分类

序 号	用 户 分 类	R	F	M
1	重要价值用户	高	高	高
2	重要挽回用户	高	低	高

续　表

序　号	用 户 分 类	R	F	M
3	重要保持用户	低	高	高
4	重要挽留用户	低	低	高
5	一般价值用户	高	高	低
6	一般发展用户	高	低	低
7	一般保持用户	低	高	低
8	一般挽留用户	低	低	低

对4类重要用户的针对性运营策略如下：对于重要价值用户，要建立专属档案，给予特殊权益；对于重要挽回用户，要想办法提高他的消费频率；对于重要保持用户，应该主动和他保持联系，提高复购率；对于重要挽留用户，要主动联系用户，调查清楚哪里出了问题，并想办法挽回。

河南发生暴雨灾情后，2021年7月21日，鸿星尔克立刻宣布向河南捐赠5 000万元物资，有网友称"鸿星尔克2020年的净利润是负2.2亿元，却花了5 000万元驰援灾区"。低调捐赠消息经发酵后，"鸿星尔克的微博评论好心酸"等相关话题一度登上热搜，网友纷纷评论称，"感觉你都要倒闭了，还捐了这么多……""你好糊，我都替你着急啊，怕你倒闭"。

7月22日下午，鸿星尔克驰援河南的首批物资已经加急抵达，一句：风豫（雨）同州（舟），让许多网友怒赞破防。22日起，大量网友粉丝涌进鸿星尔克直播间"野性消费"，平时只有几百个人的鸿星尔克直播间，一下子涌进来数百万人，网友们自发进入参与扫货，直播间货品被抢购一空。即便主播再三呼吁大家理性消费，但也挡不住网友的热情，刚一上架的产品就被一抢而空。主播劝大家冷静，要看好尺寸再买，还给每个人都上了运费险，不合适随时退换。网友开启了魔性回复，网友说如果不合适就是我的脚长歪了；主播说给大家展示细节，网友说不用看细节，买完再说；主播说吃颗薄荷糖润喉，网友说你别讲解了，我们自己买；鞋子都被秒空以后，主播劝大家理性消费，网友说你就发一个吊牌，一根线头也行，大家不仅疯狂地买买买，还直呼"把最贵的款式上架"，结果最贵的也才两百多……主播被网友们的热情感动了。大批网友在直播间下单并刷屏："支持国货，良心企业"，阵仗之大，总裁连夜赶来答谢。23日凌晨1点，鸿星尔克的老板骑着共享单车赶到，在直播间感谢所有人的支持，再次劝大家理性消费，需要再买，不需要就别浪费。网友却让老板别多管闲事，我们就要野性消费。

根据阿里提供的数据，7月22日晚，鸿星尔克淘宝直播间超过200万人参与扫货，上架一款，抢空一款，销售额超千万元，创下历史纪录。截至7月23日，鸿星尔克淘宝直播间粉丝量已增至752.6万个，获赞38.9万次，数据还在进一步增长中。抖音上直播了2天5个小时之后,鸿星尔克的直播间销售额破亿,直播累计观看人次达 1.6 亿次,人气峰值 87.1 万人,这些数据,创造了抖音直播的多项纪录。鸿星尔克成为品牌直播单场销售额最高,还是抖音直播单场直播观看人数最多的直播间。这场直播更是为鸿星尔克吸粉无数,单场直播涨粉丝高达 565.7 万个,且数据还在持续增长,每一分每一秒鸿星尔克都在创造新的历史。

　　思考:本次鸿星尔克直播间粉丝为什么快速增长?

任务二　直播危机公关

　　某品牌在美团上线一个"1 分钱面膜"的抢购活动,引发了不少"羊毛党"前去"薅羊毛",不少消费者拿着抢到的订单去线下门店兑换,却吃了闭门羹,被告知没货了。

　　根据一段网传 20 多秒的视频,该品牌直播间的女主播指责消费者:"为了 1 分钱的东西,想要薅到,就像疯狗一样咬人。"引起很多人的反感。直播间舆情爆发当晚,该品牌官方致歉。"该品牌绝对不是最后一个在直播间出事的品牌。"直播间出事再次印证了一个理论:当直播间成为"舆论场",品牌直播间就相当于每天开一场发布会。那么面对可能出现的直播间舆情和危机该如何应对呢?

　　直播带货是处在风口浪尖的职业,随着粉丝数量的增加,必然会导致危机风险事件的产生,当舆情危机产生的时候,情况往往会在短时间急转直下,让主播的形象跌落谷底,同时影响直播间背后品牌商销量,这时候就需要运营人员快速做出反应,进行危机公关,消除危机影响。

一、认知危机公关

　　互联网时代受多种因素的影响,直播行业很容易出现危机,比如直播时"翻车"、主播的劣迹被曝出、主播在直播间无故发脾气等。这些危机事件会影响直播间背后品牌商产品的销量。

　　(一)危机公关的定义

　　危机公关有狭义和广义之分。狭义危机公关是指企业受到形象危机或者其他危机的情况下,采用一系列的公关活动,获取社会的谅解,降低对企业所造成的负面影响。狭义危机公关着重对某一件或几件危机事件进行公关,并不针对未发生的事件。广义的危机公关,是指对可能发生的危机事件或者已经发生的危机事件进行防范。在危机事件发生之前,利用公关活动避免危机事件发生;在危机事件发生后,运用危机公关技巧防止危机严重化,消除负面影响,从而提升企业应对危机的能力。

（二）危机的类型

整体来说，危机主要分为以下几种类型。

第一，由于组织行为不当而引发的危机。这种危机通常是因商家在组织直播时工作方式不当而引起的公共危机。

第二，媒体的失实报道而引发的危机。有些记者为了营造噱头，往往在报道一个事件时"添油加醋"，导致社会舆论倒向不利于品牌商的一面。

第三，突发事件引发的危机。如直播时"翻车"、主播的劣迹被曝出、主播在直播间无故发脾气等突发事件，这种危机通常受外界因素影响较大，会导致组织形象突然受损。

（三）直播危机的特点

从目前社会上发生的众多直播危机来看，其具有以下特点。

1. 危机防范难度加大

作为突发事件，很多直播危机都是不可预见或者不可完全预见的，对于相关负责人而言，大多数事件的发生都是预见不到的。在传统纸媒时代，企业的报道必须考虑到真实性、影响力等，再加上纸媒有一定的滞后性，传播范围也较为狭窄。进入新媒体时期后，危机防范难度加大。

2. 危机传播速度快

直播危机爆发后，网络传播速度快，造成危机的时效性强，当事人一般还来不及处理危机信息时，危机信息已经传播开来，并且以几何倍数的数量级传播，在几个小时内就可能覆盖网络，引发网民关注，这就要求危机公关人员提升危机公关能力、加快危机公关信息的处理速度。

3. 舆论关注度较强

直播危机一般都会受到较多的关注，危机处理的好坏会影响品牌粉丝的利益，因此危机事件发生后会引发很多人的讨论。

4. 危机波及的范围更广

传统媒介在信息传播的速度和范围方面都存在较大的局限性。但是互联网将地球变成了一个村，信息可以让全球人们获取，信息传播已经没有时空限制，传递得更加快速，危机信息传播范围越来越广，一个小的事件通过传播后就可能引发较大危机。

5. 危害性更强

因为传播的范围广，关注度高，危机处理得好，相关品牌可能会转危为安，但如果处理不好就会严重影响品牌的形象，甚至会彻底切断社会大众和品牌之间的信任纽带，带来严重的后果。

二、直播危机公关的应对策略

危机对企业的打击是致命的，危机处理得当，会给企业带来良好的宣传效果。因此，在危机爆发情况下，要么被危机打败，要么在危机出现后屹立不倒，达到哪一种效果取决于企业危机公关的策略。

（一）直播危机潜伏期危机公关策略

在危机到来之前，应当有危机管理意识，预防危机发生。为了抵御危机，减轻危机造成的损害，在危机发生之前，就应该制定危机公关预案。

1.树立危机意识

主播本就是处在风口浪尖的职业,随着粉丝数量的增加,必然会导致危机风险事件的增加,因此要树立强烈的危机意识,要充分认识直播间危机的严重性,以及危机可能带来的深远影响。建立危机意识,做好随时应对危机的准备,及时采取有效的公关策略,以最大限度地减少危机的影响,保护直播间的声誉和形象,将危机风险降到最低。

2.制定危机公关预案

直播危机随时可能发生,为快速应对危机,在事前就做好应对危机公关的预案,才能尽量避免危机产生,并且在应对突发危机时采取适当的应对方法。危机公关预案需要具备以下内容。

(1)评定等级:要思考可能会出问题的环节,并按照问题严重性进行分级;

(2)制定措施:对不同等级的问题采取应对措施,严重的问题要坚决杜绝发生;

(3)任务分工:安排各项工作及负责人,通常有文案、客服、运营、公关等。

(二)直播危机爆发期危机公关策略

在电商流量模式下,品牌公关效应对于销售业绩的影响是巨大的,但是各种"翻车"案例也层出不穷。危机是企业发展中的问题和不良机制积累的结果,危机公关预警策略不能阻止危机引爆时,危机必然爆发,此时需要采取合适的处理策略来降低危机带来的损失。危机公关处理主要有以下三个步骤:

第一步:核心管理层牵头迅速成立危机公关应对小组。

第二步:最短时间内调查出事情的前因后果,明晰情况。危机事件发生的原因不同,危机事件的表现形式不同,危机公关的方法也就不同。传播学家库姆认为,企业应对危机公关策略一般有"否认、辩解、攻击指控者、迎合、修正行动、道歉"几种,只有在第一时间内调查出事情的前因后果,找到危机的源头,对危机未来的走向进行分析和判断,才能够准确把握危机,确定应对方案,防止危机进一步扩散。

第三步:及时应急处理。在危机发生后,必须做出快速反应,及时处理。以真实、诚信的态度面对公众,勇于承担危机事件中的各种危机责任。只有这样,才能够有效遏制事件进一步扩散,赢得危机的转机。

首先,有效沟通。危机爆发时,及时联系直播平台,尽快发布正确信息,承认错误,向关注者和媒体解释,诚恳道歉,及时回应网民和媒体问题,确保沟通的及时性、准确性和真实性。

其次,加强舆论引导。掌握负面舆论,加强对网民的管理,积极传递事件真相,说明事件情况原委,及时回应网友问题,避免负面情绪扩散蔓延。

再次,积极宣传。及时发布企业相关宣传信息,强调企业正能量,树立良好的社会形象,为企业提供积极的宣传力量。

最后,多媒体整合。充分利用各种媒体,充分利用社交媒体、网络视频、微博、微信等。给出处理方案,处理方案包括如何对受害消费者进行补偿;如何对涉事员工和责任人进行追责;如何避免类似情况再发生等。及时发布宣传信息,提升企业形象,提升企业知名度。

(三)直播危机恢复期危机公关策略

在危机事件过去后,必须通过危机公关,积极引导危机事件走向,避免危机事件扩大,让主播及企业重新找回正面形象,但是,网络信息并非危机公关结束就删除,长尾效应依然存在,在某个关键时间,甚至会成为危机回旋的导火索,隔三岔五成为话题,是主播和企业形象的痼疾,因此,在善后阶段,要避免长尾效应的发生,积极消除危机残留。

1. 安抚粉丝,做好善后工作

在善后阶段主要目标是消除危机事件的残留,避免危机事件成为热点事件被传播,影响主播和企业的形象。具体来说,需持续关注和安抚利益受损方。在危机事件爆发后,可能会给消费者、代理商或公众造成一定的影响。因此,在这一阶段,必须积极关注危机相关方的利益,避免损害进一步扩大。直播中利益受损方一般是直播平台的粉丝,在交流过程中要充分考虑粉丝的情绪,并直面他们提出的问题。承认错误,态度端正,以求最大化安慰粉丝,避免与粉丝正面冲突,更不应该以花钱删帖的方式来激化矛盾。安慰粉丝以后,让他们慢慢接受所发生的事件,防止事态进一步恶化。

2. 维持与粉丝的互动交流

在危机处理阶段,危机公关信息容易被冲散,部分粉丝接收信息时具有一定的反应滞后性,可能导致危机公关并没有取得预期的效果。即使随着时间的推移,一部分粉丝会慢慢淡忘曾经的危机事件,然而,危机的化解并没有让危机事件彻底消除,网络上意见领袖、媒体和权威组织依然活跃着,他们的一个观点、一句话,都有可能提醒粉丝关于主播及企业产品的"污点",持续给主播及企业带来负面影响。因此,在善后阶段,要积极耐心解答粉丝提出的各种疑问,给予粉丝发泄情绪的通道。在回答粉丝的问题时,展现诚挚和坦率,勇于承认错误,担当责任,营造正面形象,赢回粉丝。

3. 总结危机应对经验

在危机事件结束后,应当积极进行反思和总结。总结事件发生的原因,公关过程中存在的问题,对主播及企业产品形象造成的影响有多大,以及危机应对策略中的失误等。通过对整个危机事件的总结和归纳,让主播及企业认识到危机公关的重要性,加强危机公关意识,总结危机经验,做好预防措施,避免危机事件再次发生。

减少危机事故发生频率,主播要做到以下三点:第一是多做练习,具备控场能力。第二是直播要与品牌调性相统一。比如,大家记忆犹新的LV翻车事故,归根结底就是因为直播过于"接地气",整个直播过程与LV的品牌整体调性不吻合。第三要通盘考虑。直播不仅仅是卖货,还涉及售前、产品、物流、售后等各个流程,直播前的准备、直播中的配合和直播后的跟进是影响直播效果的重要因素。因此,要有大局观,统筹全局。

企业可以从以下几方面入手,减少危机事故的发生。

(1)建立危机应对机制。成立高效的危机应对机制,策划成立应对小组,清晰划分责任,快速判断危机性质,及时采取有力的应对措施,有效遏制危机蔓延。

(2)建立监控机制。建立监控机制是非常重要的,它能够及时发现媒体和网络上的危机信号,并且采取必要的措施来防止危机进一步扩大。有效的监控机制需要对媒体和网络舆论进行持续性的监测和分析,及时掌握公众对公司品牌和产品的评价和看法,发现负面舆情的蛛丝马迹。这样一来,公司就能在危机出现前预警并采取措施,避免形势进一步恶化。

(3)建立宣传机制。建立有效的宣传机制,及时发布正确信息,准确定位危机,及时宣传,减少危机影响,恢复企业形象。

(4)建立沟通机制。建立有效的沟通机制,及时发布正确信息,控制负面舆论,塑造企业积极形象,提高企业知名度。

三、直播危机公关注意事项

企业在进行危机公关时,要注意以下事项。

(1)对危机紧急程度进行及时分析,制定出应对措施。

(2)关注媒体言论。及时调整媒体宣传,及时反馈媒体反应。

(3)采取有效交流措施。及时给出说明,及时进行沟通,正确宣传,重视媒体反馈,尽量减少危机影响。

(4)提高公关能力。提高主播的公关能力,提高危机处理能力,熟悉社会规范,掌握公关策略,提高自身公关技巧及应对素质。

(5)提供服务。提供危机事件良好的处理措施,优质的服务,提高社会形象,以便于提高主播的口碑,增强主播的美誉度。

(6)积极主动。积极参与,尽量消除负面影响。

总之,除了知道如何做好危机公关外,还需要在平时做好预防措施,避免因"翻车"频发而降低在消费者心中的口碑和信任度。直播危机公关策略不该只局限于危机处理,危机的预防和善后处理同样需要重视,对直播环境中的主播来说,为了开展有效的危机公关,需要针对不同的危机公关阶段采取合适的危机公关策略。在危机潜伏期,要注重培养危机忧患意识,制定危机公关预案;在危机爆发期应当成立危机公关应对小组,最短时间内调查出事情的前因后果,明晰情况,及时处理,第一时间积极应对;在危机恢复期要安抚利益受损方,保持互动与交流,总结危机经验,做好预防措施,减少危机事故的发生。

 思 政 园 地

直播带货狂热,在给消费者带来购物新体验的同时,各种问题和乱象也不少。据央视财经报道,近日,广州警方端掉一个制售仿冒品牌化妆品的团伙,深入调查后发现,这些化妆品的货源来自广州白云区一美妆城。

警方蹲点式调查一个月后发现,上游的供应商以"蚂蚁搬家"的形式,向外运送包装好的化妆品,并且规模非常大。警方搜查出假冒香奈儿、阿玛尼等品牌口红,现场初步统计,各种假冒品牌口红数量多达 15 000 多支,粉底液有四五千支,而且在仓库中还发现了大量的包装盒和标签。

调查发现,这些假冒商品主要流向网络直播带货销售个体和小化妆品店。在行业迎来风口发展时,总会有人浑水摸鱼,这次央视财经报道的假冒化妆品案件只是直播带货混乱市场的一个最新典型案例。在直播带货火爆发展的同时,对行业监管、整治的呼声也越来越高。要确保直播带货未来良性可持续发展,行业监管和规范是首要和关键一环。

由中国商业联合会牵头起草的《视频直播购物运营和服务基本规范》和《网络购物诚信服务体系评价指南》等直播带货全国性行业标准规范已经在 2020 年 7 月开始执行;近日,国家市场监管总局制定的《关于加强网络直播营销活动监管的指导意见(征求意见稿)》(以下简称"征求意见稿")结束征求意见。征求意见稿拟建立一个整治网络平台责任落实不到位、商品经营者售卖假冒伪劣产品、网络主播虚假宣传等问题的长效机制。直播带货的平台、主

播的种类、角色不同,征求意见稿也采取了分类监管的思路。

除了监管政策发挥效用外,网络直播平台的规范管理也同样至关重要。国家市场监管总局在上述征求意见稿中提出的第一条监管举措就是关于网络平台的法律责任。有观点分析认为,抖音、快手等平台可能会被监管定性为电商平台。各大直播电商平台也都制定和完善各自的直播带货规定。平台的责任,对直播带货主播的管理,以及直播带货整个流程的管理及维护都很重要。

消费者作为直播带货的最后环节,在直播购物时要主动辨别直播产品和品牌的真假,切莫只考虑低价而忽视了质量,杜绝购买假冒伪劣产品,发现假冒伪劣产品时要主动维护自己的合法权益。

直播带货在发展中不断规范,相信通过监管机构的监管、平台的规范管理、电商主播诚信直播、消费者理性消费,整个行业发展会更规范,走得更久远。

思考: 如何确保直播带货未来良性可持续发展?

项目小结

本项目围绕粉丝维护与管理、直播危机公关的相关知识展开讲解,重点阐述了粉丝的维护与管理的知识和直播危机公关面临的挑战和应对策略,旨在帮助学生更好地掌握直播危机的预防策略及危机发生时的应对方法,掌握粉丝维护管理的方法,找到适合自己的粉丝维护管理策略,以胜任企业岗位要求。

知识与技能训练

项目八
拓展阅读

一、单选题

1. 主播为了保持粉丝对直播间的新鲜感,最重要的是主播要( )。

A. 对直播内容进行不断创新　　　　B. 直播内容进行连贯性设置

C. 对直播内容进行笑点设置　　　　D. 对直播内容进行训练设置

2. 主播在直播间以抽奖方式向粉丝发福利时,把抽奖当成( )最为恰当。

A. 游戏　　　　　　　　　　　　B. 直播内容

C. 对粉丝发商品福利　　　　　　　D. 对粉丝奖励

3. 粉丝在看直播时,其目光总是随着( )而运动或转移。

A. 主播的肢体运动　　　　　　　　B. 直播间背景画面的运动

C. 直播间参与人的运动　　　　　　D. 直播内容展示载体中的内容

4. 主播应引导粉丝进行互动的时间是( )。

A. 开播前　　　　B. 开播后　　　　C. 答疑时　　　　D. 全场间断性引导

5. 在直播过程中,主播和粉丝的关系是( )。

A. 服务与被服务的关系

B. 主播销售方和粉丝消费者的关系

C. 粉丝领导与主播被领导的关系

D. 粉丝处于上级和主播处于下级的等级关系

二、多选题

1. 下列属于直播危机特点的是(　　　　)。

A. 危机防范难度大　　　　　　　　B. 危机传播速度快

C. 舆论关注度较强　　　　　　　　D. 危机波及的范围更广

2. 直播危机应急处理的常见方式有(　　　　)。

A. 有效沟通　　　B. 加强舆论引导　　C. 积极宣传　　　D. 多媒体整合

3. 主播减少危机事故频率,要做到(　　　　)。

A. 多做练习,具备控场能力　　　　B. 直播要与品牌调性相统一

C. 通盘考虑　　　　　　　　　　　D. 及时沟通

4. 企业减少危机事故频率,需要(　　　　)。

A. 建立危机应对机制　　　　　　　B. 建立监控机制

C. 建立宣传机制　　　　　　　　　D. 建立沟通机制

5. 哪些事件可能会引发直播危机(　　　　)。

A. 直播时"翻车"　　　　　　　　　B. 主播的劣迹被曝出

C. 主播在直播间无故发脾气　　　　D. 数据造假、流量泡沫

三、实践题

1. 粉丝运营是直播团队进行粉丝留存的主要手段,运营人员要创建社群,将粉丝从直播间及其他渠道导流到粉丝私域流量池,对私域流量进行维护,提升私域流量粉丝的活跃度,并对粉丝进行运营。

实践活动1:创建粉丝社群

活动情境:小强是公司直播团队的新晋运营人员,主要负责粉丝的运营。根据公司的安排,今晚就要开一场直播,在此之前,小强需要完成社群创建,以便将粉丝导流到社群。

实践指导:粉丝定位、创建粉丝社群。

实践活动2:制定社群规则

活动情境:完成社群创建后,为了更高效地管理社群,也让社群更健康、有活力,避免粉丝因社群管理混乱而流失。

实践指导:制定用户引导规则、制定社群惩罚规则。

实践活动3:设定社群导流路径

活动情境:完成社群创建与规则设置之后,就需要将粉丝导流到社群了,但该如何导流? 小强为此感到苦恼。前辈告诉他,他需要先设计一个导流路径,让粉丝顺利被导流到社群。

实践指导:选择导流渠道(社交媒体和电商平台)、分析渠道导流规则、制定导流路径图。

实践活动4:粉丝社群维护

将粉丝导流到社群并不是结束,运营人员还需要对社群进行维护,提升社群粉丝的活跃度,让更多的粉丝能够在社群中留存、活跃。

活动情境:运营一段时间社群后,小强发现粉丝的活跃度明显下降了,这可是个危险信号,于是小强开始研究如何提升粉丝活跃度。

实践指导：打造人格化 IP、创作优质内容、高效互动。

2. 运营人员要有危机意识，提前做好危机预案，以确保在直播危机发生时，能及时有效地制定解决措施，发布公关声明。

问题 1：危机公关预案需要具备哪些内容？

_____

_____

问题 2：出现危机时，该如何处理？

_____

_____

问题 3：危机事件过去后，如何消除危机残留？

_____

_____

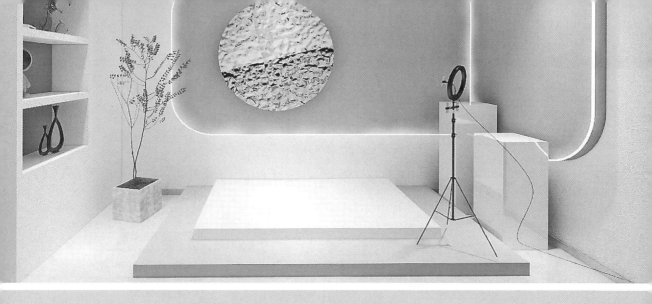

项目九 | 电商平台直播实战——以淘宝为例

素养目标

1. 具备遵守行业规则意识。
2. 具备诚信经营理念。
3. 具备一定的竞争意识。

知识目标

1. 了解淘宝直播规则。
2. 熟悉淘宝直播注意事项。
3. 熟悉淘宝直播流量分配规则。

技能目标

1. 能够使用淘宝直播 APP 开展直播。
2. 能够使用 PC 端淘宝直播软件开展直播管理操作。
3. 能够利用流量分配规则获取直播流量。

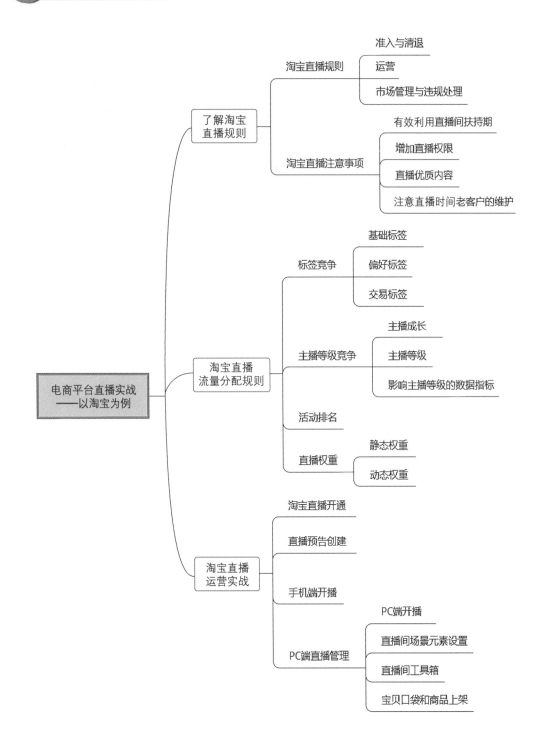

项目思维导图

任务一 了解淘宝直播规则

导入案例

36岁的带货主播薇某,和过去数年围绕她高速运转的精密直播系统,在2021年12月20日被按下了停止键。消息发酵两个月之后,知名主播薇某偷税的传闻最终被官方一纸公告坐实。13.41亿元巨额罚款,远超当年范某某8.8亿元纪录。直播电商造就数千亿市场,薇某曾凭借自己的努力和勤奋被选中,站上浪潮之巅。但诚如薇某夫妇致歉信中所说,错已铸成。现如今,因为偷税漏税,薇某最终未能逃过法网!该事件报道出来之后迅速在网上发酵,薇某事后做出反应,针对偷逃税事件致歉,并表示,"完全接受税务部门依法做出的相关处罚决定,并将积极筹措资金在规定时间内完成补缴税款、滞纳金和罚款。"但是为时已晚。不久后,薇某在微博、抖音、快手等社交媒体的账号均被封。其中微博账号显示:"该账号因被投诉违反法律法规和《微博社区公约》的相关规定,现已无法查看。"抖音、快手平台也搜不到相关用户。同时,因违反相关规定,薇某的淘宝主播账号也已被清退。

作为主播,如果不了解或不能遵守相关直播规定和法律法规,终究会受到相应的处罚,轻则限制主播权限,重则直接清退,作为主播和直播运营人员,了解并遵守直播规则是一门必修课。

知识准备

一、淘宝直播规则

淘宝直播是阿里巴巴推出的直播平台,定位于"消费类直播",用户可边看边买,与主播聊天互动,领取粉丝福利等。商家或达人在开始直播前,需要做好直播电商相关法规、规则的学习,以免因不小心违规而受到处罚甚至被清退主播身份。

淘宝直播管理规则分为五章二十条,分别是概述、准入与清退、运营、市场管理与违规处理以及附则,本任务主要从三个重要部分来介绍淘宝直播管理规则。

(一) 准入与清退

1. 主播准入

符合条件的淘宝平台会员(含个人、企业)可入驻淘宝直播平台成为主播以开展直播内容创作、信息发布和推广活动。商家可以开通淘宝直播平台功能以推广商品。

淘宝主播分为达人主播和商家主播两种,对于这两类主播角色,准入要求如表9-1所示。

2. 主播退出

(1) 主动退出。主播符合以下条件即可申请主动退出:① 通过直播引导的交易订单完成维权投诉处理等消费者交易保障义务;② 在热浪引擎平台的交易履行完毕交付、维权投诉处理等交易保障义务;③ 未因平台经营行为处于诉讼阶段或被监管协查;④ 未因违规处于被平台处罚期或有未缴的罚款。

表 9 - 1　淘宝主播角色及准入要求

角　色	准　入　要　求
达人	淘宝会员可经由淘宝直播平台入驻成为达人主播,须满足: (一) 如为个人,须完成个人实名认证,且年满 18 周岁(同一身份信息下只能允许 1 个淘宝账户入驻); (二) 如为企业,须完成企业实名认证(同一营业执照下允许≤10 个淘宝账户入驻); (三) 如淘宝/天猫平台卖家申请成为达人主播须具备一定的店铺运营能力和客户服务能力; (四) 账号状态正常,且具备一定的推广素质和能力,满足淘宝直播平台的主播要求,账号实际控制人的其他阿里平台账户历史未被阿里平台处以特定严重违规行为处罚(包含但不限于:出售假冒商品、发布违禁信息、骗取他人财物等)或发生过严重危及交易安全、发布交互风险信息等情形
商家	商家可经由淘宝直播平台入驻成为商家主播,须满足: (一) 在淘宝/天猫平台开设店铺,且店铺状态正常的商家; (二) 根据平台要求完成认证,如为个人须年满 18 周岁; (三) 未经平台允许,店铺主营类目不可为限制推广的主营类目; (四) 账号状态正常,且具备一定的推广素质和能力,满足淘宝直播平台的主播要求,账号实际控制人的其他阿里平台账户历史未被阿里平台处以特定严重违规行为处罚(包含但不限于:出售假冒商品、发布违禁信息、骗取他人财物等)或发生过严重危及交易安全、发布交互风险信息等情形; (五) 对商家准入有特殊要求的,从其规定

(2) 被清退。主播属于以下情形的将被清退:① 不符合主播角色准入要求;② 发生《淘宝直播管理规则》违规处理中被清退的情形;③ 主播、直播中出镜的直播营销人员或账号实际控制人/企业违反法律规定或出现重大问题影响恶劣等;④ 主播账号对应的其他阿里平台身份(包括但不限于:淘宝商家、天猫商家、飞猪商家、淘宝直播店商家、买家身份等)因违反法律规定、违反对应平台规则或出现重大问题影响恶劣等被阿里平台处以处罚清退对应身份且情节严重的情形。

3. 主播再准入

主播主动退出的或因不符合主播角色准入要求而被清退的,重新满足准入要求后即可申请再入驻;但是主播因发生"被清退"情形中第②③④条而被清退的,未经监管或平台允许永久不能再入驻,并根据处理情况,平台将保留持续追溯与处罚的权利。

(二) 运营

1. 信息发布要求与行为规范

(1) 主播。主播设置账号的昵称、头像、简介、封面图、直播间标题等信息时应遵守国家法律法规和相关发布要求,不得包含涉嫌侵犯他人权利、有违公序良俗或干扰平台运营秩序等相关信息。此外,主播还须遵守《淘宝平台规则总则》对信息发布及行为的相关要求。

(2) 发布交互信息的会员。① 用户须完成实名认证后,才能在直播间、宝宝圈、许愿池、问答广场等交互产品通过评论等功能发布文字、图片、表情等信息;② 会员发布评论时应当遵守法律法规,遵循公序良俗,弘扬社会主义核心价值观,不得发布法律法规和国家有关规定禁止的信息内容;③ 会员发布评论时应遵守《淘宝平台交互风险信息管理规则》,不得侵害他人合法权益或公共利益,谋取非法利益,恶意干扰跟帖评论秩序,误导公众舆论。

2. 直播间挂品要求

(1) 基础要求。在淘宝直播平台上可推广的商品的基础要求如下:① 未经平台允许,不可为《淘宝直播平台限制推广商品的实施细则》中规定的商品;② 商品状态正常,且符合发布要求;③ 不可为平台认定不适合使用直播形式推广、影响消费者体验的商品;④ 经淘宝平台排查认定,其商品所属商家账户实际控制人的其他阿里平台账户历史未被阿里平台处以特定严重违规行为处罚(如出售假冒商品、发布违禁信息、骗取他人财物等)或发生过严重危及交易安全、发布交互风险信息的情形。

(2) 代播要求。在淘宝直播平台上可通过达人主播直播推广商品的基础要求如下:① 不可为经监管或平台抽检不合格被平台处罚的商品;② 不可为因质量不合格、描述或品质不符、出售描述不符或品质存在问题的商品、危及交易安全等被平台处罚情节严重的商品;③ 不可为因假货、知识产权侵权等被平台处罚情节严重的商品或累计扣分情节严重的商家发布的商品;淘宝直播还将结合卖家及商品的多维度经营情况(如诚信经营情况、合规情况、品质分、商品是否存在虚假宣传、消费者逆向指标、商品竞争力等)进行综合评估判断商品是否适宜被代播。

3. 浮现权

浮现权为淘宝直播平台赋予主播的,将其发布的直播内容优先展示在淘宝直播频道的权利,平台将结合主播及商家的多维度经营情况进行综合评估,符合条件的即可获得浮现权。获得浮现权后,创作者应保持稳定的开播频次、持续推广优质商品,持续生产优质的直播内容,否则平台将会收回其浮现权。

(三) 市场管理与违规处理

1. 市场管理情形

(1) 认证与报备管理。① 主播账号主体与直播营销人员(即在直播间直接向社会公众开展营销的人员,包含但不限于轮班主播、助播、嘉宾等)不提供认证信息,或者提供的认证信息不完整、失效、可能不准确,或者特殊人群、场次未按要求提前认证等;② 发布需要较高专业水平(如医疗卫生、财经金融、法律、教育、新闻等)直播内容的主播账号主体,未向平台提供对应直播营销人员的执业资质认证信息,或者提供的执业资质信息不完整、失效或可能不准确等。

(2) 发布要求管理。① 主播发布的封面图、标题等信息不符合《淘宝直播封面标题内容发布规范》的相关要求的;② 主播与其他淘宝会员进行连麦过程中,其他会员发布信息存在违反法律法规或《淘宝平台交互风险信息管理规则》的情形;③ 主播发布的直播内容涉嫌发布低质量直播内容的情形,为进一步确认是否真实存在发布低质量直播内容情形而需要进行验证的情形。

(3) 诉讼应对管理。因主播行为引发其他会员或第三方诉讼至司法机关的,若主播提供的联系方式无效,或怠于处置、消极应对、继续违规的,对平台造成或可能造成实际损失或不良影响的行为。

(4) 舆情曝光或行政部门要求管理。经新闻媒体曝光、行政管理部门通报或其他要求协查的内容或主播。

(5) 发布违反公序良俗、规则总则或协议的信息。主播发布有违公序良俗、《淘宝平台规则总则》《淘宝平台服务协议》《淘宝直播平台服务协议》等信息。随着淘宝和社会的发展，可能会出现某些新的、国家不允许的、危害平台或消费者利益的，或网民普遍不认可的，可能在本规范中没有涵盖但却又非常紧急、重要需要管控的行为或信息。

2. 违规处理情形

（1）违规行为类型及计次：违规行为分为一般违规、严重违规、特别严重违规三类。三类违规行为分别累计计次，累计次数在每年的 12 月 31 日 23 时 59 分 59 秒清零。一般违规和严重违规行为下又区分违规情形轻度、中度和重度，基于不同违规情形程度对应不同违规处置力度。

一般主播首次违规、非故意违规、违规内容的停留时间较短或篇幅较小、直播间宝贝口袋中推广的商品的内容有违规风险等情形都属于轻度违规情形；而主播故意违规且手段恶劣、违规影响人身安全或用户体验、主播的其他账号存在多次或大量违规、可能严重损害其他会员/平台权益的等情形都属于重度违规情形。

（2）一般违规：① 发布低质量直播内容；如挂机、录播、多开等；② 发布不当信息；如发布广告信息、发布违背公序良俗的信息、发布混淆信息、不符合特殊行业的发布规范等；③ 不正当竞争；如虚假交易、不当获取平台资源、对消费者设置不合理交易条件、不当对比等；④ 骚扰他人；⑤ 不当使用信息；⑥ 描述不当；如信息要素不一致、信息与实物不一致、未披露商品瑕疵或服务预订与取消条件等、夸大宣传功效、使用极限描述、虚假描述、不当描述资质等；⑦ 违背承诺；⑧ 发布侵权信息；⑨ 不当营销；如不当展示国家、民族形象、炒作营销、违规有奖销售等；⑩ 诱导打赏。

（3）严重违规：① 发布违禁信息；如发布有关法律、行政法规和国家规定禁止的内容、发布低俗信息及渲染低级趣味等的庸俗、媚俗信息、发布损害消费者、平台及其他会员生命、财产、权益安全，或不符合电商直播场景的信息、淘宝平台禁止发布的商品和信息等；② 发布平台限制推广信息；③ 推广假冒商品；④ 推广材质不符或不合格商品；⑤ 危及消费者权益；⑥ 扰乱市场秩序；如提供虚假凭证、不当获取信息、限定交易、规避平台规则和流程等；⑦ 危及交易或账户安全。

（4）特别严重违规：① 出现上述市场管理、一般违规、严重违规情形的，且情节特别严重的；② 违反法律法规，且给其他会员或平台造成恶劣影响的；③ 不正当牟利。

3. 市场管理与违规行为的处置

（1）处置措施类型。

处置措施分为管理措施和处理措施。① 管理措施，是指消除不利影响的临时性措施，包括但不限于：提醒警告、官方公示、推送纠错卡、应答检测、重置违规信息、商品置灰、取消单场直播浮现权、切断连麦、屏蔽违规信息、拉停直播、删除违规信息、限制指定商家/商品直播挂品；② 处理措施，是指影响用户经营或操作的限制性措施，包括但不限于：限制主播权限、限制使用连麦功能、暂停直播评论功能、关闭手机淘宝评论功能、罚扣违约金、限制参加直播营销活动、风险交易冻结、支付宝账户管控措施、清退主播身份。

（2）市场管理处置。

① 针对主播的风险行为，平台将视情形采取相应管理措施。② 针对主播账号主体与直播营销人员不符合认证管理要求，平台视情节严重程度还可采取限制主播权限等措施，重新完成认证后，可解除部分或全部限制措施。

（3）违规行为处置。

针对主播的违规行为,平台将视情形采取管理措施和处理措施。三类违规各违规情形对应的处置措施如表9-2所示。

表9-2　淘宝直播违规情形处置措施

违规行为		处　置　措　施	
类型	情形	管　理　措　施	处　理　措　施
一般违规	轻度	每次视情形可采取: (一)提醒警告/官方公示/推送纠错卡;和/或 (二)应答检测/商品置灰/切断连;和/或 (三)取消单场直播浮现权/拉停直播;和/或 (四)屏蔽违规信息;和/或 (五)删除违规信息;和/或 (六)限制指定商家/商品直播间挂品	无
	中度		计一般违规一次
	重度		计一般违规一次;和每次视情形可采取以下措施:(一)限制主播浮现权1~365天;和/或(二)限制主播权限1~7天;和/或(三)罚扣违约金
严重违规	轻度		无
	中度		计严重违规一次
	重度		计严重违规一次;和每次视情形可采取以下措施:(一)限制主播浮现权1~365天;和/或(二)限制主播权限1~15天;和/或(三)罚扣违约金
特别严重违规			每次视情形可采取以下措施:(一)清退主播身份;和/或(二)限制主播权限;和/或(三)视情形罚扣违约金;和/或(四)视情形进行主播风险交易冻结;和/或(五)视情形进行主播支付宝账户管控措施

因一般违规和严重违规计次达到指定环节对应的处置措施如表9-3所示。

表9-3　违规处置措施

违规行为	处　置　措　施					
类　型	第1次	第2次	第3次	第4次	第5次	第6次及以上
一般违规	无	无	无	限制主播权限3天;或罚扣违约金		
严重违规	无	无	限制主播权限7天;或罚扣违约金			清退主播身份

二、淘宝直播注意事项

学习了淘宝直播的规则后,为了做好直播,除了不要违反直播规则外,还需要注意一些事项。

（一）有效利用直播间扶持期

有了淘宝直播权限从第一场直播开始算，这一周就是直播的扶持期，会给予一定的流量扶持。这个规则一定要了解清楚，不要白白浪费机会。开播之前，产品，主播脚本，直播步骤，对应话术，产品准备都要提前做好，然后发预告开始直播，抓住合适的时间点开播，利用好直播的扶持期可以快速涨粉以及获得一定转化，对于新手主播是非常友好的。

（二）增加直播权限

一般直播间的流量除了播主自身的粉丝以外，其他都是前期通过千人千面系统匹配进来的，发预告不仅能带来可观的流量，直播标签、标题等都是需要详细去规划的。但是在前期，尤其是前三个月的培养过程中，人气会进入一个瓶颈期，流量增长也不是很明显，这时候有些商家会觉得没什么效果，就选择放弃或者是减少直播时间和次数，最终导致标签被打乱。淘宝直播做得好的，标签定位都是比较精准的。前期4～6个小时的直播时间比较合适，开播前测好自己选择的类目在什么时间段开播流量大，在不断的磨合中形成自己的直播标签。

（三）直播优质内容

很多商家做直播没什么观看量，就抱怨平台不给流量。其实直播间刚开播时平台已经给予了流量扶持，而是否再继续给你流量就看直播内容，主要通过转化率来判定，初期抓取这个数据指标，直播间的权重才能逐步形成增长。在直播过程中主动跟新粉丝打招呼，耐心回答评论区的问题，互动很关键。

（四）注意直播时间

对于新手或者产品单一的主播商家，适合轮流直播时间段为晚上场、上午场、下午场、晚上场；如果是货源充足和店铺运营较好的主播，适合轮流直播时间段为上午场、下午场、晚上场。黄金时间段为20:00—23:00,11:00—13:00,15:00—17:00,具体可以先尝试去开播，观察自己的直播间在哪个时间段流量最大，转化最好。

（五）老客户的维护

老客户资源比新客转化效果更好，做直播的目的就是销售转化，如果只看重新客户，不去维护老客户，会无形中增加很多成本。主播和运营人员要做好老客户资源的维护，增加复购率，提升直播间转化，从而提升直播权重带来更多流量，形成良性循环。

直播带货主要存在哪些问题？《直播带货消费维权舆情分析报告》指出，直播带货消费维权舆情主要反映在产品质量（如假冒伪劣、以次充好、"三无"产品等）、虚假宣传（如夸大商品功效、制造虚假流量等）、不文明带货（如演绎剧本、低俗营销等）、价格误导（如虚标价格、优惠夸张等）、发货（如发货慢、不发货等）、退换货（如不予退换货等）、销售违禁商品（如销售野生动物、无资质销售处方药等）以及诱导场外交易（如直接或间接引导消费者转入原直播电商平台以外的社交平台或个人进行交易）等方面。

报告分析指出，有的主播在直播间以低于品牌市场价的价格售卖假冒伪劣产品；有的主播为压低利润，大肆销售不符合质量标准的商品或不符合食品安全标准的食品；有的主播在直播间展示正品,发货销售的却是残次品;还有的主播在直播过程中故意夸大产品功效,或者鼓吹"全网最低价",欺骗和诱导消费者下单;有的主播通过低俗方式吸引流量,通过剧本式营销,卖惨、套路、炒作,故意营造砍价现场,欺骗和诱导消费者下单。此外,部分商家不按规定公示商家名称、地址、电话和营业执照等信息,损害了消费者的知情权。

报告建议对直播间实行分级分类管理,对于粉丝量大、影响力大的主播,因其社会关切度高、出现违法行为的危害后果大,建议重点监管;对于供货不稳定、品质风险较大、被投诉多的直播间,可针对不同违法倾向、违法阶段和违法程度,建立完善针对市场违法苗头性问题的提醒告诫制度,进行阶梯式监管。其次,对风险营销行为采取限制流量、弹窗提示、违规警示、暂停直播等措施,对直播间内链接、二维码进行信息安全管理。对违规直播间及主播予以警告、封停、联合惩戒、列入黑名单等处理。

思考：如何保障在直播中做到不违规?

任务二　淘宝直播流量分配规则

导入案例

小某某是淘宝直播上一位主播,在2021年双十一中,这位服装垂直赛道的主播从1号到11号,几乎没怎么休息,嗓子全是哑的,但与之伴随的成绩,也让其在疲惫中带着兴奋。小某某在今年双十一的直播成绩,增长速度相较于去年,超过100%,成为服装赛道的新星。

"煎熬",提到刚转型成为淘宝主播的前半段,小某某给出了这样的答案。转型成为一名淘宝主播之前,小某某是一名文字编辑,喜欢在社交平台上分享一些自己的穿搭、美妆。2017年5月,小某某在微博上收到私信,询问她要不要试试做主播。带着"试试看"的心态,她选择用兼职的方式进入,成为一名美妆主播。很快,兼职直播的收入超过了她当时的工资,一个月后,小某某决定辞职,全职做主播。

当时,淘宝直播刚刚成立不到1年,认为自己没什么突出优势的小某某,觉得自己的优势,是认真和勤奋。一般情况下,小某某每天的直播时长是8个小时,当有活动和大促时,她一天的直播时长会达到16个小时。即便如此,在小某某的记忆中,辞职成为全职主播之后的八九个月,她都是"熬过来的"。当时她的心态是:先坚持三个月,如果有进步就继续。

进步是一步步来的。"第一个月有一两千人观看量,第二月有三四千人,第三个月有一万人,你就觉得自己可以一直坚持下去"。事情转机发生在2018年3月份。在小某某报名参加了淘宝直播一个官方的全球购排位赛节目后,她的名次排在了前面,"流量突然就爆炸了",从之前的一万人左右的观看,涨到了每场直播有两三万人的观看。

增加自己在淘宝直播平台的曝光量,也是主播能脱颖而出的重要因素。小某某曾经多次参与官方举办的比赛,并获得过不错的名次和奖项。

如何获取流量是每位主播需要面对的问题,本任务讨论淘宝直播的流量分配规则。

知识准备

一、标签竞争

标签即直播间的身份,身份越明确,平台越能知道直播间需要什么类别的用户,进而推送相应类别的用户。标签具备三层结构体系,分别为基础标签、偏好标签、交易标签。

（一）基础标签

基础标签包含用户的性别、年龄、地域等基础信息,具备基础标签的直播间,平台会提供满足基础标签的用户流量,大多数直播间,只要开播超过一周,平台会通过学习摸索到开播直播间的基础标签,这时候会发现,原本男女、年龄混杂的用户,开始变得精准化。

（二）偏好标签

偏好标签包含用户的直播倾向,即喜欢在什么类型的直播间互动。对于具备偏好标签的直播间,平台推送进来的用户,开始喜欢停留、点赞,但未必热衷购物,并非交易决策的目标人群。

（三）交易标签

交易标签包含用户下单商品种类、下单金额、下单频次等,具备良好交易标签的直播间,往往是标签精准的直播间,转化率往往高于行业水平。

需要注意的是标签是系统根据一定算法自动为直播间打上的,作为商家是无法直接看到或修改的。新人的直播间刚开播是没有标签的,此时平台也无法给直播间推荐精准流量,商家可以通过一定的方法让系统为其直播间打上合适的标签,从而获得更精准的流量。

淘宝上直播间数量众多,使用相同标签的直播间多,可选择范围就多,系统在为各直播间分配流量时,就产生了竞争关系,这就形成了直播间的标签竞争,在标签之下,要和竞争对手进行流量争夺。

二、主播等级竞争

（一）主播成长

主播成长体系是一个量化机制,它解释了主播的账号处于全平台所有主播中的哪个层级,当前层级意味着什么,在当前的层级可以做的事,怎么做能够晋升到高一个层级。主播可以通过主播成长体系清晰地了解自己优于某个数量的主播,暂时落后于某些主播,从而努力改正自身的不足,一步一步成长为某个专业的头部主播。

（二）主播等级

主播等级是一套反映主播在平台上综合直播能力的数字指标体系,主播等级由"成长值"决定,共分为7个等级。主播"成长值"每天更新,主播等级每周一更新。主播等级每周更新前,会取更新前一天的"成长值"计算主播对应的等级。在淘宝主播 APP 首页上方点击进入成长值页面,可查看账号的当前等级,如图 9-1 所示。

不同等级账号享有不同的产品功能权益,参与专属活动,享受流量奖励,如赛马、潜力、超级播等,同时根据不同等级指标得分,可以有针对性地进行直播间数据优化,淘宝主播等级和等级权益如表 9-4 所示。

图 9-1 淘宝主播等级页面

表 9-4 淘宝主播等级和等级权益

主播等级	成长值	等 级 权 益
V1	0	王者挑战赛、热浪联盟、超级直播礼包、浮现权、开播流量礼包
V2	80	平台红包、直播品类日、新人领航计划、会场精选流、实时流量赛马
V3	200	平台补贴、潜力主播奖励
V4	350	冲刺领航计划、大促王者挑战赛
V5	650	金牌主播、品牌好货大咖、品牌营销、发光俱乐部、风控工具使用
V6	900	年度盛典奖项、优秀金牌主播
V7	1 000	定制营销 IP、平台核心荣誉

(三)影响主播等级的数据指标

账号等级综合计算 3 个指标和 1 个附加分:开播活跃分(近 30 日有效开播天数)、粉丝活跃分(近 30 日场均粉丝观看人数)、直播成交分(近 30 日累计直播成交)和引流分(有效引流用户数),提升直播间对应的表现,有助于提升主播等级。

(1)开播活跃分(满分149分),与主播最近30天的有效直播天数正相关。当日开播,并且推流时间大于等于30分钟,计为1个有效天数。

(2)粉丝活跃分(满分249分),与近30天场均观看粉丝数正相关,可通过"新增粉丝"提高累计粉丝数,以及"场均粉丝"提升回访率。

(3)直播成交分(满分599分),与近30天直播间引导成交的累计金额正相关,通过日均访问用户数、日均商品点击率、日均成交转化率、日均客单价等多个方面可综合提升直播成交金额。注意此项指标仅计算商家自播成交,不包含达人带货合作成交。

(4)引流分(满分50分),与近30日站外分享拉人、站内广告引流人数相关,可尝试进行直播间商业化投放,或在站外进行直播间链接投放,从而提升对应分值。可以在流量券后台设置直播间分享渠道链接,并查看引流数据。

主播等级越高,直播权益也就越多,被官方、粉丝看见的机会就越大,自然流量也会往高层级的主播或店铺上倾斜。作为主播,要努力提升账号等级,从而获取更多的等级流量。

三、活动排名

淘宝举办的大大小小的活动,各种主题直播与月终排位赛,都是一次洗牌过程。官方活动、官方任务完成得越优秀,排名越靠前,证明主播有实力,可以有效利用平台分配的流量,平台也会给这些榜上有名的主播分配更多的流量。

四、直播权重

直播权重包含直播准备期的静态权重和直播开播中的动态权重。

(一)静态权重

静态权重的内容主要包括直播预告、频道栏目、直播封面和标题、开播时间和时长等。

(1)直播预告。直播预告会清晰描述直播的主题和内容,能够让用户提前了解淘宝直播的内容,同时也便于淘宝平台挑选出好的直播内容进行推送;直播预告中要包含即将分享的产品福利,这样商家开播以后,可以根据直播内容进行用户匹配,获得精准的流量。主播一旦发布了直播预告,无特殊情况尽量准时开播,否则可能对直播间权重产生影响。

(2)频道栏目。主播选择的频道栏目就是在和同样栏目下的主播在同时段竞争,频道栏目下的流量和频道标签的使用人数也一直在动态变化,如果确定适合自己的频道栏目就固定下来,不要轻易进行调整更换,当流量稳定后若有下降再考虑是否更换。

(3)直播封面和标题。直播的封面和标题设置应该做到尽可能吸引人,主播开播后,直播的信息会被用户在"猜你喜欢"和"直播频道"等位置刷到,吸引人的封面和标题可以增加直播的点击率,达人主播可以用半身照或全身照作为封面,商家主播可以把诱人的产品作为封面,总之越有吸引力的标题和封面越能增加直播的点击率,当然,也不能过分夸张,更不能造假,否则,用户点进直播间后发现受到欺骗,也不会长久停留,更不用说转化了。

(4)开播时间和时长。建议新主播可以增加直播时长,尽量错开大主播开播时间;而中腰部主播可以根据粉丝活跃的时间段来选择开播时段。

（二）动态权重

动态权重的内容主要包括访客停留时长、粉丝回访、直播间观看人数、新增粉丝数、直播间互动、直播分享、宝贝点击加购点赞等。

（1）访客停留时长。访客停留时长在一定程度上反映了粉丝对直播内容的感兴趣程度，新手主播可以从内容、优惠、商品三个方面着手增加粉丝的停留时间：① 内容：停留时长高的主播，大部分都是内容型主播，通过主播的阅历、经验、技能分享、人格魅力等让更多人驻留在直播间；② 优惠：通过设置一些优惠信息，引导粉丝完成任务，可以领取相应的福利，也可以提高访客的驻留时长，注意福利务必具有吸引力；③ 商品：可以使用某些爆款商品来吸引访客停留。

（2）粉丝回访。可以从内容、商品、粉丝分层三个方面提升粉丝回访：① 内容：通过主播的个人魅力来吸引粉丝回访，主播可以通过才艺展示、分享故事段子等各种方式来增加直播内容的质量，从而吸引粉丝回访；② 商品：如果直播间能快速更新商品，也可以让粉丝保持兴趣，持续回访；③ 粉丝分层设置：新粉、铁粉、钻粉，设置好粉丝分层，不同层级的粉丝可以享受不同的待遇或者福利，可以促使很大一批粉丝狂热地来刷亲密度，每天都会来打卡。

（3）直播间观看人数。新手直播间在线人数往往不高，而且直播间访客可能进进出出，主播要想办法通过内容、商品、福利把人留在直播间，利用好直播间的这些访客促成转化。直播是一件需要坚持的事情，有些主播从同时在线个位数的人数坚持到上万人，新手主播要做好坚持直播的心理准备。

（4）新增粉丝数。主播要想办法说服访客关注主播，通过个人魅力、爆款商品、红包福利等方式增加关注量；注意尽量少用后台的弹关注卡片，如果经常弹容易掉粉。

（5）直播间互动。直播间可以从抽奖、拍卖、互动三个方面增加互动：① 通过抽奖来增加互动，粉丝发送简单的口令即可参与抽奖；② 通过拍卖来增加互动，对一件福利款商品进行低价拍卖，吸引粉丝互动；③ 通过提问、点名、回答粉丝留言来增加互动，提升粉丝的参与感。

（6）直播分享。主播可以在直播间做一些有意思的互动，适当引导粉丝分享直播间，定期给予分享直播间的粉丝一些优惠或者返现。

（7）宝贝点击、加购、点赞。① 主播要引导粉丝经常到购物袋去看商品，特别要去看商品详情页；添加商品主图时一定要设置有吸引力的主图，增加粉丝点击的欲望；② 主播引导粉丝加购物车，粉丝为了提升亲密度，往往都会主动点击加购；③ 主播引导点赞，可以通过才艺展示、红包福利等手段鼓励粉丝点赞，对直播间权重提升也是有益的。

 思政园地

刷单、刷评、刷流量的顽疾不仅侵害了消费者的知情权和选择权，还扰乱了市场的正常秩序，此次相关部门和淘宝从源头斩断了网络消费市场"黑灰产"链条，制约了投机者，和此前清朗行动有着异曲同工的效果。

去年开始的清朗行动已令各大网络平台清退了数以万计的违规商家，势要摧毁"黑灰

产"链条,其中仅抖音一家电商平台年度累计处罚违规商家 72 756 家,其中清退 1 344 家;累计处置违规达人 17 615 人次。

在淘宝 APP 上搜索"刷单"会跳转至阿里"绿网计划",首先呈现的是相关法律法规以及网络刷单骗局提示。从 2021 年以来,相关部门就对"偷逃税款""刷单""垄断""屏蔽广告""杀熟"等不正当竞争及违反法律法规的行为予以重惩,电商流量净化监管将进入高压时代,如今《最高人民法院关于审理网络消费纠纷案件适用法律若干问题的规定》的发布,犹如一根逐渐靠近气球的尖针,随时随地都会戳破那些充满乌烟瘴气的"黑灰产"气球。

思考:如何通过正当渠道提升直播间流量?

任务三　淘宝直播运营实战

郝某童年时作为一名影视童星曾火遍大江南北,但是长大之后他没有继续演艺之路而是为了生计开始了直播带货,并且变成了直播带货界的一股清流。

郝某的直播带货与其他主播不一样,他的直播间往往只有他一个人,所以少了其他直播间的喊叫喧闹,但是这样的直播效果未必不好,网友能安安静静地听着他的产品介绍,没有卖惨没有哭闹,也没有强制性消费,有的只是娓娓道来。

郝某之所以能成功,靠的就是他的真诚,他的直播间没有套路,也没有夸张虚假的演技,更没有助阵嘉宾助播互动拉人气。正因如此,郝某的直播间从一开始只有三四千人观看,到现在已经有三四万人观看,而且直播间的人气一直都在上涨。

近日直播时,更是在短短 5 秒内就卖出 3 500 多单沃柑,直播观看在线人数也达到了 9 万人。所以说,不论是做什么事努力就会有收获。如何在淘宝开启自己的直播之旅呢?其实步骤并不复杂,而且只需一个人和一台带摄像头的手机或电脑就可以完成。

一、淘宝直播开通

首先要下载淘宝主播 APP,通过手机淘宝或支付宝登录账号,登录后点击"立即入驻,即可开启直播",如图 9-2 所示。

在打开的界面中可以看到需要通过实名认证和实人认证两项认证,其中实名认证在注册淘宝账号或者支付宝账号时已经完成,目前只需进行实人认证。点击"去认证"按钮,进入实人认证服务页面,勾选底部的"我已同意实人认证服务通用规则"并点击"开始认证"按钮,按照页面提示进行实人认证,认证完成后勾选"同意以下协议"按钮,点击"完成"按钮即可完成主播入驻,如图 9-3 所示。

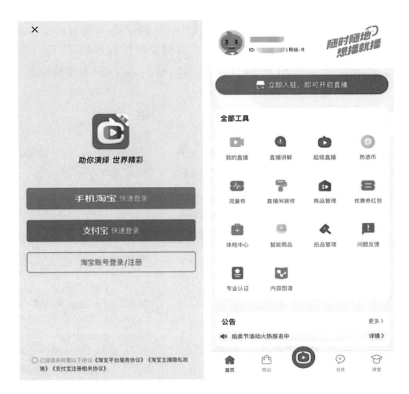

图 9 - 2　淘宝直播登录界面

图 9 - 3　淘宝主播实人认证

入驻成功后,先不要着急进行直播,淘宝主播 APP 提供的课堂页面下有丰富的帮助新手主播快速成长的学习内容。新手主播可学习官方提供的课程,对官方进行提问,查看常用话术,查看 APP 常用功能,了解相关规则以及查看最新活动等,新手主播应该利用官方提供的资源,学习并实践从而快速成长。

二、直播预告创建

淘宝直播预告就是在直播之前给大家做一个相关的整理引见,通知大家正式直播的时间、商品和要讨论的话题等。商家可以通过淘宝主播 APP 发布直播预告,在首页标签下,完成账号登录并入驻后,点击"发预告"按钮,进入直播预告编辑界面,如图 9-4 所示。

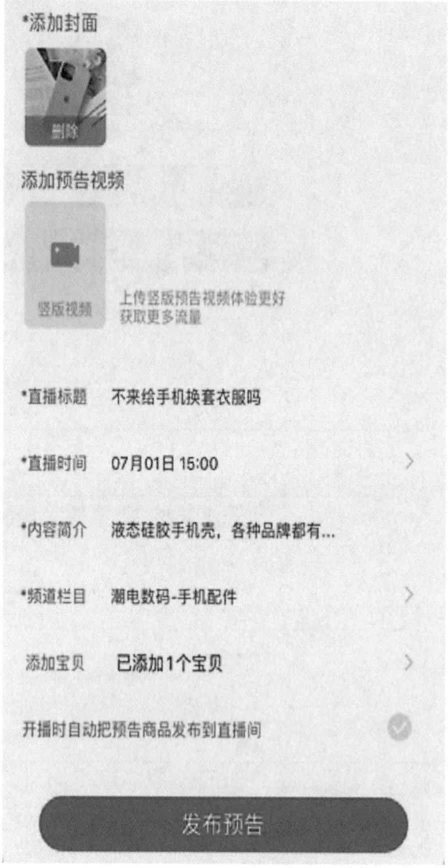

（1）封面图。上传图片后会按照 1∶1 比例进行裁剪,建议用浅色纯色背景,尽量选取有吸引力的图片作为封面图,可增加直播的点击率。

（2）预告视频。注意预告要想上首页的话,必须上传预告视频,否则此项为非必填项。

（3）直播标题。直播标题要在 10 个汉字内,可使用一句话形容直播的内容亮点,或者包含粉丝的痛点信息,目的是第一时间让用户产生兴趣。

（4）直播时间。根据计划设置好约定的直播开播时间。

（5）内容简介。内容简介可以是本场直播的嘉宾/粉丝福利/流程/特色场景文案、主播的自我介绍、主打商品背后的故事等,应具有可读性。

（6）频道栏目。主播根据自己的直播主题选择相应的栏目频道,便于平台向前台各个直播频道分发相对应的优质直播内容,即通过栏目频道的选择来将优质的直播间推荐到相应频道,获取相应垂类频道的曝光机会。

图 9-4　发布直播预告

（7）添加宝贝。可以添加适量直播时的宝贝,方便用户在观看直播预告的时候提前加购。

在直播预告编辑界面下,添加封面图,添加预告视频(非必需),设置直播标题,设置直播时间,撰写内容简介,选择频道栏目,添加宝贝,完成后即可点击"发布预告"按钮。注意"频道栏目"选项中要选择售卖商品所属的栏目,切勿选择毫不相关的栏目,否则可能会违规受到相应处罚。

三、手机端开播

在淘宝主播 APP 首页中点击"立即开播"或者底部直播 logo 开始直播按钮即可进入直播界面,需要设置直播的封面图,直播位置信息,频道栏目,设置完成后点击"开始直播"即可进入直播状态,如图 9-5 所示。

图 9-5　手机端开播

开始直播前要做好相应设置,比如选择前置还是后置摄像头,设置滤镜美颜,开启语音播报,调节好开播设置。

语音播报功能开启后,系统将通过语音对直播间内用户的行为进行播报,有进入直播间提醒,直播间评论提醒和粉丝连麦呼入,语音播报只有主播可听见,直播间粉丝是无法听到的。

开播设置中包含画面设置、直播间装修、接听连麦和音乐模式开关以及直播讲解设置。其中,画面设置在网速允许的条件下尽量开启 1080p 直播,保证直播的画面质量。直播间装修要提前设置好,增加前置贴片和 2D 绿幕,可在装修市场寻找相应的素材模板,作相应的修改,并投放到自己的直播间中。直播间的贴片可以展示直播中的一些信息,使用户有更好的观看体验,如图 9-6 所示。

直播中可以查看购物袋商品,进行上架操作,添加商品,设置互动,录制商品讲解等,在"更多"选项下,可以查看其他在直播中可以设置的选项,如美颜滤镜、镜头翻转、画面设置、语音播报等,如图 9-7 所示。

图 9-6　直播间装修　　　　　　　　图 9-7　直播间更多设置

四、PC 端直播管理

打开淘宝直播官方门户网站,根据操作系统类型下载并安装淘宝直播电脑客户端。安装完毕启动客户端,使用淘宝账号登录,登录成功后即可进入 PC 端淘宝主播管理界面,如图 9-8 所示。

图 9-8　PC 端淘宝直播主界面

淘宝直播 PC 客户端提供了非常丰富的功能,主要分为首页、直播、数据三大功能,其中首页面板中可查看主播等级、主播成长值、任务广场等信息,还可以从这里进入直播界面;直播面板下主要包含跟直播管理、商品规划、直播装修推广相关操作有关的内容;而数据面板下主要包含直播业绩、成交流量货品分析等内容。配合手机端淘宝直播 APP,可以很好地进行直播前、直播中和直播后的管理。

（一）PC 端开播

点击首页页面中的"我要开播"按钮进入淘宝直播界面,点击下方"选择场次"按钮开始创建直播,如之前创建过直播预告,则可以直接选择已创建的场次来进行直播,如未创建过预告,则填写完整直播信息如直播封面、标题、简介、频道栏目、地理位置后点击"创建直播"按钮,如图 9-9 所示。

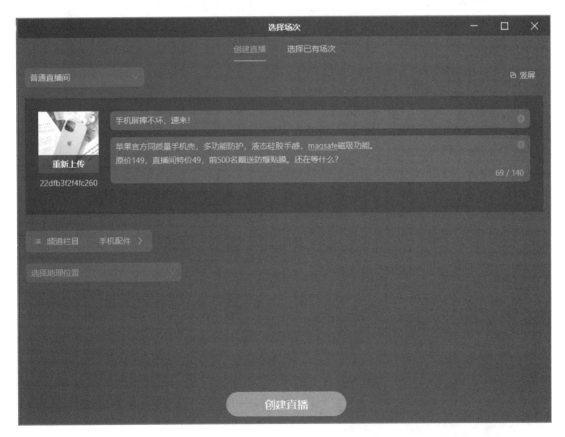

图 9-9　创建直播

此时尚未开始直播,建议先设置好直播界面后再点击下方"继续直播"或"开始直播"按钮进行推流,等画面倒计时结束后正式进入直播状态。

（二）直播间场景元素设置

（1）创建场景。场景由多个元素组成,需要多个直播场景进行切换就会使用场景的功能。每个场景下可以由多个元素组成,如贴纸、摄像头、视频等。点击"+"按钮可增加场景,点击场景旁的"×"可以删除该场景,如图 9-10 所示。

图 9-10　场景创建和设置　　　　　图 9-11　添加元素

（2）添加元素。点击添加元素可选择添加摄像头、视频、图片、窗口捕获、音频设备等。① 添加摄像头：点击后进入详细添加配置界面，调整直播画面和声音质量，开启美颜和美型功能，添加滤镜和美妆。② 添加视频：可选择本地的音频视频文件，配置循环或结束后隐藏。③ 添加图片：上传本地图片后可在界面进行位置和尺寸的调整，类似于贴片功能。④ 添加幻灯片：可添加最多 20 张图片，在界面中进行图片切换显示，如图 9-11 所示。

（3）导播模式。导播模式主要应用于需要在 A画布准备再同步生效到 B 画面的场景，所有的元素生效均在左侧画布先生效，确认无误后再切换进入右侧画布。

（三）直播间工具箱

直播界面左下角"互动中心"模块有很多互动小工具可以在直播时使用。如设置优惠券 & 红包，直播间公告，福利抽奖，官方信息卡等，在选择直播场次后即可进行相应设置，如图 9-12 所示。

（1）优惠券 & 红包。选择领取条件和投放渠道后点击"投放"按钮即可发布直播间优惠券。

（2）关注小卡。设置好后在直播时会自动弹出关注小卡，引导粉丝关注主播。

（3）直播间公告。设置好相应公告后，访客向左滑可看到直播印记即为设置的公告。

（4）福利抽奖。抽奖的方式包括分享抽奖、评论抽奖、小组件抽奖，设置好对应奖品信息后即可在

图 9-12　互动中心功能

直播中设置时间点自动抽奖。

（5）粉丝推送。点击"发起推送"可以在每天 8：00—23：00 推送一条直播提醒给粉丝，吸引粉丝进入直播间。

（6）预告订阅。可快速创建直播预告，设置直播标题和直播时间即可完成创建。

（7）绿幕大屏。是基于数字抠像技术的新型演示工具，即我们常说的虚拟背景，主播直播时需要在背后 2 米以外放置一块绿幕，添加绿幕背景图片，点击确定使用后即可使用虚拟背景进行直播。

（8）信息卡。类型可选择"信息卡"，设置好后可以展示主播信息；也可选择"轮播条"，设置直播间轮播信息。

（9）官方信息卡。包括主播信息、营销类信息、预告信息、营销素材、镇店之宝。官方信息卡模板，可在修改后添加到直播界面。

（10）秒杀推送。若店铺设置了秒杀活动，可以将其推送给直播间访客。

（11）秒杀配置。可选择店铺商品并对其设置秒杀活动。

（四）宝贝口袋和商品上架

点击"宝贝口袋"可查看并上架直播间商品；"商品上架"中可以选择店铺中的商品、编辑"利益点"，并将宝贝保存到待推（即待直播商品）或是推送到宝贝口袋（即上架宝贝链接）。

思 政 园 地

不少人注意到 2023 年双 11 的不同之处。作为双 11 的忠实铁粉，晓依每年都会在淘宝直播间下单、凑满减，这已经成了她每年的仪式感。今年也是一样，然而当晓依凌晨两点打开直播间准备询问主播产品的优惠时，晓依发现今年的主播有点不一样。带着疑惑，晓依看了一会，发现主播中途没有喝水，也不需要休息。"这应该就是最近很火的数字人主播吧"。

对此，晓依表示，"之前就在网上看到过消息，说最近很多品牌已经开始用数字人直播了，没想到真让自己遇上了，这种感觉很神奇。本来以为虚拟人会有点假，不会互动，没想到和真人主播也没什么区别。"

事实上，有网友注意到，早在去年 618 就已经有商家应用了数字人进行直播。而伴随 AI（人工智能）风靡全球，大模型被广泛应用，数字人作为带货主播的应用更加普遍了。以前知名的虚拟人，也纷纷下场，开启了自己的直播带货之旅。

数字人直播为商家带来的好处显而易见。首先可控性强。作为 AIGC（生成式人工智能）和大模型结合下的产物，虚拟数字人叫"人"却不是"人"。他们更像是根据需要设定好的智能程序，脑子里除了吸引观众、介绍商品、回答问题、提高销量外不会有其他心思。当直播结束后就相当于程序运行结束，可以有效防止人设崩塌、负面消息、跳槽以及离职等等问题，也可提高企业形象辨识度。

其次，成本低。虚拟数字人主播成本较低，无须搭建直播间和聘请主播，更不用很多运营人员来维持整场直播，节约了大量的资金和人力投入。观察各大招聘软件可以看到，带货主播每月工资都在万元以上，还不包括佣金，然而一个数字人虚拟主播一年内不限时长使用,每个月成本基本为真人主播的五分之一,还可以实现全天 24 小时不间断直播。对于商家来说,光是降低成本还不够,数据显示,双十一期间某数字人直播间的日均 GMV 达 3 万多元,相比日常增长了 4 倍以上,现金 ROI 也超过 1.5,夜间(1 点—6 点)销量远超真人直播间。

第三趣味性强。虚拟数字人主播可以根据不同场景和需求定制个性化的形象和风格,并且还可以增添其他附加属性,比如,可以将其设定成会唱歌跳舞的人物。考虑到品牌格调和目标客户,还可以在后台针对性地设置虚拟主播的形象、台词和语言风格,能够为直播间带来更多新意,增添趣味性。

思考:AIGC(生成式人工智能)和大模型等前沿技术是否能赋能电商直播?

项目小结

本项目以淘宝直播为例,介绍了电商直播的规则、流量分配规则以及手机端和 PC 端直播软件的直播操作实践三方面的内容,旨在帮助学生更好地了解直播中应遵守的规则,做到直播过程中心中有数,不违规,不越界;帮助学生了解淘宝直播流量分配规则,使其做好直播的相关策划和运营工作,获取更多直播流量;帮助学生掌握手机端和 PC 端开播的方法和技巧,能顺利实现直播间装修、开播、上架商品、粉丝互动等常规操作,从而更好胜任企业相关岗位需求。

知识与技能训练

项目九
拓展阅读 1

项目九
拓展阅读 2

一、单选题

1. 关于创建直播预告说法错误的是( )。

A. 在选择频道栏目时,珠宝首饰等应选择服饰类目

B. 直播地点选择你所在的城市

C. 直播的标题控制在 8～10 字,简洁明了

D. 手机端和 PC 端均可创建直播预告

2. 淘宝主播等级总共有( )级。

A. 5 级   B. 6 级   C. 7 级   D. 10 级

3. 关于直播间标题的说法错误的是( )。

A. 直播标题要和直播的内容相关

B. 带有"秒杀""清仓"等字眼的标题是违规的

C. 标题内容应切中粉丝工作生活中痛点,让粉丝产生共鸣

D. 只要商品价格够低,标题怎么起都无所谓

4. 不是主播"成长值"影响因素的是( )。

A. 开播活跃分   B. 粉丝活跃分   C. 任务奖励积分   D. 直播成交分

5. 属于直播权重中动态权重的是( )。

A. 直播预告   B. 粉丝回访   C. 频道栏目   D. 开播时间和时长

二、多选题

1. 直播过程中可能因为违规情况突然被中断,并且无法再重新开启直播,以下情况会被拉停处罚的有(　　　)。

A. 直播中播放新闻、游戏、电视剧、动漫、综艺节目等

B. 在直播间和粉丝聊家常,把宠物狗带给粉丝看

C. 空播,直播时无人,放置小黑板备注吃饭或去洗手间等情况

D. 在直播时抽烟、喝酒

2. 创建淘宝直播预告时,必填的内容是(　　　)。

A. 直播标题　　　　B. 直播时间　　　　C. 频道栏目　　　　D. 预告视频

3. 在直播间创建新场景后,可以向该场景添加的元素有(　　　)。

A. 添加摄像头　　　B. 添加视频　　　　C. 添加图片　　　　D. 添加幻灯片

4. 标签竞争中的标签分为(　　　)。

A. 互动标签　　　　B. 基础标签　　　　C. 偏好标签　　　　D. 交易标签

5. 以下直播行为属于一般违规的有(　　　)。

A. 发布违禁信息　　　　　　　　　　B. 发布低质量直播内容

C. 危及交易或账户安全　　　　　　　D. 发布侵权信息

三、实践题

请下载安装手机端淘宝直播 APP 和 PC 端淘宝直播软件,分别使用手机端和 PC 端完成一场直播。

实践活动 1:手机端淘宝直播 APP 发布预告并开展一场直播

活动情境:小明家的网店最近流量比较少,转化也比较低,小明的父母听说直播带货现在比较流行,希望小明能够为自家的网店开通直播,吸引流量。

实践指导:学习掌握淘宝直播 APP 开播的方法、直播预告发布的方法、直播间互动设置方法等。

实践活动 2:PC 端淘宝直播发布预告并开展一场直播

活动情境:小明在用手机开播一段时间后发现手机的屏幕较小,有时候不容易进行操作,于是又下载并安装 PC 端淘宝直播客户端软件,用电脑高清摄像头进行直播。

实践指导:学习掌握 PC 端淘宝直播客户端软件的开播方法、直播间装修方法、直播间互动设置方法等。

项目十　短视频平台直播实战
——以抖音为例

　素养目标

1. 具备较强的团队协作、互助意识和沟通交流能力。
2. 具备较强的规则意识,遵守直播规则。
3. 具备遵纪守法意识及诚信经营理念。

　知识目标

1. 了解抖音直播的发展历程。
2. 了解抖音直播的规则。
3. 了解抖音直播流量分配的规则。

　技能目标

1. 能够使用抖音直播 APP 软件进行直播相关操作。
2. 能够使用抖音直播 PC 端软件进行直播相关操作。
3. 能够利用流量分配规则获取直播流量。

 项目思维导图

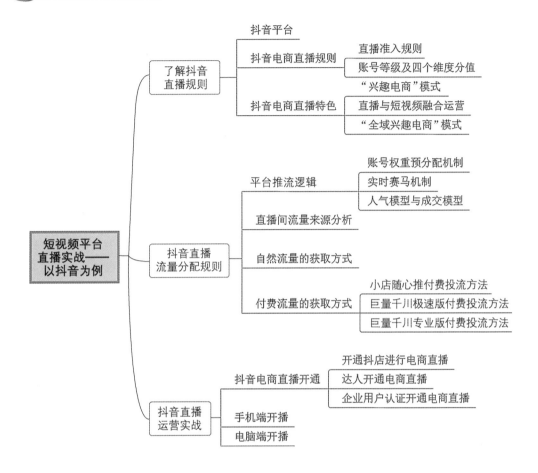

任务一 了解抖音直播规则

导入案例

　　庆阳香包是甘肃省庆阳市的地方传统手工艺品,属于国家级非遗代表性项目。按照剪纸的图样,在丝绸布料上用彩色的线绣出各种各样的图案,然后缝制成不同的造型,内芯填充上丝绵、香料,就做成一种小巧玲珑、精致漂亮的刺绣品。这种刺绣品叫作香包,又叫荷包,庆阳民间称作耍活子,作为庆阳地区端午节古老的民俗物品,寄托了当地劳动人民祛邪、避灾、祈福的美好愿望。听说现在有很多非遗技艺通过抖音平台进行传播,越来越多的人通过网络了解非遗技艺、欣赏非遗技艺,传播和传承非遗技艺。庆阳香包绣制非遗工坊的匠人们也希望借助网络平台让天南海北的人们看到庆阳香包,借助直播这种崭新的宣传形式助力非遗传承,为产品拓宽销售渠道。但不知道自己的产品是不是适合抖音平台,也不知道在

抖音平台上进行直播到底需要什么样的资格资质。

知识准备

抖音平台属于内容平台,与传统电商平台最大的不同就在于用户是基于对内容的兴趣在平台浏览,而非带有明确的购买目的进行浏览。庆阳香包知名度不高,用户对其了解程度低,因此在传统电商平台上很少有用户主动搜索该产品;庆阳香包制作工艺精湛、产品美观、欣赏价值高,平台根据用户标签兴趣进行推送,用户在观看直播过程中了解非遗文化继而被种草,因此非遗类产品非常适合在抖音平台进行传播及销售。想要在抖音平台进行电商直播,有一定的准入资格,大致分为三类主体账号:达人账号、企业账号、抖音小店绑定的抖音号。可以依照具体的要求及步骤进行注册及认证,之后方可进行带货直播。

一、抖音平台

抖音平台于 2016 年上线,最初的定位是一款音乐创意短视频社交软件,用户通过观看、发布短视频进行互动交流。随着自媒体时代的到来,抖音全球用户数量已接近 10 亿人,巨大的流量给平台及用户带来了许多机会,直播电商成为流量变现路径之一。抖音电商直播自 2018 年开始兴起,但增速较慢,早期的抖音达人更习惯于用短视频进行带货。2020 年,抖音电商直播迅速起量,数据统计显示抖音 2020 年直播电商 GMV 达到 5 000 亿元,相比 2019年增长了 5 倍以上。经过这个爆发式的增长期,至 2021 年底,抖音已经有超过 300 万个直播间,每天直播带货的人数突破 100 万人。除了各类美妆产品外,抖音直播带货已经覆盖到各个领域,如服饰、母婴、食品、数码等。2022 年 6 月,某某甄选在抖音爆火,这个由新东方创始人参与打造的直播间靠着独特的直播风格逆风翻盘。走红半年内(2022 年 6 月 1 日至 11月 30 日)GMV 超过 48 亿元。高 GMV 的背后,某某甄选出圈效应明显,共开设 6 个直播账号,销售产品覆盖农产品、食品、图书、生活用品,矩阵账号粉丝已达 3 800 万个。据抖音官方2023 年数据显示,过去一年抖音电商直播日均观看量超 29 亿次,日均搜索超 4 亿次,平台全年售出商品超 300 亿件。随着直播电商常态化发展,直播带货成为电商布局标配,直播带货来到下半场,淘宝、抖音、快手三足鼎立,成为直播电商的三大巨头。

二、抖音电商直播规则

(一) 直播准入规则

在抖音平台,想要通过直播带货的方式变现需要开通电商带货功能,该功能的开通有一定的门槛。根据账号主体的不同,可以开通电商带货功能的主要有三类用户。第一种是普通用户,当普通用户在抖音平台上成为有一定影响力的创作者后可以升级成为达人。普通用户满足粉丝量≥1 000、作品数≥10 个且缴纳 500 元保证金就可以在平台升级为达人账户,之后可以通过橱窗、短视频、直播等方式带货赚取佣金。第二种是拥有营业执照的企业用户开通的账号,经常也被称为蓝 V 账号。一个营业执照可以认证两个蓝 V 账号,企业号内不限制特定的主播,任何人都可以开播。企业账号没有基础粉丝量的要求。第三种是抖音小店绑定的抖音号,抖音小店类似于淘宝店铺。一个抖音小店最多可以绑定 5 个抖音号,这 5 个抖音号没有基础粉丝量的要求,但绑定的抖音号只能带抖音小店的商品,不可以带其他精选联盟的商品。抖音平台电商平台的开通限制条件如图 10-1 所示。

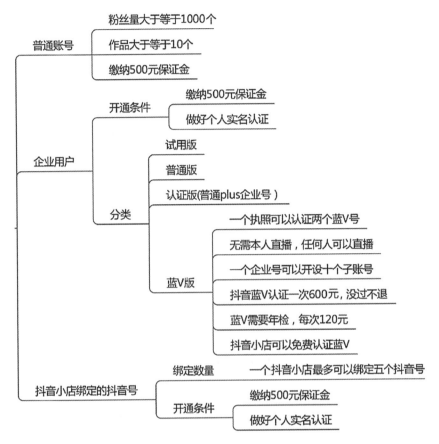

图 10-1　抖音平台电商功能的开通限制条件

(二) 账号等级及四个维度分值

下面以普通账号认证成为达人账号为例,介绍抖音平台电商直播的相关规则。

达人用户在个人主页的商品橱窗上架相关产品之后,可以通过三种方式进行带货。第一种,可以通过将橱窗商品添加到直播间挂购物车的方式在抖音平台进行直播带货;第二种,可以通过将橱窗商品添加到短视频挂小黄车的方式在抖音直播间进行短视频带货;第三种,直接在用户主页橱窗展示商品进行带货。无论使用何种带货方式,都需要遵守平台的规则。目前抖音平台主要采用评级评分的方式对达人用户进行管理约束。

以达人账号为例,抖音平台考核用户有一个等级指标和四个最基础的维度指标。进入抖音平台的创作者服务中心→全部分类→商品橱窗,在头像和昵称的旁边可以看到一个等级指标(LV0—LV7),右侧的用户体验和商家合作下方可以看到四个分值:信用分、带货口碑分、履约分、评价分。

1. 信用分

信用分是抖音平台为规范抖音用户商品分享行为而建立的用户信用分管理体系。主要考核账号是否有违反社区行为规范的违规行为,如虚假宣传、站外引流、极限词等。信用分的评价是针对达人账号在抖音平台所有行为,包括直播带货和短视频带货等,所以无论在直播过程中违规还是所发的短视频违规都会被扣分。

初始信用分是 10 分,用户可通过严格遵守抖音社区相关规则规范累积信用分。信用分总分上限为 12 分。当店铺出现违规行为,平台会依照违规等级和违规类型进行扣分。根据违规情况的严重程度,分为三个等级,一级违规最严重(扣除 10~12 分不等)、二级违规其次(扣除 3~8 分不等)、三级违规最轻(扣除 0.5~3 分不等),分别如表 10-1、表 10-2、表 10-3 所示。当直播间存在被扣分的情况,用户可在信用分记录中,查看被处罚直播场次的扣分/回分记录。如果对违规扣分有异议,可进行申诉,电商违规处罚仅支持一次申诉,用户需提交真实有效的申诉材料。若申诉成功,系统会撤销对该次违规行为的信用分扣除,将扣除的信用分返还。

表 10-1　抖音信用分一级违规类目

违规类型	违规内容	违规扣分	行为纠正
重大违规行为	1. 用户分享假货、走私商品等,实施侵害他人合法权益,或违反相关法律法规的行为; 2. 用户故意绕过平台管控,挑战平台底线,实施扰乱抖音平台正常交易秩序的行为; 3. 用户因任何违规行为(包括但不限于威胁、恐吓等)遭重大投诉,致使其他用户利益严重受损危及生命财产安全的; 4. 其他致使抖音平台遭政法机关警告或严肃处理的,对抖音平台声誉造成严重影响或导致抖音平台遭受巨大损失的	10 分	永久关闭账号商品分享功能
发布重大违规内容	用户发布重大违规内容,包括但不限于: 1. 反对宪法确定的基本原则; 2. 危害国家统一、主权和领土完整; 3. 泄露国家秘密、危害国家安全或者损害国家荣誉和利益; 4. 煽动民族仇恨、民族歧视,破坏民族团结,或者侵害民族风俗习惯; 5. 破坏国家宗教政策,宣扬邪教、迷信; 6. 散布谣言,扰乱社会秩序,破坏社会稳定; 7. 宣扬赌博、暴力、凶杀、恐怖或者教唆犯罪; 8. 煽动非法集会、结社、游行、示威、聚众扰乱社会秩序; 9. 发布含有法律、行政法规和国家规定禁止的其他内容	12 分	永久关闭账号商品分享功能;永久关闭账号;依据平台其他规则可采取的相应措施

表 10-2　抖音信用分二级违规类目

违规类型	违规内容	违规扣分	行为纠正
多次涉嫌搬运侵权	用户多次上传发布盗用其他用户或未经授权从互联网上复制或收集到的图片、视频或文字及其他存在侵犯他人合法权益等风险的内容	3 分	商品分享功能停用整改 1~7 天

续 表

违规类型	违 规 内 容	违规扣分	行为纠正
多次虚假宣传及恶意对比	用户多次对所分享商品信息及各项参数进行虚假或夸大描述,对商品效果过度承诺或进行效果性宣传,发布虚假活动信息,恶意对比及其他涉嫌虚假夸大宣传的行为,包括但不限于: 1. 使用绝对化、欺骗性或误导性的语言、文字、图片等,对所分享商品的功效、服务及价格等进行不实描述或夸大宣传、明示或暗示与商品实际信息不符的内容; 2. 承诺消费者互动即有礼品或奖励,但实际并未兑现; 3. 通过贬低其他商品或品牌进行商品宣传或以片面的信息为基础进行商品对比	4 分	商品分享功能停用整改1~7 天
多次站外引流	用户多次出现站外引流或诱导线下交易的行为,包括但不限于在视频或直播中宣传抖音禁止的第三方信息或直链第三方平台	5 分	商品分享功能停用整改1~7 天
多次违规营销	1. 用户多次通过不正当方式干扰抖音平台正常运行秩序或牟取不正当利益; 2. 用户多次实施违反《抖音购物车商品分享社区规范》《直播平台商品分享社区规范》等规则的其他违规行为	5 分	商品分享功能停用整改1~7 天
批量投稿	用户滥用产品功能,批量发布重复或高相似度的低质内容	5 分	商品分享功能停用整改1~7 天
作弊及其他严重违规	1. 用户以不正当手段(包括但不限于刷单、刷榜、刷转评赞、购买粉丝等行为)获取虚假流量,影响抖音电商平台正常交易秩序; 2. 提供虚假信息,包括但不限于在准入申请、活动报名、违规申诉等环节向平台提供不真实的证明材料; 3. 其他抖音平台认为的严重影响抖音平台声誉及利益的严重违规行为	8 分	商品分享功能停用整改1~7 天

表 10 - 3 抖音信用分三级违规类目

违规类型	违 规 内 容	违规扣分	行为纠正
商品与视频无相关性	1.用户所分享商品与视频内容不相关;2.直播画面无真人出镜,仅以录屏或挂播形式进行推广(如直播内容仅展示一张纸/白板/电脑屏幕/某实物等);3.直播画面黑屏,仅循环播放录制音频/内容为有声小说、音乐、广播剧等	0.5 分	警告、下架违规商品
违规营销	1. 用户通过不正当方式干扰抖音平台正常运行秩序或谋取不正当利益; 2. 用户实施违反《抖音购物车商品分享社区规范》《直播平台商品分享社区规范》等规则的其他违规行为	1 分	警告、下架违规商品

续　表

违规类型	违规内容	违规扣分	行为纠正
涉嫌搬运侵权	用户上传发布盗用其他用户或未经授权从互联网上复制或收集到的图片、视频或文字及其他存在侵犯他人合法权益等风险的内容	1分	警告、下架违规商品
虚假宣传恶意对比	用户在直播或视频中对所分享商品信息及各项参数进行虚假或夸大描述,对产品效果过多承诺或进行效果性宣传,发布虚假生活信息,恶意对比及其他涉嫌虚假夸大宣传的行为,包括但不限于: 1. 使用绝对化、欺骗性或误导性的语言、文字、图片、计量单位等,对所分享商品的功效、服务及价格等进行不实描述或夸大宣传、明示或暗示与商品实际信息不符的内容等; 2. 承诺消费者互动即有礼品或奖励,但实际并未兑现等; 3. 通过贬低其他商品或品牌进行商品宣传,或以虚假片面的信息为基础进行商品对比等	1分	警告、下架违规商品
合作未履约	与商家达成合作后未履约	2分	警告、下架违规商品
站外引流	用户出现站外引流或诱导线下交易的行为,包括但不限于在视频或直播中宣传抖音禁止的第三方信息或直链第三方平台	3分	警告、下架违规商品
分享禁售商品	用户涉嫌分享《抖音平台禁止分享商品目录》中所标注的商品,包括但不限于:直播或视频中分享的商品明显涉及假货、盗版商品	3分	警告、下架违规商品

　　当用户因违规扣分导致信用分到达信用分节点时,触发相应处罚措施。针对上述信用分节点处罚措施,用户因信用分过低,触发多项"商品分享功能判罚"的,平台将依照判罚最高等级标准执行,如表10-4所示。

表 10-4　信用分节点及处罚措施

信用分节点	用户所有视频仅个人主页可见	商品分享功能判罚
12分≥X≥8分	—	—
8分>X≥6分	√	商品分享功能停用整改1天,或缴纳违约金
6分>X≥4分	√	商品分享功能停用整改3天,或缴纳违约金
4分>X>2分	√	商品分享功能停用整改7天,或缴纳违约金
2≥X>0	√	商品分享功能停用整改14天,或缴纳违约金
0分	√	永久关闭商品分享功能,或缴纳违约金

如果希望提升抖音信用分,可以进入抖音平台的创作者服务中心→全部分类→商品橱窗→规则中心→规则考试中心,考试通过,就可提升信用分。(考试加分,30 天内最多加一分。)同时,当信用分≥10 分,连续 30 天没有出现违规情况,则涨 1 分;信用分<10 分,连续 7天没有出现违规情况,则涨 1 分。需要注意的是:用户信用分到达信用分节点,触发"商品分享功能判罚"的,无法通过"用户信用分累积策略"暂停或终止处罚。具体商品分享功能判罚可参见表 10-4。

通过规则学习,查看官方发布的安全规则、案例解析以及常见问题等栏目学习直播行为规范、违规案例等,能够很好防范因这些问题而被扣除直播信用分。由于抖音平台还在不断完善,所以需要实时关注抖音平台新规则,相关规则也会影响直播,容易因不满足平台规则而导致无法正常直播。

2. 带货口碑分

带货口碑分是平台基于创作者所分享商品的内容口碑、商品口碑、服务口碑等多维度数据综合计算的评价分级,反映创作者给用户带来的综合购物体验。创作者口碑分为 5 分制,最低为 3 分,如果创作者分享的商品产生的有效支付订单量中最大的一个都不足 30 笔,则暂不展示得分。创作者可通过抖音→商品橱窗→作者口碑、巨量百应→作者成长→作者口碑查看最新作者口碑分详情。

创作者口碑分由创作者分享商品近 90 天内的内容口碑、商品口碑及服务口碑三个评分维度的指标加权后排序计算得出。距今时间越近的数据对分数的影响越大。指标相同时订单量大的创作者排名和得分更靠前。

(1)内容口碑。占总分值的 35%。分值来源于近 90 天的创作者产生的挂车短视频和直播,在用户评价和退换中反馈出涉及内容宣传的负反馈订单占比,并根据创作者基础单项指标在所处行业、自卖/非自卖类型的综合排名,结合创作者分享商品产生的有效支付订单金额加权平均计算得出(自卖指店铺绑定官方账号或渠道号的订单)。

$$订单内容负反馈率=\frac{近90天物流签收订单的评价或退换}{原因中涉及内容宣传的负反馈订单量}÷近90天物流签收订单量$$

(2)商品口碑。占总分值的 60%。分值来源于近 90 天的创作者分享商品在挂车前的商家体验分(即店铺口碑)和商品好评率,根据创作者基础单项指标在所处行业和自卖/非自卖类型的综合排名,结合创作者分享商品产生的有效支付订单金额加权平均计算得出。

$$\frac{挂车前商家体验分}{(即店铺口碑)}=\frac{近90天挂车短视频或直播产生的}{订单在挂车前商家体验分之和}÷\frac{近90天创作者分享的商品}{产生的有效支付订单量}$$

$$挂车前商品好评率=\frac{近90天创作者每笔分享商品产生的}{订单在挂车前的商品好评率之和}÷\frac{近90天创作者分享的商品}{产生的有效支付订单量}$$

(3)服务口碑。占总分值的 5%。分值来源于近 90 天的创作者分享商品产生的用户进线平台表达对创作者行为的负反馈率,并根据创作者基础单项指标在全体创作者中的综合排名计算得出。

$$服务负反馈率=\frac{近90天物流签收订单中消费者进线平台}{表达对创作者行为负反馈的订单量}÷近90天物流签收订单量$$

存在刷单、刷评、炒信作弊等违规行为产生的虚假交易订单、虚假交易占比过高的店铺或商品的全部订单,不参与所有指标计算。2022年11月1日起新增福袋和赠品订单不参与口碑分所有指标计算。2022年12月8日起新增商品订单实付金额小于等于2元的订单不参与订单内容负反馈指标计算。

3. 履约分

达人与商家在精选联盟产生合作订单(包含样品订单、直播订单等)后,展示达人履约情况的分数。达人与商家产生过合作订单即拥有履约分,初始分值为满分,如产生订单违约则扣减分数,履约分等级如表10-5所示违约扣分细则如表10-6所示。

表10-5　履约分等级

分　数　等　级	分　数　计　算	更新周期与有效期
高:=12分 中:8<x<12分 低:x≤8分	分数区间:0分~12分 初始:初始分值为12分 扣分:依据不同订单违约程度扣分 加分:近30天无违约"加1分",不超过12分	更新周期:每日更新 有效期:历史所有订单

表10-6　违约扣分细则(直播合作订单)

违　约　程　度	违　约　原　因	分　数　扣　减
严重违约	未直播带货约定商品	−2分
	未按约定投放广告(金额为0)	−2分
	未达成约定结算销售额(销售额为0)	−2分
一般违约	未按约定投放广告(不达约定金额)	−1分
	未达成约定结算销售额(不达约定销售额)	−1分

4. 评价分

依据达人带货过程中合作商家提交的评价,综合计算形成的分数,以反映达人与商家的合作情况。依据近90天商家对达人提交的评价,达人累计评价条数≥10条构成评价分,无效作弊评价不纳入分数计算,评价分等级如表10-7所示。

表10-7　评价分等级

分　数　等　级	分　数　计　算	更新周期与有效期
高:=5分 中:4.5≤x<5分 低:x<4.5分	分数区间:0~5分 分数计算:依据合作履约、带货效果、沟通态度三个维度加权计算	更新周期:每日更新 有效期:近90天商家评价

5. 达人等级分

电商达人等级是一套反映达人在平台上综合电商能力的数字指标体系。抖音平台根据达人综合能力将等级分为 LV0—LV7,共 8 级,等级越高,则其综合带货能力越高。达人等级分由平台根据达人近 60 天的内容表现,根据达人所分享商品的成交、评价等多维度数据综合计算得出,提升等级可获得对应等级权益和运营工具。电商达人等级以带货口碑分、信用分作为评级门槛,根据销售分(占比 80%)、行为分(占比 20%)两个维度综合计算得出。目前是每个月 2 号更新一次等级。

评级门槛:统计期内日均带货口碑分,不低于 4.2 分;统计期内累计扣除信用分,不高于 4 分。上述两项需均满足,满足门槛可参与评级,未达标者等级默认 L0。

销售分:参考统计期内累计结算金额(含抖音及抖音极速版)计算,持续、稳定带货,有助于提升等级。

行为分:参考统计期内"抖 in 好物"商品累计结算金额占比计算,带"抖 in 好物"标签的商品,能有效提升等级。

不同等级的达人在平台进行直播时,根据等级不同享有不同的权益、开启不同的直播间功能。例如,直播间的超级福袋功能需要 L2 等级且带货口碑分≥4.4 才能使用,具体可参考表 10-8。

表 10-8 达人等级分相应的权益及功能

			叠加门槛	L7	L6	L5	L4	L3	L2	L1	L0
权益	规则保障	规则考试	—	√	√	√	√	√	√	√	√
		以考代罚加分	带货口碑分≥4.6	√	√	√	√	—	—	—	—
		脚本预审工具	—	√	√	√	√	√	√		√
	经营工具	选品广场	—	√	√	√	√	√			
		达人广场	—	√	√	√	√	√			
		PC 工作台	—	√	√	√	√				
	平台服务	提报平台服务	—	√	√	√	√				
		客服服务	—	√	√	√	√	√	√		√
	荣誉认证	优质电商达人认证	昵称非店铺且无安全问题	√	√						
功能		裂变红包	—	√	√	√	√	√			
		主播券 & 购物红包	—	√	√	√	√	√			
		超级福袋	带货口碑分≥4.4	√	√	√	√	√	√		
		招商合作	—	√	√	√	√	√	√		
		智能商品标签	—	√	√	√	√				
		直播预告	—	√	√	√	√				

三、抖音电商直播特色

抖音直播主要有两种形式：娱乐直播和电商直播。娱乐直播是指以聊天、才艺表演等内容为主的直播，主播在直播过程中不带货，主要通过"音浪"等形式来获得用户打赏。本教材主要讲述的是电商直播，俗称"带货"直播。抖音电商直播与淘宝直播相似，主播和直播间以赚取商品坑位费和销售佣金为主。但是，由于平台属性不同，抖音直播和淘宝直播还是有一些区别。

（一）"兴趣电商"模式

抖音直播和淘宝直播最大的区别在于平台定位不同。淘宝作为一个传统电商平台，大多数用户上淘宝是出于购物需求，带着购买目的搜索商品、浏览商品页面、观看商品直播。抖音作为一个内容平台，大多数用户打开抖音是基于对平台内容的兴趣，在浏览自己感兴趣的内容过程中不知不觉被种草，产生购买需求从而成交。

以女生夏季购买连衣裙为例，如果是在淘宝平台，一般通过搜索与连衣裙相关的关键词，如"雪纺""碎花""夏季""连衣裙"等，来找寻自己喜欢的产品。但在抖音平台上，用户可能原本没有打算购买连衣裙，只是一个相关的内容推送给了她，这个内容有可能是以"最适合海边度假的五种穿衣风格"为主题的短视频、也有可能是她一直关注的一位穿搭达人在自己的直播间教穿搭，女生在观看的过程中发现自己也需要这样一条连衣裙，从而产生了消费冲动。这有点像平时逛街的感觉，一开始可能想的只是随便逛逛没什么要买的，但回家的时候却拎着大包小包，在逛街的过程中产生了需求，可能还会买到一些意想不到的东西。抖音平台会根据不同用户的不同兴趣来推送内容，人们不是因为需要而购买，是因为兴趣而购买。所以抖音的这种兴趣购物模式又被称为"兴趣电商"。2021 年 6 月，抖音日活用户达 6 亿个，同年提出"兴趣电商"概念，如图 10－2 所示。

图 10－2　抖音的"兴趣电商"模式

抖音官方对于"兴趣电商"概念的描述如下："兴趣电商是一种基于人们对美好生活的向往，满足用户潜在购物兴趣，提升消费者生活品质的电商"。很多情况下，人们的需求是需要被提示的，人们很难从日复一日的相似生活轨迹中说出"我要什么"，需求的发掘来源于丰富的内容对于生活场景的还原，通过短视频与直播内容的代入感让人们意识到原来生活还可以更美好。平台通过千人千面的推荐技术，将商品信息与潜在的用户需求连接起来，用内容来刺激和释放消费需求。这一概念的提出主要基于以下三个要素的成熟：第一，短视频和直播的普及，让商品展示变得更生动、直观。第二，兴趣推荐技术变得越来越成熟，基于兴趣的个性化推荐成为市场标配。第三，优秀内容创作者大量出现，使得海量优质商品通过更好的内容形态被展示，商家可以更好地触达消费者。"兴趣电商"的核心逻辑是围绕流量和流量效率，用推荐分发技术，匹配人与货，挖掘用户的潜在购买需求。

（二）直播与短视频融合运营

抖音平台最初是一个短视频平台，所以抖音平台上的大多数用户都有观看短视频的习惯，部分用户具有观看直播的习惯。短视频功能和直播功能同时汇集在抖音平台上，抖音用户随时会从短视频用户变成直播间用户，也会随时从直播间用户变成短视频用户。

与短视频相比，直播互动性和社交性更强，商品展示更加直观，用户可以在直播间与主播进行互动，对产品的使用方式、使用效果提出疑问，主播进行实时展示、解答，从而促成成交变现。但相对来说，直播内容比较单一、不容易展示主播的个人特色，也不易"圈粉"，因此在平台上可以结合短视频功能弥补不足。短视频内容丰富有趣，传播速度快，也相对更容易"吸粉"，利用短视频的内容给直播间引流效果好，同时也可通过系列短视频打造主播人设，增强用户对主播的兴趣，加深用户对主播的信任及好感。在抖音平台上，大多数直播间会同时运营短视频，两者融合运营，互相配合。

（三）"全域兴趣电商"模式

从 2022 年 5 月开始，抖音电商的定位从"兴趣电商"升级到"全域兴趣电商"。在"货找人"模式基础上，补足"人找货"主动搜索模式，覆盖用户全场景、全链路购物需求，如图 10-3 所示。

图 10-3　抖音的"兴趣电商"模式

升级到全域兴趣电商阶段，抖音大力投入货架电商建设，通过短视频和直播的内容场景与抖音商城、搜索、店铺等货架场景协同互通，为商家生意带来新增长，满足用户对美好生活的多元需求。通过抖音电商了解商品、购买商品，已经成为用户美好生活的一部分。

抖音平台从"兴趣电商"模式升级到"全域兴趣电商"模式，可以看出平台已不满足于传统兴趣模式，同时大力发展货架场景，向传统电商平台发起挑战。在此风口下，抖音店铺直播间必将获得平台大量流量扶持，吸引更多商家、店家来抖音开设店铺，吸引用户通过抖音店铺进行消费。未来抖音电商直播将两轨并行，逐步形成规模化。

抖音平台发布的《2023 非遗数据报告》显示，截至 2023 年 5 月，抖音上平均每天有 1.9

万场非遗直播,平均每分钟就有 13 场非遗内容开播。其中既有古筝、黄梅戏、越剧这些熟悉的非遗艺术,也有萍乡东佤面具、长汀公嬷吹、恩施扬琴这些濒危非遗。继承了宋代傩面雕刻技艺的萍乡东佤面具,是江西省的民间传统美术,也是国家级非物质文化遗产。其雕刻技艺沿袭古法,蕴含着匠人们的聪明才智和精巧技艺。长汀公嬷吹则是闽西特有的民间器乐演奏形式,百余年来,其与客家民俗活动相伴而生,早已融入客家民俗并已成为客家传统民俗的一部分。近年来,因时代变迁、多元文化冲击、后继无人等因素,包括萍乡东佤面具、长汀公嬷吹等在内的部分非遗项目急需保护。通过在抖音平台持续传播,过去一年,萍乡东佤面具、长汀公嬷吹、恩施扬琴在抖音的播放量同比增长位居前三。此外,香山帮传统建筑营造技艺、岫岩皮影戏、辽宁鼓乐、泰山东岳庙会等濒危非遗内容的播放量也显著增长。借助短视频与直播,濒危非遗内容在抖音被更多人看见,濒危非遗全类目通过平台都找到了"新观众"。

同时,在抖音"非遗合伙人计划""看见手艺计划"等助力下,越来越多的年轻人加入了非遗传承的队伍。"哩九"本名叫王良洪,是个"95 后",作为一名布依族人,蜡染和刺绣是他从小就耳濡目染的非遗手艺,"就像做饭洗碗一样日常"。但是,即使从十几岁时就对刺绣很感兴趣,他也不敢轻易尝试,"布依族或者说社会上似乎没有男性做刺绣,当时我害怕被人议论是非"。随着慢慢长大,上了大学后,哩九才逐渐意识到可以选择自己喜欢的道路,不必因为别人的目光放弃自己的爱好。他去了不少非遗展览馆学刺绣,老师傅们都和他感慨:现在生活好了,以后大概也不需要这些手工活了吧。其实,哩九从高中时就发现了这个问题,做这些手工艺难以养活一家人,同龄的年轻人都去了沿海地区打工,会蜡染刺绣的布依族人出现断崖式下跌。在高校兼职教"贵州民族民间工艺"课程时,哩九也感到困惑:除了课本上理论化的知识,还有什么办法能让人们将技艺运用和传承下去?他决定做一些新的尝试,2021 年 5 月,和朋友一起经营文创工作室的哩九开通了抖音账号。从复杂精巧的蜡染到细腻明艳的布依族刺绣,两年时间,哩九便吸引了近四万粉丝。有网友评论说,就喜欢会绣花的男孩子!也有网友想起小时候老一辈的衣服、枕头上绣的花样,想起自己民族的传统文化。后来哩九也开始在直播间教刺绣,只要开播,就有一批铁杆粉丝跟他学,其中有一个高校老师在学校开特色课,现在每天晚上来打卡,白天再将新技法教给学生。"我绣太阳花,会告诉大家这是布依族传统,绣眼睛所见,绣心中所想,心里有光明,花才会盛开"。哩九用一颗诚心,努力让布依族刺绣的文化内涵被更多人看见。

报告显示,过去一年来,有 116 位 30 岁以下认证非遗传承人活跃在平台上。除认证传承人外,超 1 000 位"00 后"在抖音身体力行弘扬非遗传统文化。

电商与直播,为非遗找到新活路。传统非遗要从"活起来"到"火起来",离不开市场认可和产业的发展。报告显示,过去一年,抖音上非遗产品销售额同比增长达 194%;在平台购买非遗好物的消费者数量为上一年的 1.62 倍。此外,文旅部发布的 2022 年 66 个国家非遗工坊经典案例中,包括定瓷烧制、新合索面、黎族织锦等 65 个非遗项目在抖音打开发展新路径。这也与越来越多年轻人参与非遗传承息息相关。报告显示,过去一年,抖音电商销售额最高的 100 位非遗传承人中,"90 后"占比 37%,带货成交额破百万元的传承人数量同比增长 57%。依托全域兴趣电商模型,非遗相关产业的经济属性和产业价值不断被激活。

思考:为什么传统非遗适合在抖音平台进行传播?

任务二　抖音直播流量分配规则

　　商家在多个平台开直播间,入乡随俗时难免遭遇水土不服。小乐是一位 3C 数码品牌的签约主播,该品牌主要销售手机及相关配件,他曾经担任该品牌淘宝直播间的主播两年时间,直播间不管是人气还是销量数据都不错。据小乐介绍,品牌从 2023 年 1 月开始布局抖音直播间,采用的仍然是原先的淘宝直播团队,但团队并不熟悉抖音直播的投流规则,使得抖音直播间一度陷入了赔本赚吆喝的局面。现在越来越多的商家、直播机构开始跨平台布局,虽然都是直播平台,玩的却是不同套路,抖音与淘宝在流量分配、算法机制和考核指标上都存在差异。在抖音直播间有时候 5 个小时只播 1 个产品,这在淘宝直播间是几乎不可能出现的。直播团队必须学习适应直播平台之间的隐形壁垒,在迥异的流量玩法、用户画像、算法逻辑中计算投入与产出的最优解。抖音直播间的流量分配到底遵循怎样的规则呢?

　　抖音直播的流量分配遵循一定的原则,既有基础权重流量,也有实时分配流量。基础权重流量参考的是该直播间历史数据,实时分配流量遵循的是实时赛马机制。除此以外还可以采用付费的方式进行投流,获取额外的流量。

一、平台推流逻辑

　　在抖音平台进行直播,很多人都是冲着平台巨大的流量来的。比起淘宝直播间,抖音直播间的流量算法更加简单透明一些。流量作为底层算法最基础的要素,用于衡量直播间的观看规模。以场观大小为标准大致可分为:E 级是百人场观;D 级是千人场观;C 级是万人场观;B 级是接近 10 万人的场观;A 级是几十万人的场观;S 级是百万级的场观。

　　在抖音平台,一场直播的流量分配依据为,当场流量＝预分配流量＋实时分配流量。

　　(一) 账号权重预分配机制

　　每次开播前,直播间大概能获得多少流量,是由之前几场直播的历史数据决定的。有的人开播很快就有几千人在线,而有的人开播只有几个人在线,就是因为开播几千人在线的直播间的历史数据非常好。抖音平台认为,该直播间是可以承接这么大的流量的。如果一个直播间开播只有几个人在线,那就说明要么这是一个新账号,要么这个直播间没有获得抖音的信任,没有通过数据去积累获得抖音权重。所以每次开播前,直播间的流量大概都会有一个预分配值。在直播大屏上,最能体现权重的数据,就是场观。而在前面的半个小时内出现的一波极速流则是本场场观的第一个关键,它代表平台给直播间的流量预分配。很多直播间都会用泛爆品或者福利品去承接这一波极速流。

很多直播间会在直播间人气还比较旺的时候就下播，新手常常不理解，为什么直播间还有那么多观众就下播，不多播一会呢？其实是因为直播间还比较旺的时候下播，可以锁住前场直播间比较好的排名，从而保证在下场直播开始时能有比较好的流量推荐，属于流量预分配机制中比较常见的操作。

（二）实时赛马机制

除了预分配流量，实时分配流量主要遵循抖音平台的实时赛马机制。抖音本质上来说是一个内容平台，而直播就是平台下的产物，它的算法逻辑就是去中性化的赛马机制。赛马机制就代表从开播起，你的直播间每分钟，每5分钟，每1小时，每1场的直播数据，都是在跟别的直播间做竞争。这里的竞争对手主要是指跟你同时间开播的同品类、同客单的直播间，强调的是直接竞争对手。简单地说，就是在同一个起点上，谁表现得更好，谁就能获取更多的流量。这个去中心化的实时赛马机制保证了流量不过多集中在头部直播间，给更多普通直播间获取流量、获得展现的机会。开播后五分钟平台就会根据人气分和带货分的增长速度来调整权重、展现以及流量分配，在这五分钟里分数越高的直播间就可以获得更高的展现，平台会分配更多的流量。5分钟就是一个直播间的时间节点，要做好每5分钟的数据：停留时长、千次观看成交金额（GPM）、转化率、转粉率、商品点击数（CTR）……以此来获得源源不断的直播间流量推荐。系统永远都在试探性地给流量、反馈数据、奖励流量、再试探性地给流量、再反馈数据、再奖励流量。这种模式既能最大程度上保证公平，也尽可能不浪费流量。

之前在抖音平台上经常会看到有人分享经验，什么样的商品在什么样的时间段开播效果最好。在了解了实时赛马机制之后，就能明白，其实不存在最好的开播时间。黄金时间开播虽然平台总体流量更大，但也意味着竞争更激烈。相反，在一些冷门时间开播，虽然总体流量较少，但竞争对手也相应较少，而且这类竞争对手本身实力也较弱，有时反而能获得更好的效果。

（三）人气模型与成交模型

用于衡量直播质量的指标体系主要分为两类，浅层的人气数据指标和深层的成交数据指标，也被称为人气模型和成交模型。停留、互动、关注、灯牌属于用户的浅层行为数据，带来的是热度，是人气。只要激发浅层数据，直播间就可以有大量的人气。深层的成交数据指标包括交易行为和交易数据。交易行为指用户点击购物车、点击商品链接、创建订单等与交易有关的行为，交易数据包含直播带货商品交易总额（GMV）、每个独立访客为店铺带来的平均经济价值（UV价值）、人均GMV等，这些属于直播间的成交模型数据。带货直播间仅仅靠浅层数据不一定精准，靠深层数据才可以获得稳定推流。在这两个指标体系下，最理想化的状态是人气数据指标和成交数据指标同步爬升。但实际大部分的直播间都不是那么完美，自发性的数据很难达到赛马的合格数据指标，比如在直播间中，转化率高，但人气数据不够好，此时作为运营就可以适当的补数据。

细心观察的话，可以发现在抖音平台，每隔一个小时，直播间的左上角会更新一次带货榜和人气榜前100排名，可以简单理解为：浅层的人气数据指标=人气榜，浅层的人气数据指标+深层的成交数据指标=带货榜。很多直播间会在榜单计算的整点前10分钟，也就是50分钟的时候，开始介入预热动作：对于一个新直播间，思考什么产品、话术、节奏，能够再撬动一波人气，对于成熟直播间，想好什么产品能做密度成交，在榜单统计前五分钟，完成冲刺。这样，账号将会在下一次排名时，被推到更高位的赛马排行。

二、直播间流量来源分析

抖音直播间流量来源主要分为自然流量和付费流量两类,可以借助一些平台工具直观地看到具体的数据,了解自己直播间的流量构成,更好地优化直播间的流量数据。常用的有抖音自己的电商罗盘以及第三方的蝉妈妈、抖查查等。下面以抖音电商罗盘为例进行简单介绍。

抖音电商罗盘作为抖音电商官方权威多视角全方位统一的数据平台,支持三类角色查看数据:商家、达人、机构,不同角色可查看的数据内容及主要操作入口不同,支持登录后切换角色使用,抖音电商罗盘如图 10-4 所示。

图 10-4　抖音电商罗盘

抖音电商罗盘的具体包括功能如下。

(1) 数据分析功能:核心数据、直播分析、实时分析、短视频分析、商品分析、达人分析、服务分析、物流分析、商家体验分、商家分析、交易分析、直播大屏。

(2) 数据诊断功能:经营诊断、服务诊断、直播诊断(待上线)。

(3) 基础功能:账号中心、帮助中心。

电脑端操作入口:

商家:【抖店后台】→【数据】

达人:【百应后台】→【数据参谋】→【更多数据】

手机端操作入口:

商家:【抖店移动工作台】→【抖音电商罗盘】

达人:【抖音 APP】→【商品橱窗】→【数据看板】

抖音直播间主要的流量渠道来源主要可以分为两类:自然流量和付费流量。自然流量包括:直播推荐(直播广场、推荐 feed、同城、其他推荐场景)、短视频引流、关注、搜索、个人

主页 & 店铺 & 橱窗、抖音商城推荐、活动页、头条西瓜、其他。付费流量包括：千川品牌广告、千川 PC 版、品牌广告、小店随心推、其他广告，如图 10-5 所示。

图 10-5　抖音电商罗盘直播间基础版大屏

　　但需要注意的是，自 2023 年 5 月 9 日起，巨量千川全新推出"全域推广"产品，以抖音直播整体支付 ROI（直播间产生的全部成交订单金额/消耗）为优化目标，全程调控布局直播全域流量的推广与投放。所有巨量千川"全域推广"受邀测试用户，并开通了"全域推广"产品，投放在该用户有电商带货行为的直播间，那在罗盘·经营/罗盘·达人的直播大屏/直播详情页中，这类直播间将不再区分展示付费/免费流量、成交数据，而是统一展示整体流量的涨跌、整体的 GMV 以及 ROI 变化。

三、自然流量的获取方式

1. 自然推荐

自然推荐流量包括推荐 feed、直播广场、同城 feed 等多种。

（1）推荐 feed。自然流量中，用户通过直播推荐算法在推荐 feed 流中看到直播间和直播间的入口，并且进入直播间。（用户是通过平台内容的分发看到的直播间，不是通过广告看到的直播间）推荐 feed 流是自然推荐流量中最重要的一种，流量比较精准，是系统通过用户兴趣标签分发的，想要获得推荐 feed 流主要依靠账号权重及实时赛马成绩。需要注意的是，既然推荐 feed 流是比较精准的流量推荐，那么自己的直播间标签是否精准，就直接关系到系统是否能精准捕捉到自己的直播间需要的是哪类人群。系统通过用户的行为给用户打标签判断用户的兴趣,直播间也是一样,一定要给系统足够的准确标签,让系统能够明白直播间需要的是什么样的用户。

此外,用户通过推荐 feed 流看到的直播间只是一个预览界面,用户看到预览界面不代表进入了这个直播间,只有当用户通过预览界面对直播间产生兴趣之后,再次点击才能进入直播间。否则用户会继续滑动屏幕,看到其他的推荐,可能是直播间,也可能是短视频。所以这里就涉及穿透率的概念,即直播曝光次数,计算逻辑为观看人次/曝光人数×100%,可以用来衡量直播间质量。有时候,如果抖音平台给了直播间曝光机会、推荐了流量,但是因为穿透率太低吸引不到用户点击进入就太可惜了。此时可以考虑从场景搭建、主播造型等方面提升预览界面的效果,增强吸引力。

(2) 直播广场。自然流量中,用户通过直播广场中的入口进入直播间。早期的抖音版本中,打开 APP 页面左上角会显示一个小屏幕图样,中间带有"直播"两字,点击即可进入直播广场。现在的版本(2023 版)中这个直播广场入口已经取消,想要进入直播广场需要在任意直播间右上方点击"更多直播"按钮。从版本的改变可以看出,直播广场的流量正在被平台弱化。直播广场内,直播封面的设置尤其重要,很多用户是通过浏览封面决定进入哪个直播间。

(3) 同城 feed。自然流量中,用户通过同城 tab 下的入口进入直播间,称为同城 feed 流。抖音平台现大力发展本地生活,同城 tab 下的自然流量针对性强,成交率高,深受同城商家和店家的喜爱。特别是同城吃喝玩乐,就算其他地区的用户刷到直播间,也因为地域范围的限制,无法成交,因此该类商家的主要目标用户就是抖音同城用户。

2. 短视频引流

自然流量中,用户从推荐 tab 的主播短视频进入直播间,点击短视频中的主播头像进入直播间。此时主播头像外圈会装饰动态的呼吸灯,并有明显直播字样,非常显眼,如图 10-8 所示。做短视频的不一定做直播,但做直播的大多数会做短视频,主要就是因为短视频对直播间的引流效果非常好。短视频流量的转化率非常高,通过短视频点击进入直播间的人,一般都是被短视频的内容吸引或者被达人吸引,想要进入直播间进一步了解的。这类人群非常精准,所以转化率会很高。做直播间引流短视频需要注意的是,不要为了上热门而乱拍,这样即使上了热门带来的都是泛人群,时间长了反而会打乱账号标签让自然流量变得更加不精准,拉低直播间的各项数据。短视频的内容最好和商品相符合或者与人设相符合,比如服装厂的女老板可以多拍一些在工厂工作的场景,也可以拍一些只有行内人才懂的小知识,加强用户对人物的信任和身份识别。除此以外,直播前也可以用短视频的方式做直播预告,定时发布,适时引流。

3. 搜索

自然流量中,用户通过搜索直播或者任意词进入直播间。在搜索框中搜索任意关键词,即可出现若干与关键词产品相关的直播间。

4. 关注 tab

自然流量中,用户从关注 tab 下的入口进入直播间。用户关注过的主播,会在关注页被推荐相关正在直播的直播间,同时也会有下拉标签小字提示目前正有"N 个直播",点击标签按钮出现正在直播的主播头像,同样配有明显的呼吸灯标识,如图 10-6 所示。

图 10-6　关注 tab

5. 个人主页 & 店铺 & 橱窗

自然流量中,用户查看个人主页并进入直播间。

6. 抖音商城推荐

从抖音商城"我的订单"下方推荐位置进入直播间。现抖音平台已全面进入全域兴趣电商时代,未来会有更多的用户熟悉抖音商城,使用抖音商城,为该推荐页面带来更大的自然流量。

7. 活动页

参与抖音平台的活动,会获得抖音平台的流量扶持。

8. 西瓜头条

西瓜头条同为字节跳动旗下产品,同步到西瓜头条的内容也会给直播间带来自然流量。

9. 其他入口

其他自然流量入口。

四、付费流量的获取方式

抖音电商直播的付费流量获取方式在早期有 dou+、鲁班、feed 流等多种渠道,现在已全部迁入巨量千川平台。所以要了解抖音直播间付费流量的获取方式,先要了解巨量千川这个平台。

图 10-7　巨量千川的三个版本

巨量千川是一个为抖音直播间、短视频等多种带货形式搭建的广告投放一体化平台。支持移动端和 PC 端双端投放,基于投放自动化程度,分成极速版和专业版。平台分三种版本:小店随心推(移动端)、千川极速推广(PC 端)、千川专业推广(PC 端),如图 10-7 所示。

通过三个版本的差异化能力牵引,带动商家电商营销从入门到精通。千川平台使用独立于 DOU+、AD 的账号体系和资金池。千川平台三个版本账号互通、共用资质和资金池,优化目标对齐,操作由简到繁,操作感递增。新手建议选择小店随心推或巨量千川极速版,专业投手选择巨量千川专业版。

巨量千川开户流程：商家完成抖店官方账号和店铺的绑定，在店铺正常营业状态下，即可进入巨量千川平台，直接开通巨量千川账户进行广告投放。达人抖音账号如已认证为抖店官方账号，且绑定店铺为正常营业状态，或已开通商品橱窗且通过审核，即可进入巨量千川平台，直接开通巨量千川账户进行广告投放；未认证为抖店官方账号或未开通商品橱窗的达人，在巨量千川后台或抖音 APP‑小店随心推完成实名认证及个人资质认证审核，通过后即可开通巨量千川账户进行广告投放。

巨量千川投放管控规则：以推广直播间所属电商作者带货口碑分为基础进行管控；若电商作者为旗舰店、官方旗舰店商家的人店一体账号则考核商家体验分（该分值由体验分百分制转换而来，即抖音 APP 端展示的分值，具体转换规则可在抖店‑店铺‑商家体验分查看）：带货口碑分/店铺体验分 4.6 及以上的商家不做限制，正常投放。带货口碑分/店铺体验分大于等于 4 分，小于 4.6 分及无带货口碑分，则会影响消耗速度，分数越高，投放影响越小。带货口碑分/店铺体验分小于 4 分，禁止投放。

巨量千川禁止/限制推广品类：为维护平台内广告主及用户的合法权益，根据国家现行法律、法规、规章及平台的规定，同时考量商品本身存在的危害性及社会风险性等，平台制定了《禁止推广商品明细》，将禁投商品分为高危禁投、中危禁投、低危禁投三大类。除此以外还限制部分商品仅可投放引流直播间形式（包括短视频引流直播间、直推直播间），包括部分二手商品、美妆类、家居日化、休闲食品等。具体禁止/限制推广品类可登录抖音电商学习中心→规则中心→生态角色→巨量千川→巨量千川准入 & 管控规则指引进行查看。其中涉及类目较多，禁投规则也比较复杂，在投放之前一定要细心查看，严格遵守规则执行。

（一）小店随心推付费投流方法

内容电商发展迅速，DOU＋作为创作者提高内容热度的营销工具，可间接优化当下订单效果，对于中小商家而言，DOU＋操作便捷、易用性好。小店随心推则是为了适配电商营销场景而打造的 DOU＋电商专属版本，与小店紧密结合，是电商营销新手在移动端推广小店商品时的入门增长工具。小店随心推为推广者在抖音端推广小店商品的轻量级广告产品，主要服务于一般创作者、腰尾部商家（特别是自助客户），提供原生环境、自助的流量解决方案，投放方式最为简单操作方便，使用移动端即可完成。

具体操作流程：选择要推广的直播间→选择投放金额→选择直播间优化目标：人气/商品点击/带货/涨粉→选择吸引观众类型：系统智能推荐/自定义观众类型/达人相似观众→选择加热方式：直接加热直播间/选择视频加热直播间→选择期望曝光时长→选择支付方式→同意《直播间引流承诺函》→支付下单，如图 10‑8 所示。

待订单审核通过后，可实时监测订单数据。订单投放完成后，会在次日上午 10 点前更新最终成交数据，如图 10‑9 所示。

（二）巨量千川极速版付费投流方法

巨量千川极速版可实现系统自动优化，减少操作成本。适用于缺少投放经验，或推广人力紧张的场景，巨量千川极速版付费投流方法如下。

（1）选择营销目标和推广方式：广告主可以结合自己的营销目标，选择短视频/图文带货来吸引用户购买商品，或直播带货吸引用户进入直播间。此处选择直播带货。极速推广适用于投放新手，操作门槛低，相对便捷，也适用于直播过程中即时补量。此处选择极速推广，如图 10‑10 所示。

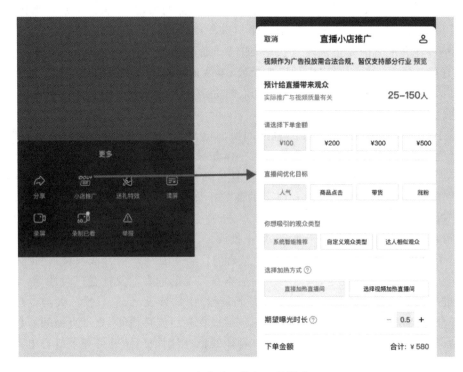

图 10-8 小店随心推入口及推广页面

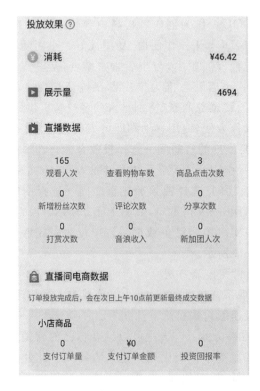

图 10-9 小店随心推订单投放效果数据

图 10 - 10　巨量千川极速版

（2）选择要开播的抖音号。

（3）制定投放计划：极速版主要设置预算和出价等关键要素，人群定向等可由系统智能推荐，如图 10 - 11 所示。

图 10 - 11　巨量千川极速版投放示意图

（4）选择创意形式，可选择直播间画面或视频，视频需添加视频创意。

（5）选择投放方式：控成本投放、放量投放。

（6）选择转化目标：进入直播间、直播间商品点击、直播间下单、直播间粉丝提升、直播间评论。

（7）设置总预算及出价：系统会根据相似店铺投放情况，建议出价，可作为参考。

（8）设置投放时长：仅直播时进行投放，投放时长与实际直播时长越接近效果越好，避免市场差异较大带来的消耗浪费过多或平均消耗过低。最多不超过 24 小时。

（9）设置定向人群：智能推荐、自定义人群。

（10）创建计划名称、阅读并同意《直播间引流承诺函》、发布计划。

（11）计划详情（概览面板）：点击计划名称-查看计划详情，广告主可直观地查看投放数据、创意，操作日志和投放设置等详情。

（三）巨量千川专业版付费投流方法

巨量千川专业版用专业的经验帮助系统优化，适用于投放经验充分的场景，巨量千川专业版付费投流方法如下。

（1）选择营销目标和推广方式：专业推广适用于熟练投手、有比较固定的开播计划、更精准的定向需求。此处选择直播带货和专业推广，如图 10 - 12 所示。

图 10 - 12　巨量千川专业版

（2）选择要开播的抖音号。

（3）制定投放计划：相比极速版，支持自定义设置投放速度、更精准的人群定向等要素进行推广。

（4）选择投放方式：控成本投放、放量投放。与极速版相比增加严格控制成本上限选项。

（5）选择投放速度：尽快投放、均匀投放。

（6）选择转化目标：进入直播间、直播间商品点击、直播间下单、直播间粉丝提升、直播间评论。可以选择一个主要转化目标，另外可期望同时优化其他转化目标，如图 10 - 13 所示。

图 10-13　巨量千川专业版投放示意图 1

（7）设置投放时间及日期范围：全天、固定时段、固定时长。所选时间范围仅在直播时投放。

（8）设置日预算及出价：系统会根据相似店铺投放情况，建议出价，可作为参考。

（9）设置定向人群：地域、性别、年龄、抖音达人等。

（10）设置创意形式、创意分类、创意标签：直播间画面、视频。

（11）创建计划名称、阅读并同意《直播间引流承诺函》、发布计划。

（12）计划详情（概览面板）：点击计划名称-查看计划详情，广告主可直观地查看投放数据、创意、操作日志和投放设置等详情，如图 10-14 所示。

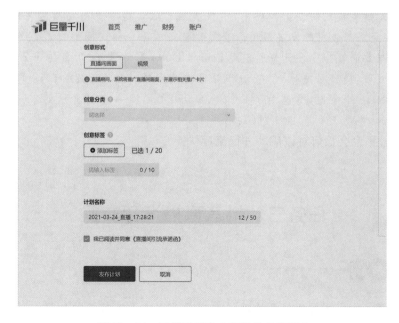

图 10-14　巨量千川专业版投放示意图 2

    "山里DOU是好风光"是"抖音乡村计划"的子项目,由字节跳动公益和抖音生活服务联合发起,旨在促进乡村文旅资源推广和产业发展,探索实现乡村文化与生态资源价值的新形式。通过抖音让乡村的好风光看得到、找得到、体验得到,提升村民旅游增收,带动乡村文旅可持续发展。

    2023年春季"山里DOU是好风光"项目发起"遇见春天"乡村旅游推广活动,通过流量扶持、千场直播、激励计划和免费培训,助力乡村文旅复苏。活动推出四大举措助力乡村文旅复苏,自2023年3月1日起至3月31日结束。

    一是百亿元流量补贴,鼓励各地文化和旅游行政部门、经营主体、业内专家、内容创作者等,通过短视频和直播,参与记录乡村风景、民俗文化、特色美食、春耕生产等内容,推荐春季乡土文化、展示优美自然生态、传播诗意生活方式,化身"乡村旅游代言人",分享乡村美景好物。

    二是活动助力乡村文旅商家以"短视频＋直播＋产品销售"的方式开展线上营销推广,宣传推介乡村旅游村镇、民宿、休闲体验项目等特色产品和线路,吸引广大游客走进乡村,体验春季乡村文化生活,促进乡村旅游消费。

    三是推出创作者与商家激励计划。活动将邀请全国达人、商家积极参与"遇见春天"活动,通过短视频、直播排位赛,多重激励助力创作者和乡村文旅企业增收。

    四是向乡村文旅商家和创作者提供培训课程,包括新手小白入门训练营课程,从行业认知、规则解读到产品操作,一站式服务。免费提供商家运营技巧培训,助力实现快涨粉、高人气、强带货的营收增长目标。行业大咖讲师的运营培训,助力创作者快速掌握多种技能,通过短视频、直播带货、提升收入。

    乡村旅游对数字技术的创新和应用,不仅提高了城市游客体验品质和乡村居民的生活品质,也为数字经济与乡村的发展深度融合提供良好的平台和广阔的发展空间,有效地促进了高质量发展与共同富裕。公开资料显示,"山里DOU是好风光"项目始于2022年初,旨在助力乡村文旅发展,提升村民收入,带动产业可持续发展。截至2022年12月,项目落地贵州、广西、四川等10个省份,覆盖400多个县,助力2 000余个乡村文旅商家,销售乡村文旅产品超4亿元。

    思考:抖音平台会如何对该活动进行流量扶持?

任务三 抖音直播运营实操

    小李在抖音平台上浏览短视频的时候看到很多地方都流行一款竹筒奶茶,清新自然的竹筒包装上有着绵密香浓的奶油顶,上面洒落着不少的果仁、果干或者花瓣等,此外,竹筒上

还贴着"厦门""杭州""扬州"等城市名称,特别适合拍照打卡。"总要为了这杯竹筒奶茶来趟××吧",一时间竹筒奶茶在网络流行。小李看到这些视频后想到了自己的家乡安徽省广德市盛产毛竹,自己家也是做毛竹生意的,可以给全国大大小小的奶茶店提供竹筒。小李想暑假回家以后利用网络平台把家乡的竹筒销售到全国各地。但她不知道该如何做。是直接卖还是需要先开个网店呢?

知识准备

小李想要卖自己家乡的竹子,属于自有货源,比较适合开抖店。开设抖店门槛低,对于个人账号也没有粉丝量的要求。小李可以用抖店绑定的抖音号进行短视频带货或者直播带货。直播带货可以直接用手机进行操作,方便快捷。

一、抖音电商直播开通

根据自身货源有无的不同,抖音平台的电商直播主要分为三种模式。

第一种模式叫作达人带货,达人没有属于自己的货源,达人售卖的是抖音平台精选联盟内的商品,达人带货赚取的是佣金,因此不需要处理发货、物流、退货等系列后续问题。通常达人会在精选联盟平台上寻找货源,获得样品,将适合的商品在直播间进行展示,售出后由精选联盟负责发货及后续售后。

第二类模式是在抖音商城入驻店铺,叫作抖店,类似于淘宝店铺或天猫店铺。这类账号一般有自己的货源,无论主体是企业、公司、个体工商户还是个人,在直播间卖出商品以后都需要负责处理物流、售后等一系列后续服务。除了自播以外,抖店的商品也可以申请进驻精选联盟,入驻精选联盟后可以与达人合作。

第三类模式是混合经营模式,达人账号也可以同时绑定店铺。混合经营模式是抖音电商达人通过精选联盟带货的同时,发展自身的供应链或者品牌开设抖音小店,在一个账号运营下实现自卖和带货的经营模式。混合经营可以支持达人账号0佣金给绑定店铺带货,且在橱窗内有机会展示达人自卖商品。

(一)开通抖店进行电商直播

2023年开始,无论是企业、公司、个体工商户还是个人身份都可以申请开通抖店。个人身份适合没有营业执照的个人申请,有营业执照的情况根据营业执照"类型"处的显示内容对应申请。每个抖店可以绑定五个抖音账号。但要注意的是,抖店进行电商直播需要本人,如果希望多人直播可以将账号升级为蓝V账号,抖店PC端入驻页面如图10-15所示。

以企业/公司为例,通过下列四步可以开通抖店。抖店移动端入驻页面如图10-16所示。

第一步:填写资质信息(约30分钟),登录后提交营业执照、法人/经营者身份证明、店铺LOGO等。

第二步:平台进行资质审核(1~3工作日)。

第三步:账户验证(1~3工作日),对私银行卡号+银行预留手机号或对公账户打款验证。

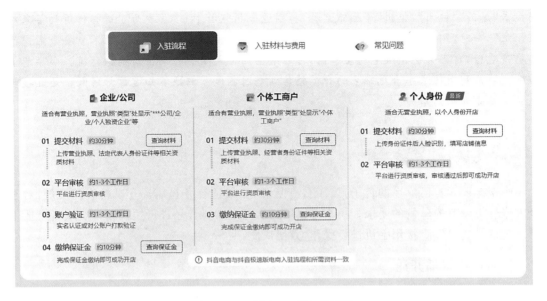

图 10-15　抖店 PC 端入驻页面

图 10-16　抖店移动端入驻页面

第四步：缴纳保证金（约 10 分钟），经营多类目时，仅按最高金额收取，不叠加。

开通抖店后，推荐使用抖店 PC 版或者抖店 APP 登录管理店铺并进行直播。抖店包含玩转直播、直播准备、直播中控、直播复盘、营销管理、红包管理、主播券管理、超级福袋等直播必备功能，关联巨量百应、巨量千川、抖音电商罗盘等平台。抖店 PC 端使用界面如图 10-17 所示。

图 10-17　抖店 PC 端使用界面

（二）达人开通电商直播

缺乏自有货源的情况下，可以选择利用达人身份开通带货权限，在精选联盟里挑选商品进行销售，等于帮别人卖货。通过下列三步达人可以开通电商权限，如图 10-18 所示。

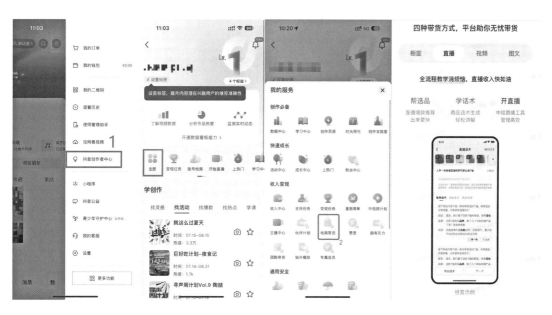

图 10-18　达人开通电商权限

第一步：开通商品橱窗。需要核对自己是否符合开通权限资格，必须满足公开发布视频数大于等于 10 条、抖音账号粉丝数量大于等于 1 000、抖音账号进行过实名认证、缴纳作者保证金 4 个条件。在未缴纳保证金前，属于"0 元入驻"创作者，此时有一定经营限制：支付订单≤100 单，超出后无法继续经营、结算的佣金无法提现、仅限推广平台指定精选联盟商品。解除该经营限制需要缴纳基础保证金,同时后续根据账户在线 GMV 等数据还可能产生浮动保证金、活动保证金等。

第二步:提交带货资质。带货资质是指在抖音电商所使用的身份资料信息,可以使用个人身份证、个体营业执照、企业营业执照。

第三步:开通收款账户。开通收款账户是指需有银行账户来进行佣金结算,如未开通收款账户平台将无法进行佣金结算。因此,在开通电商权限时,必须要求开通收款账户。

推荐达人账号登录巨量百应平台管理橱窗商品、进行直播带货、短视频带货等操作,如图 10－19 所示。

图 10－19　巨量百应达人版界面

(三) 企业用户认证开通电商直播

企业用户又称蓝 V 用户,是抖音对用户身份的一种认证,加强了粉丝对账号的信任。蓝 V 用户的认证需要提供营业执照,一个营业执照可以认证两个蓝 V 账号,认证需要缴纳费用,每年还需要续费年检。蓝 V 账号可以 0 粉丝 0 作品带货,不需要本人直播,任何人都可以播,比较适合想要在抖音带货但不想本人出镜的用户。达人账号或者抖店账号必须本人出镜,否则会封号,抖店账号可以免费认证成为蓝 V 账号。

二、手机端开播

使用手机端可以快速开播,操作简单便捷。具体流程如下。

(1)开直播。首先打开抖音 APP,点击下方中间位置的"＋"按钮,选择"开直播",如图 10－20 所示。

(2)直播前的设置页面。选择直播封面、设置标题,开启直播位置等相关信息。在每场开播前,一定要做好相关设置,这些信息很有可能会出现在直播广场上。

封面:贴合直播内容/真人照片,有助于用户进入直播间(正方形最佳);

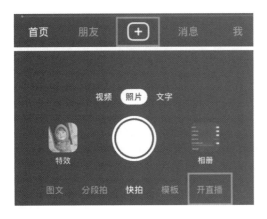

图 10-20 手机端开直播

标题:反映直播内容,吸引用户观看(10字以内);

选择直播内容:搜索"购物/电商",并选中,有助于获得更多兴趣相投的观众;

选择话题:添加适配的话题,有助于获得更多精准流量曝光。

用户在直播广场中主要根据直播标题和直播封面来决定是否点击进入,因此优质有特色的标题内容和封面能够提升用户的点击欲望。但是要注意的是直播广场是根据热度来进行选择性推荐的流量渠道,所以在直播广场展示的封面和标题需要有电商辨识度,让用户能识别出这个直播间是做电商的、卖产品的,而不是娱乐直播间或者游戏直播间。否则即使用户因为吸睛度很高的封面或者标题点击进去,发现跟想象的不一样也会马上退出,这样的操作非常影响直播间的人气指数数据。

在正式开始视频直播前,页面下方还有一些基本设置按钮,比如美化、特效等。如果先添加商品再开播,在此页面中就可以点击购物车图样的"商品"按钮进行商品的添加,如图10-21、图10-22所示手机端开直播准备界面。

图 10-21 手机端开直播准备界面 1

图 10-22 手机端开直播准备界面 2

图 10-23 手机端开直播添加商品

　　我的橱窗：直接从"我的橱窗"里选择商品（需要提前从选品广场把商品添加到橱窗），支持关键词搜索。

　　我的小店：如果是与商家店铺有绑定关系（店铺的官方账号 or 自播账号）的抖音号，系统会自动读取对应店铺中在售的商品，点击"我的小店"，即可看到对应商品，可直接添加到直播间，支持关键词搜索。

　　专属商品：参与了专属计划的主播，可以看到专属计划内可售卖的商品（仅抖音）。

　　粘贴链接：如果已经拿到了要推广商品的链接，选择右上角的"粘贴链接"，可以直接复制链接添加商品。

　　选择商品完成后，返回购物车界面，点击"管理"，可进入直播商品管理页面，在此可以设置卖点，支持输入 15 字以内的商品卖点，商品卖点会展示在直播间购物车列表中，善用卖点有助于提升转化。调整商品顺序：按住商品末尾的移动按钮，可以移动调整商品的顺序。批量操作：可以批量删除或批量置顶商品。

图 10-24　手机端开直播开播设置

图 10-25　手机端开直播功能设置

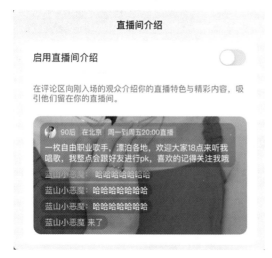

图 10-26　手机端开直播启用直播间介绍

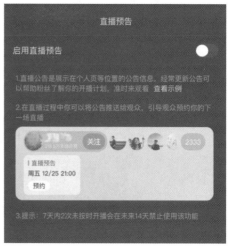

图 10-27　手机端开直播启用直播预告

在设置功能中,有开播设置和功能权限。开播设置中可以设置直播间介绍、直播预告等。如启用直播间介绍,所有人进入直播间的时候在评论区第一条看到的就是直播间的介绍,方便迅速了解该直播间的主要直播内容。启用直播预告则是展现在个人主页、关注主播列表、直播间贴纸等位置的公告信息,在这里写上开播时间可以帮助粉丝了解开播计划,引导粉丝准时来观看。在直播过程中也可以将公告推给观众,引导观众预约下一场直播。

(3)正式开播。以上准备工作全部结束后,就可以点击"开始视频直播"按钮,正式开始直播了。如在开播前没有提前添加商品,也可以先开播再陆续添加商品:在开播界面,点击最下方购物车标志,再点击"添加直播商品"按钮。

(4)直播结束后,可以通过抖音创作者中心→主播中心→数据中心进行简单的数据查看。更详细的数据分析可以通过巨量百应、抖音电商罗盘、蝉妈妈等平台查看。

(5)移动直播中控台。为方便新手达人或者人数较少的直播团队,抖音于2023年上线了移动直播中控台功能。达人可在移动端准备直播商品和话术、查看实时数据、进行评论管理,全方位提升移动直播体验。直播中控台入口有三处:

① 一:抖音APP-开始直播-直播间购物车-直播中控。

② 二:抖音APP-我-商品橱窗-直播-去做开播准备-去添加。

③ 三:抖音APP-我-商品橱窗-直播-直播中控。

直播开始前进入直播中控台,可以提前为下次直播添加商品,查看并导出系统生成的商品推荐话术。点击"添加商品",可以选择从"最近添加""选品车"或"推荐商品"tab添加商品,也可以使用商品链接识别搜索商品。勾选需要添加的商品,点击"添加",生成直播商品清单。

选好直播商品后,可以为商品提前准备直播时的卖点展示和推荐话术。商品卖点将在直播间展示给消费者。准备话术会在主播看板展示,直播中可以进行提示。

达人可以自主编辑话术,或点击参考话术的"采用"按钮,自动选择此话术填充为本商品的直播话术。编辑完成后,点击页面下方"导出话术",将话术导出为图片保存。点击页面底部的"下一个"或在页面顶部选择商品,可以切换查看不同商品的直播话术。

直播中进入直播中控,可以查看近5分钟/整场累计的详细数据,包括平均在线人数、成交金额、成交转化率及其提升/下降趋势。

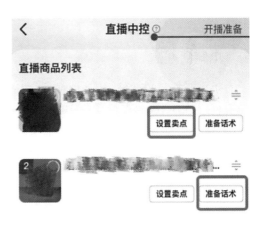

图10-28　移动直播中控台-1

点击"详情"可直接进入罗盘达人直播大屏,还可查看直播间用户构成,包括用户的画像(是否为粉丝、是否有过购买行为)和流量渠道来源(短视频/关注/直播广场),便于及时调整直播话术和玩法,对直播间用户进行精细化运营,提升用户购买转化。查看该直播场次的"潜力商品",针对不同标签的商品及时调整讲解策略和节奏。

在移动直播中控进行评论筛选,可以点击"问询"查看问题并精准回复,防止用户流失;当想要复查自己有没有对相似问题进行过回复时,也可以点击"已回复"查看,避免发布重复评论;还可对粉丝评论进行优先回复,打造宠粉体验,提升购买转化。

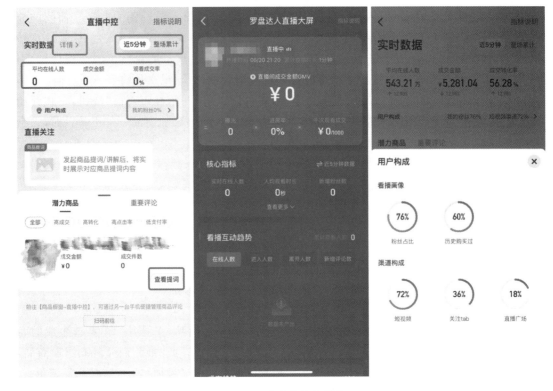

图 10-29　移动直播中控台-2

三、电脑端开播

手机开播简单便捷,移动性强,通常适合新手或小团队,直播过程中如果想用电脑开播,需要使用抖音平台"直播伴侣"功能。使用"直播伴侣"的账号有一个前提条件:需要达到1000粉丝。直播伴侣需要提前下载安装并登录。下载安装完成后选择要开播的平台,当前支持抖音、抖音火山版、西瓜视频,扫码或者用手机号均可登录。

图 10-30　直播伴侣下载界面

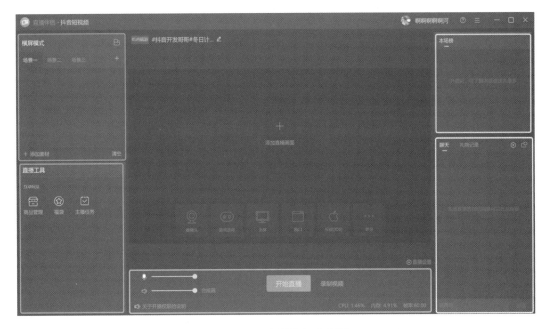

图 10 - 31 直播伴侣主界面

直播伴侣主界面分为几个板块,图 10 - 31 中用不同颜色进行了标识。红色框区域包括管理场景、添加素材、切换横竖屏;蓝色框区域代表常用直播功能;绿色框区域包括开关播控制、性能占用情况、官方公告;黄色框区域代表直播榜单;白色框区域是弹幕窗口;中央区域是直播画面采集预览。

使用抖音直播功能一般先点击红色框区域的右上角图标切换为竖屏适配观众屏幕,再在红色框区域左下角＋添加素材中选择摄像头,建议电脑连接一个单反相机,选择单反相机的摄像头。选择之后,就可以在软件中看到摄像头拍摄的画面了,然后鼠标放在画面上,点击鼠标右键,选择"变换"→"平铺缩放",画面就自动适配竖版界面的大小了。

基本设置完成后,点击界面右下角红色的"开始直播"按钮,即可开播。在直播伴侣中开始直播,一般同时会配合在巨量百应网页进行商品添加/讲解等中控台操作。软件界面右下角的"互动消息区",可以实时看到用户所有评论。如果觉得位置不合适,还可以点击"悬浮窗"使其悬浮,然后拖动到任意合适的位置。

除了上述的基本操作以外,现在很多直播间会用到直播伴侣的绿幕商品大屏功能。只需要购买一块绿幕布,安装抖音官方直播伴侣,按照操作指引完成设置商品绿幕大屏,就可以免费拥有更专业、更稳定的直播间画面和更加多样化的商品展示场景。绿幕商品大屏是基于绿幕背景的直播间新型装修工具,通过上传提前制作好的商品图片素材或使用官方提供的商品模板,在直播间背景中实时展示商品信息,包括品牌名称、商品名称、商品主图、直播间活动价格、商品卖点、折扣力度等关键信息。用户进入直播间后,可以更直观地了解商品核心卖点及价值,看播体验明显提升,从而促进直播间商品的有效转化。

功能入口:直播伴侣→直播工具→基础功能→绿幕大屏。绿幕需平整悬挂、光照均匀无阴影,直播间的人和物品需远离绿幕(建议距离 2～3 米),主播不可穿绿色或半透明的衣服、不可佩戴或摆放反光的饰品或物品,直播间不可摆放绿色或半透明的物品。同时建议灯光摆放在人物与绿幕之间,均匀照亮绿幕,且保证人物影子不会出现在绿幕上。绿幕大屏的设置方法如下。

第一步:选择背景模板类型。添加商品信息前,需要先选中该商品将要在直播间展现的背景模板类型,例如新品推荐、热卖爆款、降价促销款、宠粉福利款、虚拟商品。不同模板呈现给直播间观众的核心信息和视觉效果有所不同。

第二步:选择模板背景颜色。可以基于所推商品的主图基调并结合该场直播间希望营造的整体氛围,自主选择不同商品背景模板的不同背景色,暖色调和冷色调的背景氛围都能满足。

第三步:导入/添加商品信息。可以选择输入商品 id 或者商品链接,点击搜索添加已经上架到抖音电商平台的商品;如果能正常查找到该商品,则系统会自动填充"商品图片""商品标题""直播间价格"三个默认信息,其余信息需要手动填写;如果无法查找到该商品,请先前往店铺后台,检查商品状态是否异常(例如无库存、已下架、被封禁等)。另外也可以选择手动上传。上传完图片后,需要按照系统提示输入品牌名、商品短标题(不超过 10 字)、直播到手价、活动形式、折扣力度等信息。若添加的商品素材均符合规范,点击加入背景池,即配置成功,可预览模板效果。

第四步:预览背景模板。配置完成后,进入直播伴侣-绿幕功能下的"背景板使用"界面,可以上下滚动查看多个已配置成功的背景板,包括模板名称和模板预览图片。鼠标移动到模板上方,点击预览该模板的展现样式。如图 10－32 所示。

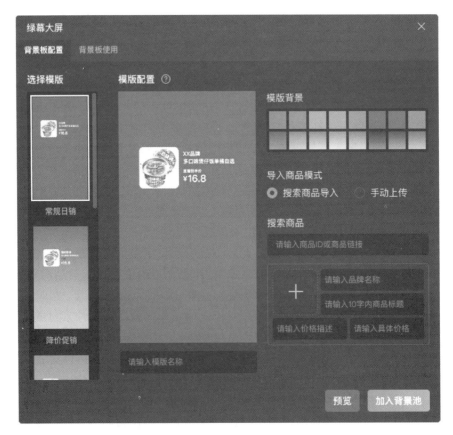

图 10－32　直播伴侣绿幕大屏功能操作界面

　　过去，受制于技术水平，课堂只能面向一部分人开放，比如北京大学的开放课堂便常常吸引很多北京其他高校的学子和各界人士参与，小小的教室经常座无虚席，甚至连教室阶梯上都出现如集市般摩肩接踵的热闹场面，但即便是在北大最大的教室中开课，也只能同时让四五百人通过名校名师的课堂得到启发，颇为可惜。

　　当前，人们对于学习的需求日益增长，而且获取知识的渠道也走向多元化。抖音上的泛知识内容成为最受用户欢迎的内容之一。其中，生活技能类内容最受欢迎，科普类内容快速崛起，抖音成为知识传播的重要平台。互联网技术的不断渗透，信息技术的不断发展，硬件设备的迭代升级，持续推动了教育数字化进程。借助科技力量推动线上教育的进一步拓展，运用科技手段持续推动教育资源开放，将是未来教育领域的一个重大发展。抖音直播课凭借着其独特的传播方式在"公开直播课"中"杀出重围"。

　　抖音受众广泛，是开展"直播公开课"的基础。对比过往一些门槛较高的网课教育资源，抖音直播无须付费，而且凭借其强大的受众基础实现了更高的普及率。面向新技术和新渠道，以北大、清华为代表的头部高校也更快更好地抓住了新机遇，在抖音表现十分活跃，借助短视频科普知识点，通过直播深入详细讲解扎实的知识，两者配合，让这些知名院校的优质教育资源更大程度上实现向大众开放和传播，通过抖音传播知识成为一种新潮流。

　　此外，抖音作为短视频平台的易获得性，更是开展"直播公开课"的有力支持。经过一天的工作学习后回家，不管是坐在沙发上还是躺在床上，都能够轻松通过手机触达各种有用的课程和讲座。同时，短视频生动活泼的呈现形式和灵活方便的适配性恰好能够很好地为受众提供"沉浸式"体验。

　　从现实操作中看，近几年，北大、清华、复旦等多所高等院校选择了"直播公开课"的道路，纷纷在抖音开设账号，进行公开课直播或上传课程视频。《2022抖音数据报告》显示，2022年，抖音高校直播共21 103场，场次同比提升46%，观看用户超9 500万人。共有4位诺奖得主、45位院士、近400位教授在抖音传递知识。抖音用户足不出户，通过手机平台突破了空间等障碍，在家中便能够享受高等学府的优质教育资源。

　　相信诸如抖音"直播课"的教育资源共享活动一旦推广开来，社会上的教育资源必将能够得到更大程度上的共享开放，也将为推动全民学习、终身学习，不断完善体制机制，加快建设"人人皆学、处处能学、时时可学"的学习型社会创设更好的环境。

　　思考：你愿意在抖音上收看高等院校的直播公开课吗？

　　本项目围绕抖音平台直播过程中的实际操作展开。在平台的规则与特色任务中重点阐述了抖音平台电商直播发展历程、抖音电商直播的准入规则、平台的管理规则、抖音电商直播的特色等知识，旨在帮助学生更好地了解在抖音进行电商直播的门槛及需要着重遵守的规则，满足在抖音进行电商直播的各项需求。在抖音直播流量分配规则任务中重点阐述了抖音平台流量分发的底层逻辑、自然流量与付费流量的来源与构成、巨量千川平台的使用方法等知识,旨在帮助学生更好地了解在抖音如何更好地获取流量,满足抖音直播间运营岗位及流量投手岗位的基本需求。在抖音直播实操任务中重点阐述了抖音平台开通电商直播的账号要求及操作流程、利用一部手机如何在抖音直播,利用电脑如何在抖音进行直播等知识,旨在帮助学生更好地了解在抖音进行电商直播的操作步骤与相关流程,满足在抖音进行电商直播的具体操作需求。

知识与技能训练

项目十
拓展阅读

一、单选题

1. 自然流量不包括(　　)。

A. 短视频引流　　　B. 抖音商城推荐　　　C. 小店随心推　　　D. 推荐 feed 流

2. 不可以在抖音进行电商直播的账号是(　　)。

A. 达人账号　　　B. 普通账号　　　C. 抖店账号　　　D. 蓝 V 账号

3. 开通达人账号需要满足的条件是(　　)。

A. 超过五百个粉丝　　　　　　B. 超过一千个粉丝

C. 超过两千个粉丝　　　　　　D. 超过三千个粉丝

4. 手机端开播的开播设置中包括(　　)。

A. 录制高光　　　B. 开启回溯录制　　　C. 直播发言权限　　　D. 直播间介绍

5. 下列关于抖音直播伴侣的使用不正确的是(　　)。

A. 可在电脑端操作　　　　　　B. 可在手机端操作

C. 需要有 1 000 个粉丝　　　　D. 需要有稳定的网络支持

二、多选题

1. 抖音信用分违规包括(　　)。

A. 一级违规　　　B. 二级违规　　　C. 三级违规　　　D. 四级违规

2. 创作者口碑分由创作者分享商品近 90 天内的(　　)三个评分维度的指标加权后排序计算得出。

A. 内容口碑　　　B. 信用口碑　　　C. 商品口碑　　　D. 服务口碑

3. 能够使用直播预告功能的达人等级包括(　　)。

A. LV3　　　B. LV4　　　C. LV5　　　D. LV6

4. 属于直播间用户的浅层行为数据的是(　　)。

A. 停留　　　B. 互动　　　C. 关注　　　D. 灯牌

5. 属于直播间交易数据的是(　　)。

A. GMV　　　B. 停留时长　　　C. UV 价值　　　D. 人均 GMV

三、实践题

实践题一

对于很多热爱分享生活的普通创作者来说,在抖音成为一名达人并不是很难的事情。成为达人需要满足两个条件,粉丝量≥1 000 个,发布作品数≥10 个。满足以上条件升级成为达人账户即可开通抖音橱窗添加商品,通过短视频或者直播间的方式进行带货赚取佣金。在抖音进行电商直播需要遵守抖音平台的规则。

实践活动1:升级达人账号

活动情境:董小姐是一名"90后"全职妈妈,经常通过抖音平台发布育儿视频、分享育儿经验,短短半年时间就拥有了3 000个粉丝。现在她希望在抖音平台开展副业,通过带货的方式赚取佣金。

实践指导:升级达人账号。

实践活动2:选择合适的带货方式

活动情境:在抖音升级成为达人账号后,可以进入精选联盟进行选品并添加到橱窗。但此时董小姐仍然有疑问,到底是该选择短视频挂车进行带货还是开直播进行带货呢?

实践指导:短视频与直播融合运营,短视频立人设、种草,直播间促成交。

实践活动3:熟悉巨量百应平台及管理制度

活动情境:董小姐对于发布短视频已经有许多经验,但还是第一次接触直播,她不清楚到底在直播前需要了解哪些基本的规则,在哪里可以看到更多相关的规则。

实践指导:用抖音达人账号登录巨量百应平台,了解达人等级分及其他分值,也可在抖音电商学习中心了解更多内容。

实践题二

董小姐是一名"90后"全职妈妈,经常通过抖音平台发布育儿视频、分享育儿经验,短短半年时间就拥有了3 000个粉丝。最近她升级成为达人账号,在精选联盟中选取了一些育儿相关的产品,如辅食餐具、儿童水杯等,她利用闲暇时间开直播带货,希望可以赚取一些佣金。

实践活动1:分析流量来源

活动情境:董小姐直播间人气一直都不是很旺,她希望进一步了解直播间流量较少的原因。

实践指导:通过抖音电商罗盘等工具分析直播间流量构成。

实践活动2:提升自然流量

活动情境:通过后台工具分析看到,董小姐直播间的流量大多来源于关注和短视频引流,董小姐希望获取更多自然流量。

实践指导:通过提升穿透率提高推荐feed流等。

实践活动3:尝试付费投流

活动情境:经过一段时间的自然流量优化,董小姐的直播间有了起色并逐渐步入正轨。最近她的一款产品卖得很好,她希望用付费的方式继续推广这款爆品。

实践指导:新手可尝试使用小店随心推或巨量千川极速版,不建议使用巨量千川专业版。

实践题三

小小准备在抖音平台上做电商直播,但她对此并不十分熟悉,该怎么一步一步开始尝试呢?

实践活动1:用手机端开始一场非电商直播

活动情境:小小同学第一次尝试抖音直播,对其中的很多功能用法都不是很熟悉,所以决定先进行几次非带货直播,只是和粉丝聊聊天,一边沟通一边了解更多的功能和使用方法。

实践指导:在手机端直播只需要粉丝大于 50 个,门槛低,操作简单。

实践活动 2:注册个人抖店

活动情境:经过一段时间的学习,小小发现进行电商直播有一定的门槛,而自己的粉丝数量远远不足 1 000 个,于是她有了注册个人抖店的想法,她的姐姐经营着一家文具店,她想在抖音直播卖姐姐店里的文具。具体怎么操作呢?

实践指导:没有 1 000 个粉丝也想做抖音电商直播,注册个人抖店是其中一个方法。

实践活动 3:用移动端进行一场电商直播

活动情境:小小的抖店开起来了,她准备正式开始她的抖音电商直播之旅。

实践指导:目前移动端的直播功能越来越完善,可结合抖店平台上的诸多功能进行操作。

主要参考文献

［1］人力资源社会保障部教材办公室.电商直播［M］.北京：中国劳动社会保障出版社，2020.

［2］刘东明.直播电商全攻略［M］.北京：人民邮电出版社，2022.

［3］北京星播文化传媒有限公司.直播电商实务一本通［M］.北京：中国人民大学出版社，2021.

［4］陈继莹，向文燕，盛朱勇.直播营销［M］.长沙：中南大学出版社，2020.

［5］汪永华.网络营销［M］.2版.北京：高等教育出版社，2019.

［6］陈浩，苏凡博.实战抖音电商：30天打造爆款直播间［M］.北京：机械工业出版社，2022.

［7］赵厚池.抖音电商从入门到精通：直播与短视频数据分析和运营［M］.北京：清华大学出版社，2022.

［8］徐骏骅，陈郁青，宋文正.直播营销与运营［M］.北京：人民邮电出版社，2021.

［9］邹益民，马千里.直播营销与运营［M］.北京：人民邮电出版社，2022.

［10］周莉，邓凤仪，徐小斌，等.直播电商实务［M］.成都：西南财经大学出版社，2021.

［11］中国广告协会.网络直播运营［M］.南京：江苏凤凰教育出版社，2021.

［12］南京奥派信息产业股份公司.直播电商运营（中级）［M］.北京：高等教育出版社，2021.

［13］刘东风，王红梅.直播销售与主播素养［M］.北京：人民邮电出版社，2022.

［14］蔡勤，李圆圆.直播营销［M］.北京：人民邮电出版社，2021.

教学资源服务指南

高等教育出版社

感谢您使用本书。为方便教学，我社为教师提供资源下载、样书申请等服务，如贵校已选用本书，您只要关注微信公众号"高职财经教学研究"，或加入下列教师交流QQ群即可免费获得相关服务。

高职财经教学研究
高等教育出版社(上海)教材服务有限...
上海

高等教育出版社旗下产品，提供高职财经专业课程教学交流、配套数字资源及样书申请等服务。 >

资源下载：点击"**教学服务**"—"**资源下载**"，注册登录后可搜索相应的资源并下载。
（建议用电脑浏览器操作）
样书申请：点击"**教学服务**"—"**样书申请**"，填写相关信息即可申请样书。
样章下载：点击"**教学服务**"—"**教材样章**"，即可下载在供教材的前言、目录和样章。
试卷下载：点击"**题库申请**"—"**试卷下载**"，填写相关信息即可下载试卷。
师资培训：点击"**师资培训**"，获取最新会议信息、直播回放和往期师资培训视频。

🎯 联系方式

高职电商营销教师教学交流QQ群：177267889
联系电话：（021）56961310　　电子邮箱：3076198581@qq.com